Anton Čechov

Sein Leben in Bildern

Herausgegeben von
Peter Urban

Diogenes

Gestaltung:
René Niederer, Winfried Stephan, Peter Urban

Gesamtherstellung: Kösel, Kempten
60/92/4/1
ISBN 3 257 01933 5

Inhalt

1 Melichovo, 1892

Sie brauchen meine Biographie? Da ist sie. Geboren wurde ich 1860 in Taganrog. 1879 beendete ich das Gymnasium in Taganrog. 1884 beendete ich das Studium an der Medizinischen Fakultät der Universität Moskau. 1888 bekam ich den Puškinpreis. 1890 unternahm ich eine Reise nach Sachalin durch Sibirien und zurück übers Meer. 1891 unternahm ich eine Tournee durch Europa, wo ich sehr guten Wein getrunken und Austern gegessen habe. 1892 habe ich mich mit V.A. Tichonov auf einem Namenstag amüsiert. Zu schreiben begann ich 1879 in der ›Strekoza‹. Meine Erzählungsbände sind: ›Bunte Erzählungen‹, ›In der Dämmerung‹, ›Erzählungen‹, ›Mürrische Menschen‹ und die Novelle ›Das Duell‹. Ich habe auch im dramatischen Fach gesündigt, wenn auch mit Maßen. Bin in sämtliche Sprachen übersetzt, ausgenommen Fremdsprachen. Übrigens, die Deutschen haben mich schon längst übersetzt. Die Serben und Čechen finden mich ebenfalls gut. Auch die Franzosen sind dem Austausch nicht abgeneigt. In die Mysterien der Liebe eingeweiht wurde ich, als ich 13 Jahre alt war. Mit meinen Kollegen – Medizinern wie Literaten – pflege ich ausgezeichnete Beziehungen. Junggeselle. Möchte eine Pension bekommen. Praktiziere als Arzt, und zwar so weit, daß ich im Sommer manchmal gerichtsmedizinische Obduktionen vornehme, die ich schon 2–3 Jahre nicht mehr durchgeführt habe. Unter den Schriftstellern bevorzuge ich Tolstoj, unter den Ärzten – Zacharjin.

Aber das ist alles Unfug. Schreiben Sie, was Sie wollen. Wo keine Fakten sind, ersetzen Sie sie durch Lyrik.

22. Februar 1892 an V. A. Tichonov

Eine Kindheit in russischer Provinz

Taganrog

1860–1879

2 Taganrog, 1879

Ich habe als Kind eine religiöse Bildung erhalten und eine ebensolche Erziehung – mit Kirchengesang, Apostelgeschichte und Psalmen in der Kirche, mit regelmäßigem Besuch der Frühmesse, mit der Pflicht, am Altar behilflich zu sein und die Glocken zu läuten. Und? Wenn ich heute an meine Kindheit zurückdenke, dann erscheint sie mir ziemlich finster; eine Religion habe ich heute nicht. Wissen Sie, wenn ich manchmal mit meinen Brüdern inmitten der Kirche das Trio ›Er richte sich auf‹ oder ›Stimme des Erzengels‹ sang, dann sahen uns alle voller Rührung an und beneideten meine Eltern, wir dagegen haben uns gefühlt wie kleine Katorga-Sträflinge. Jawohl, mein Lieber! Ich kenne die Kinder nicht, die bei R. unterrichtet werden. Ihre Seelen sind für mich ein dunkler Wald. Wenn in ihrem Herzen Freude ist, dann sind sie glücklicher als ich und meine Brüder, deren Kindheit eine Qual war.

9. März 1892 an I. L. Leontjev-Ščeglov

3 Taganrog, Blick auf die Stadt

4

Geboren wurde ich im Hause Bolotov (so sagt meine Mutter) oder Gnutov, neben dem von Tretjakov V. N., Policejskaja ulica, in einem kleinen Seitengebäude auf dem Hof. Dieses Haus steht wahrscheinlich nicht mehr.

11. Mai 1902 an P. F. Iordanov

Mein Großvater war Kleinrusse, Leibeigener, noch vor der Bauernbefreiung hatte er seine gesamte Familie freigekauft, darunter auch meinen Vater. Mein Vater betrieb Handel.

14. August 1891 an A. Vrzal

5

Taganrog, um 1870

4 Das Geburtshaus
5 Uspenskij Sobor, die Kirche, in der Čechov getauft wurde
6, 7 Die Eltern
8 Die Familie väterlicherseits

6

7

8

9

10

Taganrog, um die Jahrhundertmitte blühende Handelsstadt, Hauptstapelplatz für Donec, Don und Volga, verlor wirtschaftlich ab 1870 an Bedeutung infolge Versandung des Hafens und zunehmender Konkurrenz durch die Stadt Rostov-am-Don (Eisenbahn). Von diesem Niedergang betroffen war auch der Handel in Kolonialwaren, den Čechovs Vater betrieb.

9, 10 Straßenszenen in Taganrog
11 Das erste Familienphoto, 1874
Stehend, von links: die Söhne Ivan, Anton, Nikolaj und Aleksandr, daneben der Onkel Mitrofan Egorovič; sitzend: Sohn Michail, Tochter Marija, genannt Maša, die Eltern und Tante Ljudmila mit Sohn Georgij

11

Kinder sind heilig und rein. Selbst bei Räubern und Krokodilen besitzen sie den Rang von Engeln. Wir selbst können in jede beliebige Grube kriechen, aber sie müssen wir mit einer Atmosphäre umgeben, die ihrem Rang gebührt. Man darf in ihrer Gegenwart nicht ungestraft unzüchtige Reden führen, die Dienstboten beleidigen oder voll Bosheit zu N. A. sagen: »Scher dich fort zu allen Teufeln! Ich halte dich nicht zurück!« Man darf sie nicht zum Spielzeug seiner Laune machen: sie mal zärtlich abküssen, mal vor Wut mit Füßen treten. Besser gar nicht lieben, als mit der Liebe eines Despoten lieben. Der Haß ist bei weitem ehrlicher als die Liebe Nasereddins, der seine heißgeliebten Perser mal zu Satrapen befördert, mal sie auf Pfähle spießt. Ich bitte Dich, Dich daran zu erinnern, daß Despotismus und Lüge die Jugend Deiner Mutter zugrunde gerichtet haben. Despotismus und Lüge haben uns die Kindheit dermaßen vergällt, daß einem schlecht wird und man Angst hat, sich daran zu erinnern. Erinnere Dich an das Entsetzen und den Ekel, den wir empfanden, wenn Vater damals beim Essen wegen einer versalzenen Suppe einen Aufstand machte oder Mutter eine dumme Kuh nannte. Vater kann sich das heute noch nicht verzeihen.

2. Januar 1889 an seinen Bruder Aleksandr

12

13

Киргизы Чеховъ

Рѣдко можно встрѣтить между Киргизами красавца: лица ихъ, по большей части, круглыя, съ выдавшимися скулами, узкими глазами, почти лишенными бровей; носъ расплюснутый; цвѣтъ лица очень смуглый. Всѣ Киргизы крѣпкаго сложенія, что должно приписать, конечно, сурово-мужественному воспитанію; ростъ ихъ средній. Киргизы народъ кочевой; они проводятъ всю жизнь на конѣ и почти не могутъ ходить пѣшкомъ. Подвижныя жилища ихъ, неразлучныя съ ними во всѣхъ походахъ и перекочевкахъ, называются кибитками. Юрты дѣлаются обыкновенно изъ нѣсколькихъ жердей, воткнутыхъ въ землю, сведенныхъ вверху въ одну точку и покрытыхъ войлоками. Знатные и богатые устраиваютъ ихъ съ большими удобствами.

А. Чеховъ.

14

16

15

17

Lehranstalten in Taganrog

12 Das städtische Knabengymnasium, das Čechov von 1868 bis 1879 besuchte
13 Kirche des hl. Mitrofan, in der Vater Čechov den Kirchenchor dirigierte
14 Der Schulaufsatz ›Die Kirgisen‹ aus dem Winter 1875/76
15 Das Stadttheater
16 Zuschauerraum des Stadttheaters
17 Die städtische Bibliothek Taganrog

18

19

20

21

22

23

24

25

Die Lehrer

18	Epiktet	26	Aleksandr Puškin
19	Marc Aurel	27	Lev Tolstoj
20	Shakespeare	28	Nikolaj Gogol
21	Goethe	29	Ivan Turgenev
22	Molière	30	Michail Lermontov
23	Cervantes	31	Ivan Gončarov
24	Homer	32	Dmitrij Grigorovič
25	Lope de Vega	33	Nikolaj Leskov

26

27

28

29

30

31

32

33

34

35

Taganrog, um 1875

34 Die Steinerne Treppe
35 Petrovskaja ulica, die Hauptstraße der Stadt
36 Der Hafen

36

37

38

39

1875 gingen die beiden Brüder Aleksandr und Nikolaj zum Studium nach Moskau. 1876 mußte der Vater, bankrott, vor seinen Gläubigern fliehen und ging ebenfalls nach Moskau; noch im selben Jahr holte er die Familie nach. In Taganrog blieben Anton und Ivan, der bei einer Tante unterkam, während Anton im ehemaligen väterlichen Haus wohnen durfte, wo er dem Neffen des neuen Besitzers für Kost und Logis Nachhilfeunterricht erteilte. 1877 zog auch Ivan nach Moskau. Bis zum Abitur 1879 lebte Čechov in Taganrog allein.

37 Die Mutter, um 1870
38 Aleksandr, der Lieblingsbruder, als Student und angehender Schriftsteller
39 ›Gruß aus Moskau‹: Ostern 1877 besuchte Čechov die Familie in Moskau
40 Anton an Aleksandr, 1875: »Wünsche tibi optimum et maximum. A. Čechov«
41 Das ehemals väterliche Haus in Taganrog

40

41

Erstens gestatte mir, daß ich Dir wie ein Bruder für alles danke, was Du während meines Aufenthaltes in Moskau für mich getan hast; zweitens freue ich mich von Herzen, daß wir als herzliche Freunde und Brüder auseinandergehen, und erkühne mich deshalb zu hoffen und zu glauben, daß die 1200 Verst zwischen zwei im Briefwechsel stehenden Brüdern, die einander gut kennengelernt haben, noch lange eine nichtige Entfernung sein werden für die Aufrechterhaltung unserer guten Beziehungen auf lange Zeit. Jetzt folgt eine Bitte von mir, die Du wegen ihrer Bedeutungslosigkeit wahrscheinlich erfüllen wirst: wenn ich Dir Briefe für meine Mama schicke, dann sei so gut, gib sie Mama nicht in Gegenwart der ganzen Kompagnie, sondern heimlich; es gibt Dinge im Leben, die man nur einer einzigen, zuverlässigen Person sagen kann; und dieser Umstand ist es auch, der mich veranlaßt, Mama zu schreiben, ohne daß die anderen es wissen, für die meine Geheimnisse (und ich habe Geheimnisse besonderer Art, die Dich interessieren oder nicht, ich weiß es nicht. Wenn Du willst, weihe ich Dich ein) absolut uninteressant oder, besser gesagt, überflüssig sind. Meine zweite und letzte Bitte ist wichtiger. Sei so gut und tröste meine Mutter wie bisher, die physisch und moralisch gebrochen ist. Sie hat in Dir keinen Verwandten gefunden, sondern noch vieles andere, mehr als einen Verwandten. Der Charakter meiner Mutter ist so beschaffen, daß jede moralische Unterstützung von seiten eines anderen stark und wohltuend auf sie wirkt. Eine dumme Bitte, nicht wahr? Aber Du wirst sie verstehen, um so mehr, als ich sagte »moralische«, d. h. geistige Unterstützung. Es gibt für uns nichts Teureres auf dieser verderbten Welt als die Mutter, und deshalb wäre Dein ergebener Diener Dir überaus verbunden, wenn Du seine Mutter, die nur noch halb am Leben ist, trösten würdest.

10. April 1877 an seinen Vetter M. Čechov

Bei uns in Taganrog gibt es nichts Neues, absolut nichts! Es ist sterbenslangweilig! Ich war neulich im hiesigen Theater und habe dieses Theater mit Eurem in Moskau verglichen. Ein großer Unterschied. Auch zwischen Moskau und Taganrog ist ein großer Unterschied. Wenn ich das Gymnasium hinter mir habe, komme ich auf Flügeln nach Moskau geflogen, es hat mir sehr gefallen!

4. November 1877 an seinen Vetter M. Čechov

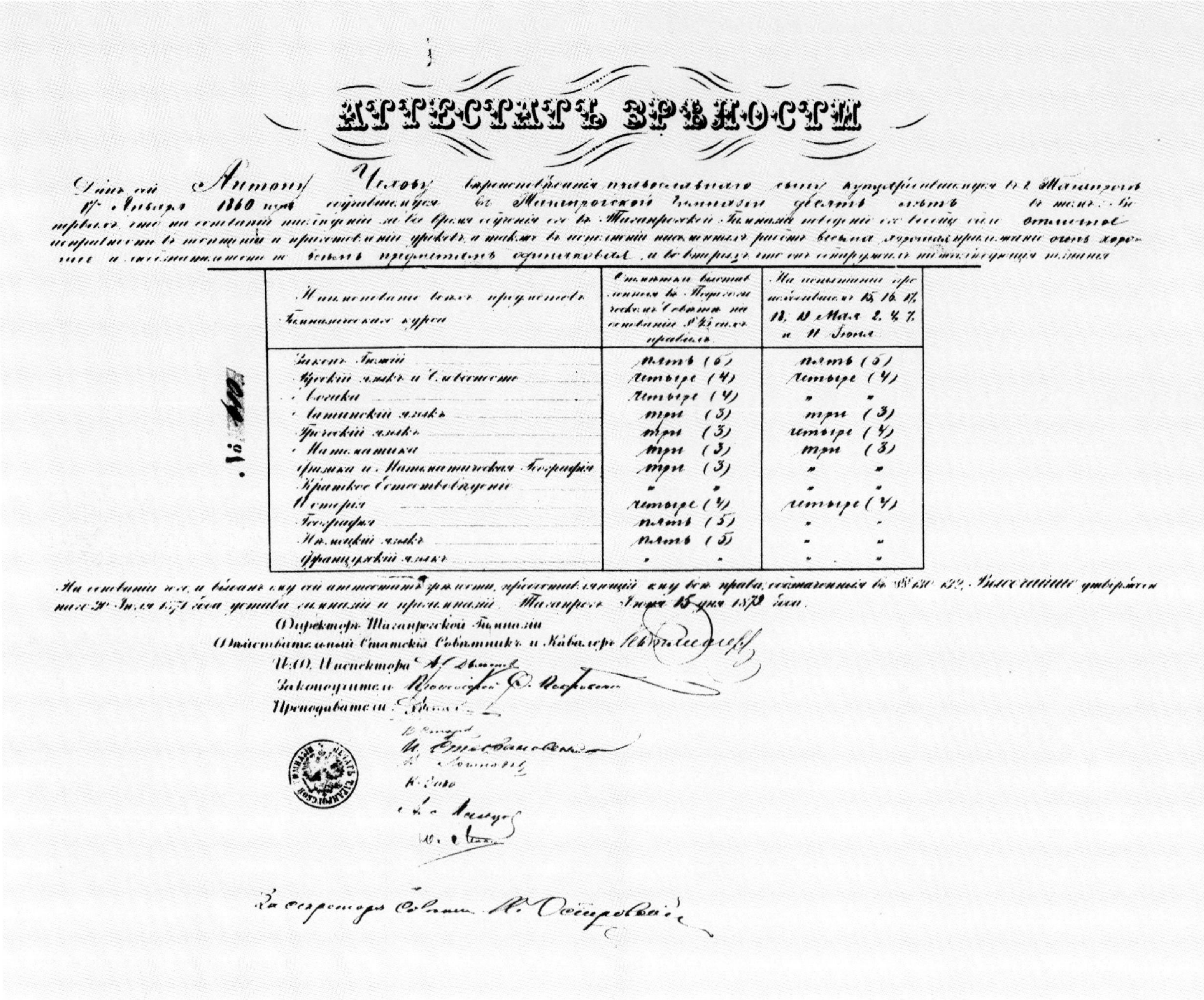

АТТЕСТАТЪ ЗРѢЛОСТИ

Наименованіе тѣхъ предметовъ Гимназическаго курса	Отмѣтки выставленныя въ Педагогическомъ Совѣтѣ на основаніи § правилъ	На испытаніи происходившемъ 15. 16. 17. 18. 19 Мая 2. 4. 7. и 11 Іюня
Законъ Божій	пять (5)	пять (5)
Русскій языкъ и Словесность	четыре (4)	четыре (4)
Логика	четыре (4)	" "
Латинскій языкъ	три (3)	три (3)
Греческій языкъ	три (3)	четыре (4)
Математика	три (3)	три (3)
Физика и Математическая Географія	три (3)	" "
Краткое Естествовѣдѣніе	" "	" "
Исторія	четыре (4)	четыре (4)
Географія	пять (5)	" "
Нѣмецкій языкъ	пять (5)	" "
Французскій языкъ	" "	" "

42 Taganrog, 15. Juni 1879. Das Reifezeugnis

Lehrjahre
Studienjahre
Moskau
1879–1885

43 Moskau, 1882

Komm nach Moskau!!! Ich habe mich schrecklich in Moskau verliebt. Wer sich einmal an Moskau gewöhnt hat, der fährt nie wieder von hier fort. Ich bin für immer Moskauer geworden. Komm und befasse Dich mit Literatur. Dieses Vergnügen ist in Charkov unmöglich, in Moskau bringt es rund 150 Rubel im Jahr ein, mir zumindest. Nachhilfestunden sind schwer zu bekommen. Komm!!! Alles ist billig, Hosen bekommt man für 10 Kopeken in Silber! Und Patriotismus – soviel man will!!! (ich ersticke …) Ein noch so kleines Körnchen, ein noch so kleines Steinchen, und gleich ein historisches Denkmal! Komm!!! Die Moskauer Juristen – jeder ein Spasovič, und jeder lebt wie Ludwig XIV. Komm!!

8. Mai 1881 an S. Kramarëv

44 Moskau. Der Kreml mit dem Ufer der Moskva

45

46

45 Moskau. Der Rote Platz
46 Lubjanka-Platz

47 Auf dem Roten Platz, rechts die Basilius-Kathedrale

48 Das Puškin-Denkmal
49 Die Tverskaja, Moskaus eleganteste Geschäftsstraße
50, 51 Trubnaja, Platz in unmittelbarer Nähe der ersten Moskauer Wohnung Čechovs; oben: an Markttagen

48

1879 immatrikulierte ich mich an der Medizinischen Fakultät der Universität Moskau. Von den Fakultäten hatte ich damals nur eine schwache Vorstellung, und aus welchen Gründen ich die Medizinische Fakultät wählte, weiß ich nicht mehr, aber ich habe diese Wahl später nie bereut. Bereits im ersten Studienjahr begann ich, in Wochenzeitschriften und Zeitungen zu veröffentlichen, und diese Beschäftigung mit der Literatur nahm bereits Anfang der achtziger Jahre festen, professionellen Charakter an.

11. Oktober 1899 an G. I. Rossolimo

49

50

51

52

53

54

55

56

Die Familie Čechov um 1880

52 Michail, Schüler
53 Ivan, angehender Volksschullehrer
54 Maša, Studentin
55 Der Vater, Kontorist
56 Die Mutter

57

58

59

60

Mein Zöllnerbruder Aleksandr!
Zunächst setze ich Dich davon in Kenntnis, daß alles in Ordnung ist. Zweitens bekommst Du vom ›Moskovskij listok‹ 19 R. 45 K. Davon gebe ich, wie vereinbart, 10 R. Fedja. Die übrigen schick ich nach Erhalt an den Zoll von Taganrog. Soll ich mir nicht auch Pantoffeln kaufen, oder damit noch warten? Ich habe kein Geld! Deine unzüchtigen Briefe bekommen wir, lesen sie, sind stolz auf sie und ergötzen uns an ihnen. Du sollst nicht ehebrechen, ehebrechen und naschen macht leere Taschen, Du aber brichst die Ehe. Den Bauch abklopfen darfst Du: die Medizin verbietet zwar den Beischlaf, nicht aber die Massage. Nikolka ist mit Marja in Voskresensk, Miška hat Namenstag, Vater schläft, Mutter betet, Tante denkt an Wurzelsuppe, Anna wäscht ab und bringt soeben den Nachttopf, ich schreibe und denke: wie oft wird es mich heute reißen, weil ich die Kühnheit besitze zu schreiben? Dann die Medizin… Jeden Tag eine Operation. Sag Anna Ivanovna, der alte Zeitungsverkäufer ist in der Klinik an cancer prostatae gestorben. Wir führen ein ganz lustiges Leben. Wir lesen, schreiben, gehen abends aus, trinken mit Maßen Vodka, hören Musik, Gesang et cetera… An Dich habe ich diese Bitte: Fang mir einen kleinen Schmuggler und schicke ihn mir her.
Ich sehne mich nach Dir, auch wenn Du ein Säufer bist.

8. November 1882 an Aleksandr

57 Anton, Student der Medizin
58 Nikolaj, Kunststudent, Maler
59 Aleksandr, ab 1882 Zollbeamter in Taganrog
60 Čechov und seine Kommilitonen, 1883:
D. T. Saveljev, V. I. Zembulatov, N. I. Korobov

61

61 Moskau. Die Alte Universität
62 Das Universitäts-Klinikum
63 Čechovs Studentenausweis

62

БИЛЕТЪ
НА ПРАВО СЛУШАНІЯ ЛЕКЦІЙ
ИМПЕРАТОРСКАГО
МОСКОВСКАГО УНИВЕРСИТЕТА
СТУДЕНТУ
МЕДИЦИНСКАГО ФАКУЛЬТЕТА
2-го КУРСА
Антону Чехову
на 1-ю половину 1880–81-го года.
Данъ 1880-го года
Инспекторъ
№ 21
Студентъ

63

Ich bezweifle nicht, daß meine Beschäftigung mit den medizinischen Wissenschaften großen Einfluß auf meine literarische Tätigkeit gehabt hat, sie hat den Horizont meiner Beobachtungen beträchtlich erweitert, hat mich um Kenntnisse bereichert, deren wahren Wert für mich als Schriftsteller nur der ermessen kann, der selbst Arzt ist; sie besaß auch richtungsweisenden Einfluß, und wahrscheinlich ist mir, dank meiner Nähe zur Medizin, gelungen, viele Fehler zu vermeiden. Die Bekanntschaft mit den Naturwissenschaften, mit der wissenschaftlichen Methode hat mich immer wachsam bleiben lassen, und ich habe mich bemüht, mein Schreiben dort, wo es möglich war, mit den wissenschaftlichen Gegebenheiten in Einklang zu bringen, wo dies hingegen unmöglich war, zog ich es vor, gar nicht zu schreiben... Ich gehöre nicht zu den Schriftstellern, die sich der Wissenschaft gegenüber negativ verhalten; und zu denjenigen, die alles aus ihrem eigenen Verstande schöpfen, möchte ich nicht gehören.

11. Oktober 1899 an G. I. Rossolimo

64 Moskau, 1881/1882

— Что ты, Ваня, плачешь, кто тебя обидѣлъ?
— Я... я... Мамаша, вчера упалъ и больно было...
— То было вчера, чего-же ты теперь плачешь?..
— Какъ не плакать... тебя-же вчера дома не было.

Боже мой, какъ они похожи! Особенно Александръ!

АРХИВЪ „СТРЕКОЗЫ".

Письмо донскаго помѣщика Степана Владиміровича N къ ученому сосѣду д-ру Фридриху.

Дорогой Сосѣдушко!

Фрiедрихъ (забылъ какъ по батюшкѣ, извените великодушно!) Извените и простите меня стараго старикашку и недѣлую душу человѣческую за то, что осмѣливаюсь Васъ безпокоить своимъ жалкимъ письменнымъ лѣпетомъ. Вотъ ужъ цѣлый годъ прошелъ, т. е. погрузился въ волны вѣчности, какъ Вы изволили поселиться въ нашей части свѣта по сосѣдству со мной мелкимъ человѣчкомъ, а я все еще не знаю Васъ, а Вы меня тоже не знаете. Позвольте-жъ драгоцѣнный сосѣдушко хотя посредствомъ сихъ старческихъ iероглифовъ познакомиться съ Вами, пожать мысленно Вашу ученую руку и поздравить Васъ съ прiѣздомъ изъ Санктъ-Петербурга въ нашъ недостойный материкъ, населенный мужиками и крестьянскимъ народомъ т. е. плебейскимъ элементомъ. Давно искалъ я случая познакомиться съ Вами, жаждалъ, потому что наука въ нѣкоторомъ родѣ мать наша родная, все одно какъ и цивилизацiя и потому что сердечно уважаю тѣхъ людей, знаменитое имя и званiя которыхъ увѣнчанное ореоломъ популярной славы лаврами, кимвалами, орденами, лентами и аттестатами съ дипломомъ гремитъ какъ громъ и молнiя по всѣмъ частямъ вселеннаго мiра сего видимаго и невидимаго т. е. подлуннаго. Я пламенно люблю астрономовъ, поэтовъ, метафизиковъ, привать-доцентовъ, химиковъ и другихъ жрецовъ науки, къ которымъ Вы себя причисляете чрезъ свои умные факты и отрасли наукъ т. е. продукты и плоды. Говорятъ, что вы много книгъ напечатали во время умственнаго сидѣнiя съ трубами, градусниками и кучей заграничныхъ книгъ съ заманчивыми рисунками. Недавно заѣзжалъ въ мои жалкiя владѣнiя, въ мои руины и развалины мѣстный максимусъ понтифексъ отецъ Герасимъ и со свойственнымъ ему фанатизмомъ бранилъ и порицалъ Ваши мысли и идеи касательно человѣческаго происхожденiя и другихъ явленiй мiра видимаго и возставалъ и горячился противъ Вашей умственной сферы и мыслительнаго горизонта покрытаго свѣтилами и афоризмами. Я не согласенъ съ о. Герасимомъ касательно Вашихъ умственныхъ идей, потому что живу и питаюсь одной только наукой, которую Провиденiе дало роду человѣческому для вырытiя изъ недръ мiра видимаго и невидимаго драгоцѣнныхъ металловъ, металлоидовъ и брилiантовъ, но все таки простите меня, батюшка, насекомого еле видимаго, если я осмѣлюсь опровергнуть постариковски нѣкоторыя Ваши идеи касательно естества природы. О. Герасимъ сообщилъ мнѣ, что будто Вы сочинили сочиненiе, въ которомъ изволили изложить не весьма существенныя идеи на щотъ людей и ихъ первороднаго состоянiя и допотопнаго бытiя. Вы изволили сочинить что человѣкъ произошелъ отъ обезьянскихъ племенъ мартышекъ орангуташекъ и т. п. Простите меня старичка, но я съ Вами касательно этого важнаго пункта не согласенъ и могу Вамъ запятую поставить. Ибо, если-бы человѣкъ, властитель мiра, умнѣйшее изъ дыхательныхъ существъ, происходилъ отъ глупой и невѣжественной обезьяны то у него былъ бы хвостъ и дикiй голосъ. Если-бы мы происходили отъ обезьянъ, то насъ теперь водили-бы по городамъ Цыганы на показъ и мы платили бы деньги за показъ другъ друга, танцуя по приказу Цыгана или сидя за рѣшоткой въ звѣринцѣ. Развѣ мы покрыты кругомъ шерстью? Развѣ мы не носимъ одѣянiй, коихъ лишены обезьяны? Развѣ мы любили-бы и не презирали бы женщину, если бы отъ нея хоть немножко пахло бы обезьяной, которую мы каждый вторникъ видимъ у Предводителя Дворянства. Если-бы наши прародители происходили отъ обезьянъ, то ихъ не похоронили бы на христiанскомъ кладбищѣ; мой прапрадѣдъ напримѣръ Амвросiй, жившiй во время оно въ царствѣ Польскомъ былъ погребенъ не какъ обезьяна, а рядомъ съ абатомъ католическимъ Iоакимомъ Шостакомъ, записки коего объ умѣренномъ климатѣ и горячихъ напиткахъ хранятся еще доселѣ у брата моего Ивана. Абатъ значитъ католическiй попъ. Извените меня неука за то, что мѣшаюсь въ Ваши ученые дѣла и толкую посвоему по старчески и навязываю вамъ свои дикообразныя и какiя то аляповатыя идеи, которыя у ученыхъ и цивилизованныхъ людей скорѣй помѣщаются въ животѣ, чѣмъ въ головѣ. Не могу умолчать и не терплю когда ученые неправильно мыслятъ въ умѣ своемъ и не могу не возразить Вамъ. О. Герасимъ сообщилъ мнѣ, что вы неправельно мыслите объ лунѣ т. е. объ мѣсяцѣ, который замѣняетъ намъ солнце въ часы мрака и темноты, когда люди спятъ, а Вы проводите электричество съ мѣста на мѣсто и фантазируете. Не смѣйтесь надъ старикомъ, за то что такъ глупо пишу. Вы пишете, что на лунѣ т. е. на мѣсяцѣ живутъ и обитаютъ люди и племена. Этого не можетъ быть никогда потому что если бы люди жили на лунѣ то заслоняли бы для насъ магическiй и волшебный свѣтъ ее своими домами и тучными пастбищами. Безъ дождика люди не могутъ жить, а дождь идетъ внизъ на землю, а не вверхъ на луну. Люди живя на лунѣ падали-бы внизъ на землю, а этого не бываетъ. Нечистоты и помои сыпались бы на нашъ материкъ съ населенной луны. Могутъ ли люди жить на лунѣ, если она существуетъ только ночью, а днемъ исчезаетъ? И правительства не могутъ дозволить жить на лунѣ, потому что на ней по причинѣ далекаго разстоянiя и недосягаемости ея можно укрываться отъ повинностей очень легко. Вы немножко ошиблись. Вы сочинили и напечатали въ своемъ умномъ сочиненiи, какъ сказалъ мнѣ О. Герасимъ, что будто бы на самомъ величайшемъ свѣтилѣ, на солнцѣ, есть черныя пятнушки. Этого не можетъ быть, потому что этого не можетъ быть никогда. Какъ Вы могли видѣть на солнцѣ пятны, если на солнце нельзя глядѣть простыми человѣческими глазами, и для чего на немъ пятны, если и безъ нихъ можно обойтиться? Изъ какого мокраго тѣла сдѣланы эти самыя пятны, если они не сгораютъ? Можетъ быть по вашему и рыбы живутъ на солнцѣ? Извените меня дурмана ядовитаго, что такъ глупо съострилъ! Ужасно я преданъ наукѣ! Рубль сей парусъ девятнадцатаго столѣтiя для меня не имѣетъ никакой цѣны, наука его затемнила у моихъ глазъ своими дальнѣйшими крылами. Всякое открытiе терзаетъ меня какъ гвоздикъ въ спинѣ. Хотя я невѣжда и старосвѣтскiй помѣщикъ, а все же таки негодникъ старый занимаюсь наукой и открытiями, которыя собственными руками произвожу и наполняю свою недѣлую головешку, свой дикiй черепъ мыслями и комплектомъ величайшихъ знанiй. Матушка природа есть книга, которую надо читать и видѣть. Я много произвелъ открытiй своимъ собственнымъ умомъ, такихъ открытiй, какихъ еще ни одинъ реформаторъ не изобрѣталъ. Скажу безъ хфастовства, что я не изъ послѣднихъ касательно образованности, добытой мозолями, а не богатствомъ родителей т. е. отца и матери или опекуновъ, которые часто губятъ дѣтей своихъ посредствомъ богатства, роскошью и шестиэтажныхъ жилищъ съ невольниками и электрическими звонками. Вотъ что мой грошовый умъ открылъ. Я открылъ, что наша великая огненная лучистая хламида солнце въ день Св. Пасхи рано утромъ занимательно и живописно играетъ разноцвѣтными цвѣтами и производитъ своимъ чуднымъ мерканiемъ прiятное впечатлѣнiе. Другое открытiе. Отчего зимою день короткiй, а ночь длинная, а лѣтомъ наоборотъ? День зимою оттого короткiй, что подобно всѣмъ прочимъ предметамъ видимымъ и невидимымъ отъ холода сжимается и оттого, что солнце рано заходитъ, а ночь отъ возженiя свѣтильниковъ и фонарей разширяется, ибо согрѣвается. Потомъ я открылъ еще, что собаки весной траву кушаютъ подобно овцамъ и что кофей для полнокровныхъ людей вреденъ, потому что производитъ въ головѣ головокруженiе, а въ глазахъ мутный видъ и тому подобное и тому подобное прочее. Много я сдѣлалъ открытiй и кромѣ этого хотя и не имѣю аттестатовъ и свидѣтельствъ. Прiѣзжайте ко мнѣ дорогой сосѣдушко, ей Богу. Откроемъ что нибудь вмѣстѣ, литературой займемся и Вы меня поганенькаго вычисленiямъ различнымъ поучите. Прiѣзжайте пожалуйста, сдѣлайте милость, удружите не разумному сосѣду. Прiѣзжайте хоть завтра напримѣръ. Мы теперь постное ѣдимъ, но для Васъ будемъ готовить скоромное. Дочь моя Наташенька просила Васъ, чтобы Вы съ собой какiя нибудь умныя книги привезли... Она у меня эманципе, всѣ у ней дураки, только одна она умная. Молодежь теперь, я Вамъ скажу, даетъ себя знать. Дай имъ Богъ! Чрезъ недѣлю прибудетъ ко мнѣ братъ мой Иванъ человѣкъ хорошiй, но, между нами сказать, Бурбонъ и науки не любитъ. Это письмо долженъ доставить Вамъ мой ключникъ ровно въ 8 часовъ вечера. Если привезетъ его позже, то побейте его по щекамъ, по профессорски, нечего съ этимъ племенемъ церемониться. Если позже доставитъ, то значитъ, въ кабакъ анафема заходилъ. Обычай ѣздить къ сосѣдямъ не нами вздуманъ не нами и окончится, а потому всепремѣнно прiѣзжайте къ намъ съ инструментами и книжками. Моя жена не любитъ нѣмцевъ, но я ей сказалъ, что Вы не Фрiедрихъ, а Максимъ русскоподданный. Извените за безпокойство и простите. Ожидаемъ Васъ съ нетерпѣнiемъ. Остаюсь любящiй Васъ Войска Донскаго отставной урядникъ изъ дворянъ,

Степанъ Владимiра сынъ.

...въ

Erste Veröffentlichung des Antoša Čechonte

65 ›Ein Brief des Gutsbesitzers vom Don Stepan Vladimirovič N. an seinen gelehrten Nachbarn Dr. Fridrich‹ in der ›Strekoza‹ vom 9. März 1880
66 Nach Empfang des ersten Honorars
67 Nikolaj Čechov: ›Der Gutsbesitzer Stepan Vladimirovič N.‹

66

67

Mein Jubiläum (wenn man die 25 meint) ist noch nicht gekommen und wird auch so bald noch nicht sein. Nach Moskau kam ich, um an der Universität zu studieren, in der zweiten Hälfte des Jahres 1879, die erste Bagatelle von 10–15 Zeilen wurde im März oder April in der ›Strekoza‹ veröffentlicht; wenn man sehr nachsichtig sein und eben diese Bagatelle als den Beginn ansehen will, so wäre selbst dann mein fünfundzwanzigjähriges Jubiläum nicht vor 1905 zu feiern. 19. Januar 1904 an F. D. Batjuškov

Nikolka (das weißt Du sehr wohl!) treibt dummes Zeug; ein gutes, starkes russisches Talent geht zugrunde, geht für nichts und wieder nichts zugrunde... Noch ein, zwei Jahre, und das Lied ist aus für unseren Maler. Er reibt sich auf in der Menge der Bierhallenbesucher, macht alles, was flach ist und billig ... während, angefangen, ein bemerkenswertes Bild von ihm im Saal steht. Und jetzt, statt ihn zu stützen, ihn, einen gutherzigen Kerl, der Talent hat, aufzumuntern durch ein gutes starkes Wort, das für ihn von unschätzbarem Wert wäre, schreibst Du ihm erbärmliche, jammervolle Worte... Du bist ein sehr guter Stilist, hast viel gelesen, viel geschrieben, verstehst die Dinge so, wie andere sie verstehen – es kostet Dich nichts, Deinem Bruder ein gutes Wort zu schreiben. Unterstreich Du, ein starker, gebildeter, erwachsener Mann, das, was vital ist, was ewig ist, was nicht auf das kleinliche Gefühl wirkt. Februar 1883 an Aleksandr

68

69

70

Es lebt sich leidlich, aber meine Gesundheit – weh und ach! Man arbeitet wie ein Affe, legt sich um fünf Uhr morgens schlafen. Ich schreibe für die Zeitschriften auf Bestellung, und nichts ist schlimmer, als sich zu bemühen, den Termin einzuhalten. Geld habe ich. Ich esse sehr gut, trinke sehr gut, kleide mich nicht schlecht, aber ... ich habe schon keinen überflüssigen Fetzen Fleisch mehr am Körper! Man sagt, ich sei abgemagert bis zur Unkenntlichkeit.
Na, und die Frauen...
Ich arbeite für Piter und für Moskau, bin berühmt geworden, mit allen bekannt... Es lebt sich beinahe lustig. Im Sommer werde ich in den Süden fahren, um meine Gesundheit wiederherzustellen.

29. Januar 1883 an G. P. Kravcov

68 Antoša Čechonte und sein Bruder Nikolaj, Moskau 1881/1882
69 M. M. Čemodanov-Lilin: ›Redaktionstag im »Budilnik«‹, einem Humorjournal, in dem Čechov Anfang der 80er Jahre oft publizierte. Stehend, zweiter von links: Čechonte
70 Moskau, 1882

ЖОНЫ АРТИСТОВЪ.

Переводъ... съ португальскаго.

Свободнѣйшій гражданинъ столичнаго города Лиссабона, Альфонсо Зинзага, молодой романистъ, столь извѣстный ... только самому себѣ и подающій великія надежды... тоже самому себѣ, утомленный цѣлодневнымъ хожденіемъ по бульварамъ и редакціямъ, и голодный, какъ самая голодная собака, пришелъ къ себѣ домой. Обиталъ онъ въ 147 номерѣ гостинницы, извѣстной въ одномъ изъ его романовъ подъ именемъ гостинницы «Ядовитаго Лебедя». Вошедши въ 147 номеръ, онъ окинулъ взглядомъ свое коротенькое, узенькое и не высокое жилище, покрутилъ носомъ и зажегъ свѣчу, послѣ чего взорамъ его представилась умилительная картина. Среди массы бумагъ, книгъ, прошлогоднихъ газетъ, ветхихъ стульевъ, сапогъ, халатовъ, кинжаловъ и колпаковъ, на маленькой, обитой сизымъ

71

Beneide mich nicht, mein Lieber! Das Schreiben bringt mir, außer daß es mich reißt, nichts ein. Die 100 Rub., die ich im Monat bekomme, gehn ihren Weg durch den Darm, und ich habe nicht das Geld, meine graue, abgewetzte Jacke einzutauschen gegen etwas weniger Hinfälliges. Ich bezahle an allen Ecken und Enden, und mir bleibt n i h i l. Die Familie schluckt mehr als 50. Ich habe nicht einmal das Fahrgeld nach Voskresensk. Nikolka hat auch nichts. Ich tröste mich zumindest damit, daß mir keine Gläubiger im Nacken sitzen. Für April habe ich von Lejkin 70 Rub. bekommen, und heute ist erst der 13., aber ich habe nicht mal das Geld für eine Droschke.
Wenn ich allein lebte, wäre ich ein reicher Mann, aber nun ja... an den Wassern zu Babel saßen wir und weinten...
Meine Erzählungen sind nicht abgeschmackt und, wie viele sagen, in Form und Inhalt besser als andere, und sie promovieren mich zum Humoristen ersten Ranges, zu einem der besten, sogar zum besten; meine Erzählungen werden auf literarischen Abenden erzählt, aber... lieber sich mit einem Tripper herumschlagen als Geld nehmen für eine Gemeinheit, für die Verspottung betrunkener Kaufleute, wenn sie usw. Zum Teufel mit ihnen! Warten wir ab, sehen wir weiter, und laufen wir einstweilen weiter im grauen Jackett herum. Ich vertiefe mich in die Medizin, in ihr ist die Rettung, obwohl ich mir bis heute noch nicht glaube, daß ich ein Arzt bin, und dies bedeutet, daß... das sagen zumindest viele, und für mich macht das keinen Unterschied... daß ich an der falschen Fakultät gelandet bin.

13. Mai 1883 an Aleksandr

74

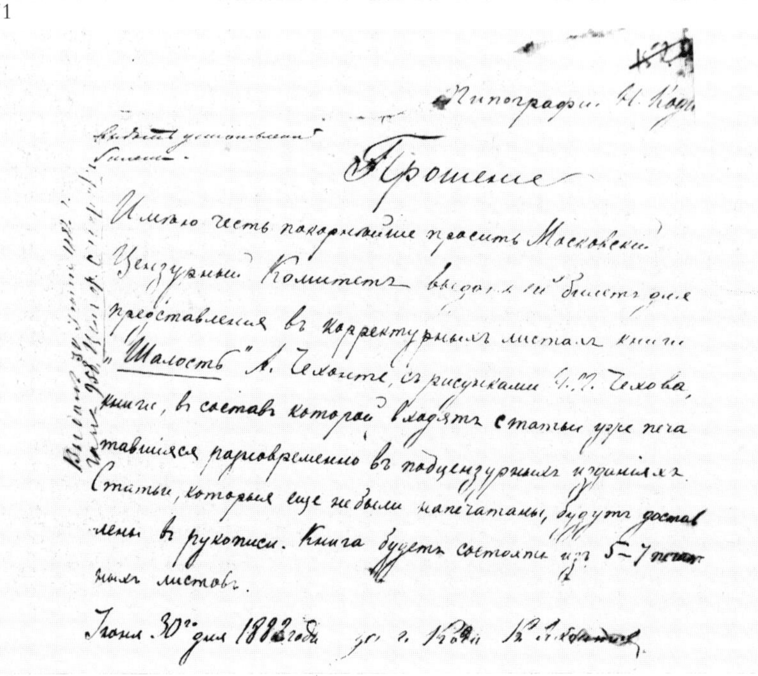

Прошеніе

Имѣю честь покорнѣйше просить Московскій Цензурный Комитетъ выдать мнѣ билетъ для представленія въ корректурныхъ листахъ книги „Шалость" А. Чехонте, съ рисунками Н. П. Чехова, книги, въ составъ которой входятъ статьи уже печатавшіяся разновременно въ подцензурныхъ изданіяхъ. Статьи, которыя еще не были напечатаны, будутъ доставлены въ рукописи. Книга будетъ состоять изъ 5–7 печатныхъ листовъ.

Іюня 30го дня 1882 года

72

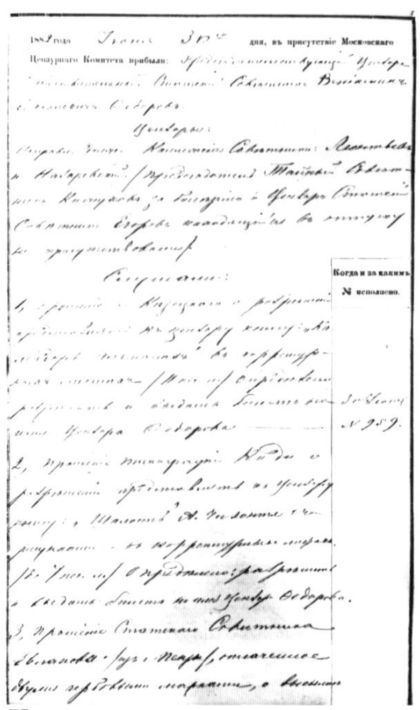

188 2 года Іюня 30го дня, въ присутствіи Московскаго Цензурнаго Комитета прибыли:

Когда и за какимъ N исполнено.

73

›Schelmenstreich‹, 1882. Erster Erzählungsband, Texte: Antoša Čechonte, Illustrationen: Nikolaj Čechov. Der Band, bereits gesetzt, erschien nicht, da die Autoren das Geld für den Druck nicht aufbrachten.

71 Nikolaj Čechov: ›Künstlergattinnen‹. Erste Seite der gleichnamigen Humoreske von A. Čechonte
72 Gesuch an die Moskauer Zensur um Genehmigung für den Band
73 Die Genehmigung der Zensur
74 Nikolaj Čechov: ›Ballkönigin‹
75 Nikolaj Čechov: ›Der Tatjanentag in Moskau‹, 1882 Links oben, mit Champagnerglas: Anton Čechov

75

76

Du hast nur einen Fehler. Und er ist die Ursache für den falschen Standpunkt, auf dem Du Dich befindest, die Ursache für Deinen Kummer und Deinen Darmkatarrh, das ist Deine äußerst mangelhafte Erziehung. Entschuldige bitte, aber veritas magis amicitiae…
Menschen mit Erziehung müssen, meiner Meinung nach, folgenden Bedingungen genügen: 1) Sie achten die menschliche Persönlichkeit, sind darum stets nachsichtig, weichherzig, höflich, nachgiebig… 2) Sie haben Mitleid nicht nur mit Bettlern und Katzen. Ihnen tut auch das in der Seele weh, was man mit bloßem Auge nicht sehen kann. 3) Sie achten fremdes Eigentum und zahlen deshalb auch ihre Schulden zurück. 4) Sie sind reinen Herzens und fürchten die Lüge wie das Feuer. Sie lügen selbst in Kleinigkeiten nicht… Sie sind nicht schwatzhaft und halten mit Offenheiten zurück, wenn sie nicht gefragt sind. Aus Achtung vor fremden Ohren schweigen sie meistens. 5) Sie erniedrigen sich nicht, um beim anderen Mitleid zu erwecken. 6) Sie sind uneitel. Sie sind nicht interessiert an falschen Brillanten wie etwa Bekanntschaften mit Berühmtheiten, Händedrücken eines betrunkenen Plevako, Entzückensbezeugungen eines Wildfremden im Salon, an Bekanntheit in Bierhallen… 7) Wenn sie Talent besitzen, so haben sie Achtung davor. Sie opfern ihm die Ruhe, Frauen, Wein, Eitelkeit… Sie sind stolz auf ihr Talent. 8) Sie erziehen sich zur Ästhetik… Sie kippen nicht im Vorbeigehn einen Vodka, schnüffeln nicht in Schränken herum, weil sie wissen, daß sie keine Schweine sind. Sie trinken nur in freien Stunden, bei Gelegenheit… Was sie brauchen, ist mens sana in corpore sano. Usw. So sind Menschen mit Erziehung.

März 1886 an seinen Bruder Nikolaj

76 Nikolaj Čechov: ›Porträt Anton Čechov‹, frühe 1880er Jahre
77 Anton und Nikolaj Čechov, Moskau, 1884

77

Отдѣльный номеръ 20 коп.

№ 16.

ЕЖЕНЕДѢЛЬНЫЙ ИЛЛЮСТРИРОВАННЫЙ ЖУРНАЛЪ

С.-ПЕТЕРБУРГЪ. ПОДЪ РЕДАКЦІЕЮ Н. А. ЛЕЙКИНА. 14 Апрѣля 1890 г.

УСЛОВІЯ ПОДПИСКИ:
За годъ безъ перес. (съ безпл. преміей) 7 р.
За годъ съ пересылкой и доставкой (съ безпл. преміей) 8 »
За полгода съ перес. и дост. (безъ преміи) 5 »
За три мѣс. съ перес. и дост. (безъ преміи) 3 »
За объявленія по 25 к. за строку петита
Контора и редакція: Троицкая улица, № 18

ПРІЕМЪ ПОДПИСКИ въ С.-Петербургѣ: въ конт. редакціи, Троицкая ул., 18

ПРІЕМЪ ПОДПИСКИ въ Москвѣ: въ конторѣ Н. Н. Печковской, Петровскія линіи.

ВЪ КАБИНЕТѢ РЕДАКТОРА.

Рисун. М. М. Далькевича.

Редакторъ Н. А. Лейкинъ (къ посѣтителю). — Что вамъ угодно?

Посѣтитель (обиженнымъ тономъ). — Позвольте узнать, на какомъ основаніи вы осмѣлились изобразить меня въ карикатурѣ?!

Н. А. Лейкинъ. — Что жъ тутъ обиднаго?.. Вы даже должны благодарить за это... Да если бы пришлось, то я самъ на себя карикатуру помѣстилъ бы... Однако, извините, мнѣ некогда: мнѣ надо писать разсказъ къ завтрашнему номеру, а то для машины вообще вредна пріостановка...

78

79

Die ›Oskolki‹, St. Petersburg, die damals beste humoristische Zeitschrift Rußlands. Von 1883 bis 1887 veröffentlichte Čechov hier jährlich bis zu hundert Kurzgeschichten, Erzählungen und Humoresken.

78 N. A. Lejkin, Herausgeber der ›Oskolki‹
79 Moskau, 1881/1882

Erste Freunde, Bekannte

80 Der Feuilletonist Vladimir Giljarovskij
81 Aleksandr Lazarev-Gruzinskij, Erzähler
82 Liodor Palmin, Lyriker, Übersetzer
83 Der Architekt Franc Šechtel mit Nikolaj
84 Brief Lejkins an Čechov vom 16. IX. 1885 mit der Mitteilung, der Zensor habe Čechovs Erzählung ›Unteroffizier Prišibeev‹ verboten.

80

81

82

83

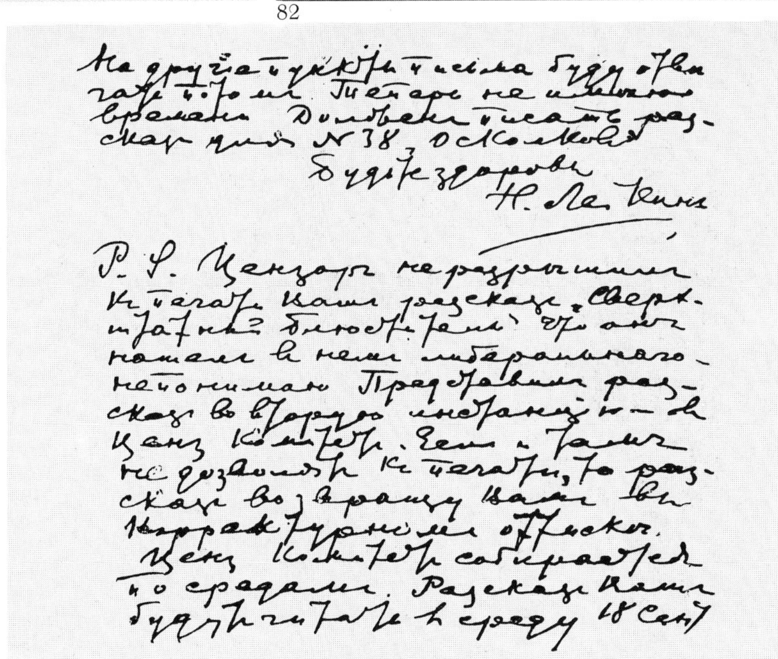

84

85

Ich schreibe unter den widerwärtigsten Bedingungen. Mir vor Augen steht meine nichtliterarische Arbeit, die mir unbarmherzig aufs Gewissen drückt, im Nachbarzimmer schreit das Kind eines eben auf Besuch gekommenen Verwandten, im anderen Zimmer liest mein Vater meiner Mutter den ›Versiegelten Engel‹ vor... Jemand hat eine Spieldose mitgebracht, und ich höre die ›Schöne Helena‹... Man möchte sich aufs Land verziehen, aber es ist schon nach Mitternacht... Für jemanden, der schreibt, kann man sich kaum widerwärtigere Bedingungen vorstellen. Mein Bett ist belegt von dem angereisten Verwandten, der ausgerechnet jetzt zu mir kommt und ein Gespräch über die Medizin anfängt. »Meine Tochter hat sicherlich Bauchweh, deshalb schreit sie...« Ich habe das große Unglück, Arzt zu sein, und niemand, der es nicht für nötig hielte, sich mit mir über die Medizin »zu unterhalten«. Und wer es satt hat, sich über die Medizin zu unterhalten, bringt das Gespräch auf die Literatur... 24. August 1883 an N. A. Lejkin

Unser mißratener Bruder Aleksandr Pavlovič! Sei keine Hose und verzeih, daß ich Deine Briefe so lange nicht beantwortet habe. Schuld an meinem Schweigen ist weniger die Faulheit als der Mangel an Muße. Ich habe keine freie Minute. Nicht einmal Patiencen lege ich mehr, aus Zeitmangel. Ich habe (obwohl Du Schwein mir wünschst, daß ich beim Übergang ins 5. Studienjahr durchraßle) Abschlußexamina, nach deren Bestehen ich den Titel Kačilovskijs bekomme. Die Katze weint über die Tränen der Maus; so weine auch ich zur Zeit über meinen Leichtsinn der vergangenen Jahre. Weh mir! Ich muß fast alles ganz von vorn lernen. Außer den Examina (die übrigens noch bevorstehen) die Arbeit an den Leichen, die klinischen Übungen mit den unausweichlichen historiae morbi, die Krankenhausbesuche. Ich arbeite und spüre meine Schwäche. Mein Gedächtnis taugt nicht mehr zum Büffeln; ich bin alt geworden, faul, die Literatur... aber Sie riechen ja nach Vodka usw. Ich fürchte, daß ich bei einem der Examina durchfalle.

18./25. Oktober 1883 an Aleksandr

Arbeiten Nikolaj Čechovs

85 ›Salon de variétés‹, 1881, zur gleichnamigen Humoreske Čechovs
86 ›Das Bolšoj-Theater‹, 1881
87 ›Armut‹

86

87

88

Morgen habe ich das letzte Examen, und übermorgen wird meine Person das darstellen, was die Menge mit ›Doktor‹ betitelt (natürlich nur, wenn ich das morgige Examen bestehe). Ich werde mir dann ein Türschild ›Doktor‹ mit Zeigefinger bestellen, weniger der Arztpraxis wegen als vielmehr zum Schrecken der Hausknechte, Postboten und des Schneiders. Mich, der ich humoristischen Unfug schreibe, betiteln die Bewohner des Hauses Eleckij mit Doktor, und mir tut es, weil es so ungewohnt ist, in den Ohren weh, meine Eltern dagegen hören es gern; meine Eltern sind ehrbare Plebejer, die in den Äskulaps bisher etwas Arrogant-Strenges, Offizielles sahen, etwas, das ohn Voranmeldung nicht empfängt und dann einen Fünfrubelschein nimmt, si trauen ihren Augen nicht: bin ich ein Usurpator, eine Fata morgana ode tatsächlich ein Arzt? Und sie erweisen mir die Ehre, als wäre ich Untersu chungsrichter. Sie meinen, ich würde schon im ersten Jahr Tausende schef feln. Derselben Meinung ist auch mein geduldiger Schneider Fëdor Glebyč Ich werde die Armen enttäuschen müssen. 20./21. Mai 1884 an N. A. Lejkin

Dr. med. Anton Pavlovič Čechov

88 Die Medizinische Fakultät der Universität Moskau, 1884. Čechov dritte Reihe von unten, zweiter von rechts
89 Das Arztdiplom
90 Titelblatt der geplanten Dissertation
91 Dr. med. Anton Pavlovič Čechov, 1884

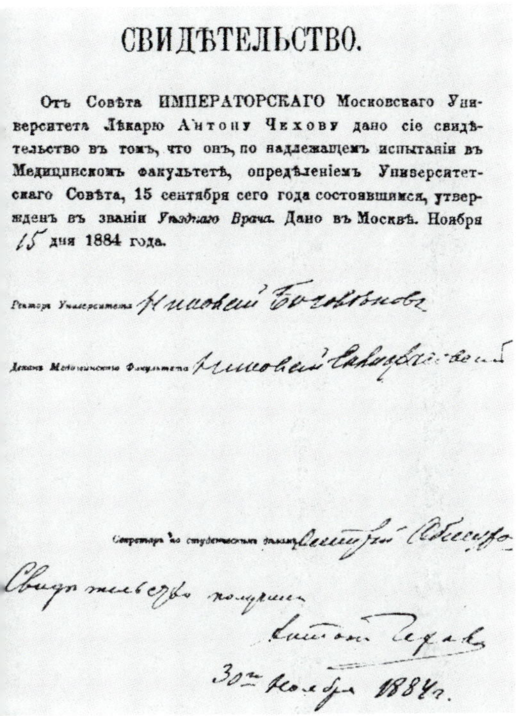

СВИДѢТЕЛЬСТВО.

Отъ Совѣта ИМПЕРАТОРСКАГО Московскаго Университета Лѣкарю Антону Чехову дано сіе свидѣтельство въ томъ, что онъ, по надлежащемъ испытаніи въ Медицинскомъ факультетѣ, опредѣленіемъ Университетскаго Совѣта, 15 сентября сего года состоявшимся, утвержденъ въ званіи *Уѣзднаго Врача*. Дано въ Москвѣ. Ноября 15 дня 1884 года.

Ректоръ Университета Николай Боголѣповъ

Деканъ Медицинскаго Факультета

Секретарь по студенческимъ дѣламъ

Свидѣтельство получилъ Антонъ Чеховъ 30го Ноября 1884 г.

89

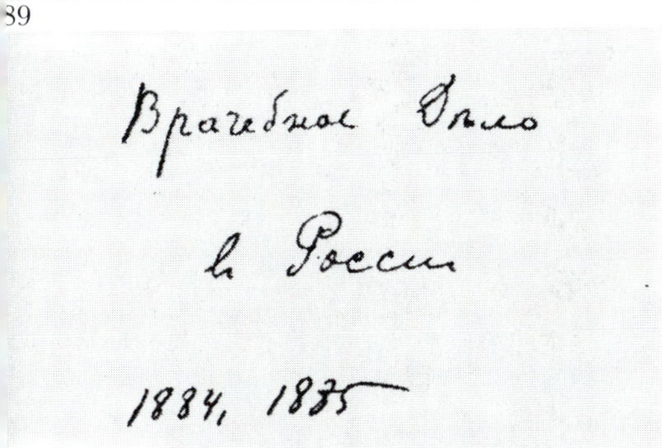

Врачебное дѣло въ Россіи

1884, 1885

90

91

Heute ist bereits der dritte Tag, daß mir – es paßt wie die Faust aufs Auge – Blut aus der Kehle fließt. Dieser Blutfluß hindert mich am Schreiben, hindert mich daran, nach Petersburg zu kommen… Überhaupt – ergebensten Dank, das hatte ich nicht erwartet! Drei Tage lang habe ich keine weiße Spucke mehr gesehen, und wann mir die Medikamente, mit denen meine Kollegen mich vollstopfen, helfen werden, kann ich nicht sagen. Der Allgemeinzustand ist befriedigend, die Ursache wahrscheinlich ein geplatztes Gefäß.

10. Dezember 1884 an N. A. Lejkin

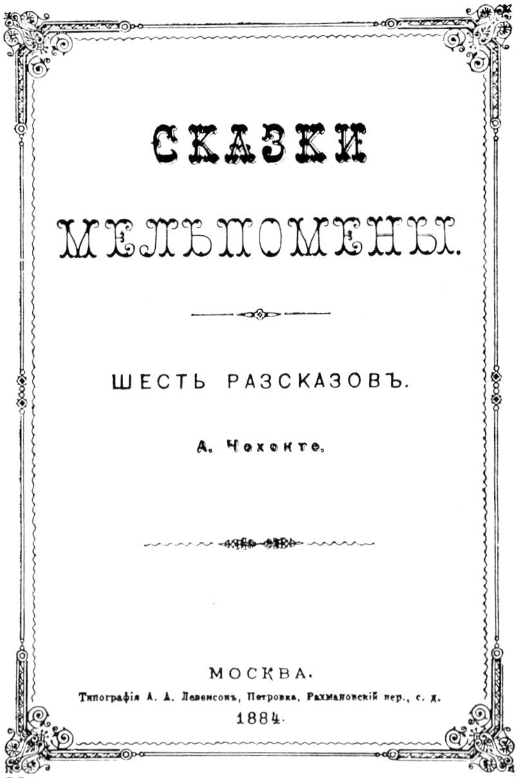

СКАЗКИ
МЕЛЬПОМЕНЫ.

ШЕСТЬ РАЗСКАЗОВЪ.

А. Чехонте.

МОСКВА.
Типографія А. А. Левенсонъ, Петровка, Рахмановскій пер., с. д.
1884.

92

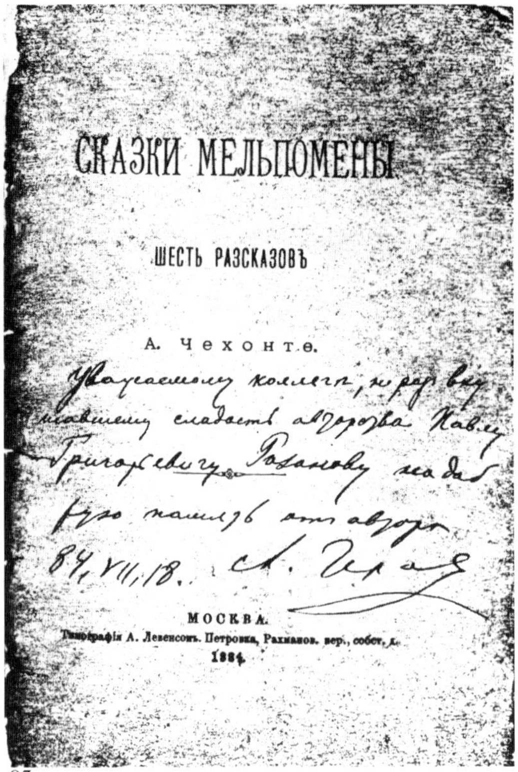

СКАЗКИ МЕЛЬПОМЕНЫ

ШЕСТЬ РАЗСКАЗОВЪ

А. Чехонте.

МОСКВА.
Типографія А. Левенсонъ. Петровка, Рахманов. пер., собст. д.
1884.

93

94

Ich befinde mich gegenwärtig in der Stadt Zvenigorod, wo ich nach Wunsch des Schicksals den Dienst des Zemstvoarztes versehe, der mich bat, ihn für 2 Wochen zu vertreten. Den halben Tag bin ich beschäftigt mit dem Empfang der Patienten (30–40 Mann am Tag), die restliche Zeit ruhe ich mich aus oder langweile mich schrecklich, indem ich am Fenster sitze und in den düsteren Himmel schaue, der schon den dritten Tag einen häßlichen, nicht enden wollenden Regen vergießt… Vor meinem Fenster ein Berg voller Kiefern, rechts davon das Haus des Kreisrichters, noch weiter rechts davon ein

Sommer 1884. ›Märchen der Melpomene. Sechs Erzählungen von A. Čechonte‹, der erste Erzählungsband

92 ›Märchen der Melpomene‹, der Umschlag
93 Titelblatt des Bandes, mit Widmung an den Arzt P. G. Rozanov vom 18. Juli 1884
94 Voskresensk. Blick auf die Stadt, in der Čechov als Student in den Ferien praktizierte.
95 S. P. Uspenskij, Arzt in Zvenigorod
96 P. A. Archangelskij, Arzt in Voskresensk
97 Innenraum einer russischen Bauernkate

95

96

97

räudiges Städtchen, das einmal Residenzstadt war… Links ein verfallener Festungswall, weiter links ein Wäldchen, hinter dem der geheiligte Savva hervorschaut. Die hintere Treppe, oder genauer die Hintertür, an der es nach Abtritt riecht und an der ein Ferkel grunzt, schaut auf den Fluß. Heute ist Samstag. Um die Post nicht zu verfehlen, beeile ich mich, die Terminarbeit zu schicken. Die Erzählung schreibe ich heute nacht und schicke sie morgen. Ihre Briefe schicken Sie bitte nach Voskresensk.

14. Juli 1884 an N. A. Lejkin

98

99

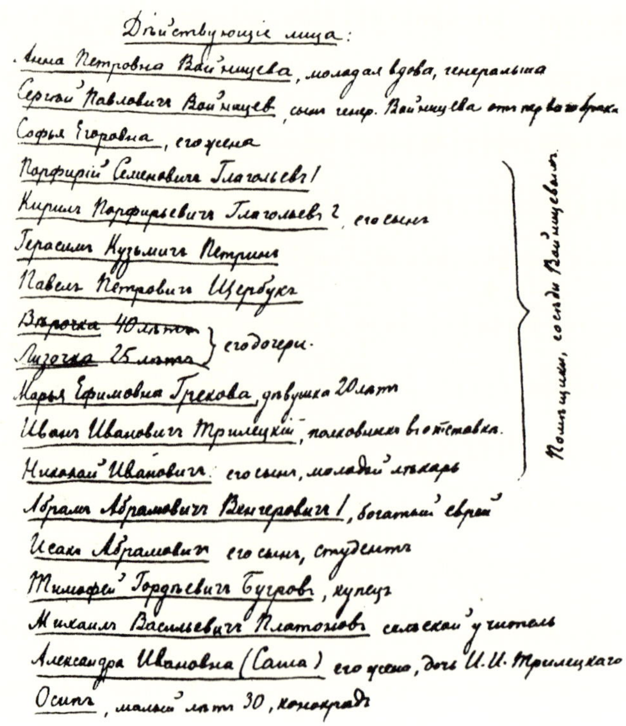

Дѣйствующiя лица:
Анна Петровна Войницева, молодая вдова, генеральша
Сергѣй Павловичъ Войницев, сынъ генер. Войницева от перваго брака
Софья Егоровна, его жена
Порфирiй Семеновичъ Глагольевъ 1
Кириллъ Порфирьевичъ Глагольевъ 2, его сынъ
Герасимъ Кузьмичъ Петринъ
Павелъ Петровичъ Щербукъ
~~Варочка 40 лѣтъ~~ } его дочери.
~~Лизочка 25 лѣтъ~~
Марья Ефимовна Грекова, дѣвушка 20 лѣтъ
Иванъ Ивановичъ Трилецкiй, полковникъ въ отставкѣ.
Николай Ивановичъ. его сынъ, молодой лѣкарь
} Помѣщики, сосѣди Войницевыхъ.
Абрамъ Абрамовичъ Венгеровичъ 1, богатый еврей
Исакъ Абрамовичъ его сынъ, студентъ
Тимофей Гордѣевичъ Бугровъ, купецъ
Михаилъ Васильевичъ Платоновъ сельскiй учитель
Александра Ивановна (Саша) его жена, дочь И. И. Трилецкаго
Осипъ, малый лѣтъ 30, конокрадъ

100

Theatermetropole Moskau

98 Moskau. Theaterplatz, links das Bolšoj (das Große), rechts das Kleine Theater, das maßgebliche Moskauer Sprechtheater
99 N. M. Ermolova, eine der bedeutendsten Schauspielerinnen am Kleinen Theater; ihr hatte Čechov die Rolle der Anna Petrovna in seinem ersten Stück ›Platonov‹ angetragen – erfolglos.
100 ›Platonov‹, das Personenverzeichnis

101 I. I. Levitan: ›Porträt Anton Čechov‹, frühe 1880er Jahre

Sommerferien in Babkino, Kreis Zvenigorod, Gouvernement Moskau

102 Moskau, 1885
103 Widmung auf der Rückseite: »Für Levitaša von A. Čechov«
104 Nikolaj Čechov: ›Babkino‹, 1885

102

104

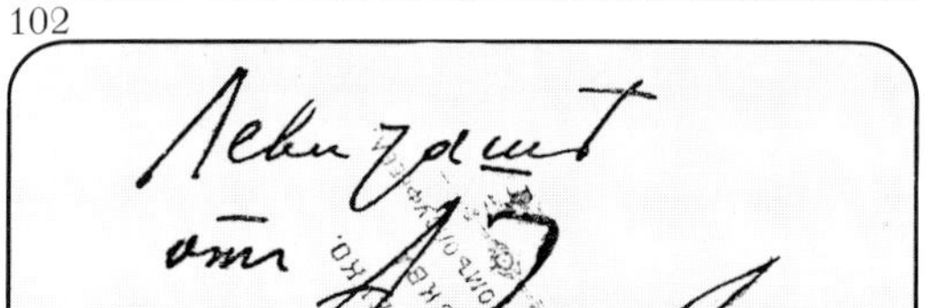

103

105

106

107

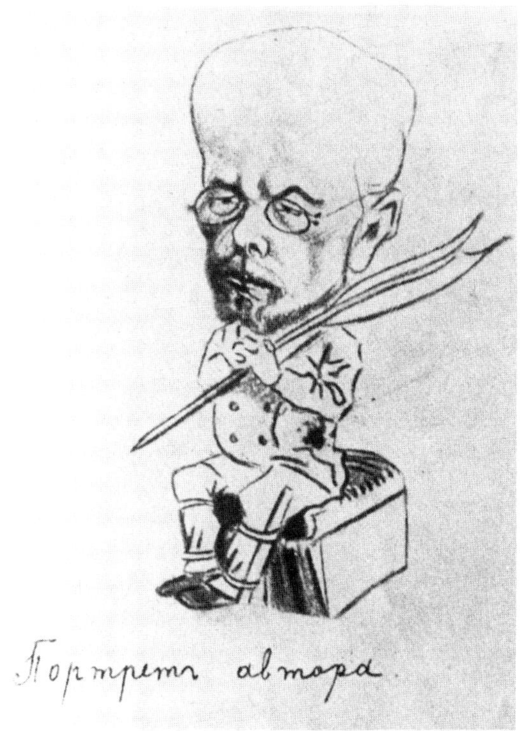

108

105 Babkino. Blick auf das Herrenhaus
106 Nikolaj Čechov, ›Mädchen auf dem Weg zum Rendezvous‹, um 1885
107 Die Gastgeberin von Babkino: Marija V. Kiselëva, zu der und ihrem Gatten, A. S. Kiselëv, Čechov in den Jahren 1885 bis 1887 herzliche Beziehungen unterhielt.
108 A. Čechov: ›Porträt des Autors‹, aus dem handgeschriebenen Kinderbuch, das er den Kiselëv-Kindern Oktober 1886 schenkte.

109

110

111

109 Babkino. Blick von der Veranda
110 I. I. Levitan: ›Am Fluß. Angler im Boot‹, frühe 1880er Jahre
111 I. I. Levitan, 1885 Sommergast im Nachbardorf Maksimovka und häufiger Gast in Babkino, mit seinem Jagdhund Vesta
112 I. I. Levitan: ›Der Fluß Istra‹, um 1885

112

Jedem kritischen Aufsatz, auch einem schimpfend-ungerechten, begegnet man gewöhnlich mit einer schweigsamen Verbeugung – so will es die literarische Etikette … Zu antworten ist unüblich, und allen, die antworten, wirft man zu Recht ein Übermaß an Eitelkeit vor. Aber da Ihre Kritik den Charakter eines »abendlichen Gesprächs auf der Treppe des Nebengebäudes in Babkino oder auf der Terrasse des Herrenhauses, im Beisein von Ma-Pa, dem Falschmünzer und Levitan« trägt, und da sie, unter Umgehung der literarischen Seite der Erzählung, die Frage auf eine allgemeine Grundlage stellt, sündige ich nicht wider die Etikette, wenn ich mir erlaube, unser Gespräch fortzuführen.

Daß die Welt wimmelt von »Lumpen beiderlei Geschlechts«, das ist wahr. Die menschliche Natur ist unvollkommen, und darum wäre es merkwürdig, würde man auf der Erde einzig und allein Gerechte sehen. Jedoch zu meinen, Pflicht der Literatur sei es, aus dem Haufen Lumpen die »Perle« herauszufischen, bedeutet, die Literatur selbst zu negieren. Künstlerische Literatur wird deshalb künstlerisch genannt, weil sie das Leben so zeichnet, wie es in Wirklichkeit ist. Ihre Funktion auf solch eine Spezialität wie die Gewinnung von »Perlen« zu reduzieren, ist für sie ebenso tödlich, wie wenn Sie Levitan einen Baum zeichnen ließen mit der Auflage, die schmutzige Rinde und die gelbgewordnen Blätter wegzulassen. Einverstanden, eine »Perle« ist eine schöne Sache, aber ein Schriftsteller ist doch kein Konditor, kein Kosmetiker, kein Alleinunterhalter; er ist ein Mensch mit Pflichten, vertraglich gebunden durch sein Pflichtgefühl und sein Gewissen; wer A gesagt hat, muß auch B sagen, und so schlecht ihm dabei auch werden mag, er ist verpflichtet, seinen Ekel davor niederzukämpfen, daß seine Vorstellung mit dem Schmutz des Lebens besudelt werden könnte … Er ist dasselbe wie jeder einfache Korrespondent.

Was würden Sie sagen, wenn ein Korrespondent aus dem Gefühl des Ekels oder aus dem Wunsch, dem Leser ein Vergnügen zu bereiten, nur noch ehrliche Stadtoberhäupter, erhabene Adelsfräulein und tugendhafte Eisenbahner beschriebe?

Für Chemiker gibt es auf der Erde nichts Unreines. Der Schriftsteller muß genauso objektiv sein wie der Chemiker; er muß sich freimachen von der Subjektivität seines Alltags und wissen, daß die Misthaufen in der Landschaft eine sehr beachtliche Rolle spielen, und daß böse Leidenschaften dem Leben ebenso eigen sind wie gute. 14. Januar 1887 an M. V. Kiselëva

113

Erste Reise nach St. Petersburg, Dezember 1885

113 Der Moskau–St. Petersburg-Expreß
114 Bahnhofshalle in Petersburg

114

Jahre des Erfolgs

Moskau, St. Petersburg und zurück

1885–1890

115 St. Petersburg, 1889

Wie bin ich froh, daß ich vor zwei, drei Jahren nicht auf Grigorovič gehört und keinen Roman geschrieben habe! Ich kann mir vorstellen, wieviel Gutes ich verdorben hätte, wenn ich auf ihn gehört hätte. Er sagt immer: »Talent und Frische wiegen alles auf.« Talent und Frische können vieles verderben – das stimmt eher. Außer einem Überfluß an Material und Talent braucht man noch etwas nicht weniger Wichtiges. Man braucht Reife – das zum ersten; zweitens braucht man unbedingt das Gefühl der persönlichen Freiheit, *und dieses Gefühl hat erst vor kurzer Zeit in mir aufzuflackern begonnen. Vorher hatte ich es nicht; dies wurde erfolgreich durch meinen Leichtsinn, meine Nachlässigkeit und meine Nichtachtung der Arbeit ersetzt.*

Was die adeligen Schriftsteller von der Natur umsonst bekommen haben, das erkaufen sich die nichtadeligen mit dem Preis ihrer Jugend. Schreiben Sie doch mal eine Erzählung darüber, wie ein junger Mensch, Sohn eines Leibeigenen, seinerzeit Ladenschwengel, Kirchsänger, Gymnasiast und Student, erzogen zur Ehrfurcht vor Ranghöheren, zum Küssen von Popenhänden, zur Verbeugung vor fremden Gedanken, zur Dankbarkeit für jeden Bissen Brot, oft geprügelt, ohne Galoschen zum Unterricht gegangen, der sich geprügelt hat, Tiere gequält, gern bei reichen Verwandten zu Mittag gegessen hat, ohne Notwendigkeit geheuchelt hat vor Gott und den Menschen, nur aus dem Bewußtsein seiner Minderwertigkeit, – schreiben Sie, wie dieser junge Mensch tropfenweise den Sklaven aus sich herauspreßt und wie er eines schönen Morgens aufwacht und spürt, in seinen Adern fließt kein Sklavenblut mehr, sondern echtes, menschliches…

7. Januar 1889 an A. S. Suvorin

116 L. O. Pasternak: ›Die Peter-und-Pauls-Festung‹, um 1890

117

118

119

123

124

125

129

130

131

120

121

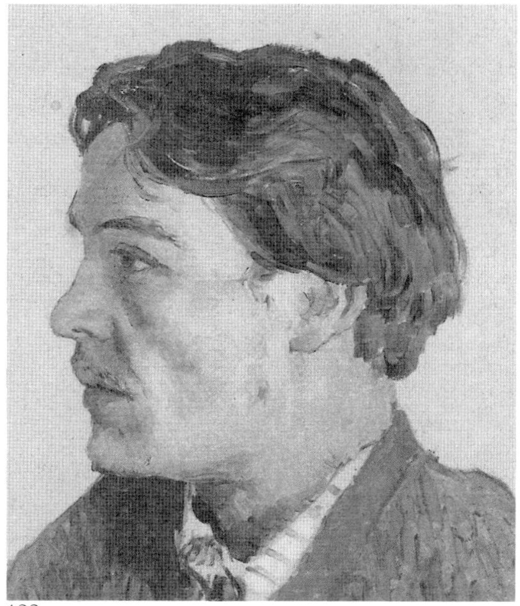
122

126

127

128

132

133

134

135

136

St. Petersburg, um 1885

135 Nevskij Prospekt
136 Das Restaurant Palkin
137 I. E. Repin: ›Auf dem Nevskij‹, 1887
138 V. M. Vasnecov: ›Beim Verlassen des Dominique‹, 1874
139 I. E. Repin: ›Im Dominique‹, 1887

137

138

139

›Generäle‹ des literarischen Lebens von St. Petersburg

140 Ja. P. Polonskij, Lyriker
141 D. V. Grigorovič, Schriftsteller, Romancier
142 V. P. Burenin, Kritiker des ›Novoe vremja‹
143 A. S. Suvorin, Publizist, Herausgeber der Zeitung ›Novoe vremja‹, von 1887 bis 1899 Verleger Čechovs

140

141

142

Ich war betroffen von dem Empfang, den mir die Piterianer bereitet haben, Suvorin, Grigorovič, Burenin... Alles hat mich eingeladen, mich gefeiert ... und mir wurde unheimlich zumute, daß ich so nachlässig geschrieben habe, so mit der linken Hand. Hätte ich gewußt, daß ich so viel gelesen werde, hätte ich nicht so auf Bestellung geschrieben.
Merke Dir: Du wirst gelesen... Ich habe Bilibin kennengelernt. Das ist ein sehr anständiger Kerl, dem man, im Bedarfsfalle, voll *vertrauen kann. In 2–3 Jahren wird er im Zeitungswesen von Piter eine wichtige Rolle spielen. Enden wird er als Redakteur einer Zeitung wie ›Novosti‹ oder ›Novoe vremja‹. Also ein Mann, den man braucht.*

4. Januar 1886 an Aleksandr

143

144

144 F. O. Šechtel: Umschlagvignette für ›Bunte Erzählungen‹, 1886
145 Briefentwurf Čechovs vom 28. März 1886 an D. V. Grigorovič
146 D. V. Grigorovič, um 1880

Grigorovič bestätigte Čechov in einem Brief vom 25. März 1886 »echtes Talent – ein Talent, das Sie hoch über den Schriftstellerkreis der neuen Generation hinaushebt« und dazu »verpflichtet, einige herausragende, wahrhaft künstlerische Werke zu schreiben«, einen Roman, der »hundertmal höher eingeschätzt werden würde als einhundert wunderschöne Erzählungen, die da und dort verstreut in Zeitungen erscheinen«. Grigorovič forderte Čechov auf, für alle Zeiten das Pseudonym abzulegen.

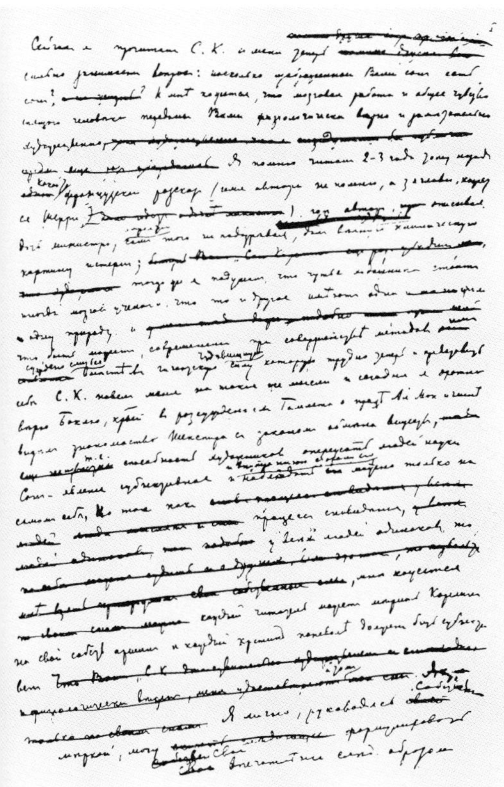

145

146

Ihr Brief hat mich getroffen wie der Blitz. Ich hätte beinahe angefangen zu weinen, wurde ganz aufgeregt und spüre jetzt, daß er eine tiefe Spur in meiner Seele hinterlassen hat. Wenn ich eine Begabung besitze, die ich achten sollte, so bereue ich vor der Reinheit Ihres Herzens, daß ich sie bisher nicht geachtet habe. Bisher habe ich mich gegenüber meiner literarischen Arbeit überaus leichtsinnig, sorglos, unbesonnen verhalten. Ich erinnere mich keiner einzigen Erzählung, an der ich länger als vierundzwanzig Stunden gearbeitet hätte, und den ›Jäger‹, der Ihnen gefiel, habe ich im Bad geschrieben! Wie Reporter ihre Berichte über Feuersbrünste schreiben, so habe ich meine Erzählungen geschrieben ... Mein Buch gefällt mir gar nicht. Es ist ein Mischmasch, ein ungeordneter Haufen von Studentenarbeiten, gerupft von der Zensur und den Redakteuren der humoristischen Zeitschriften. Ich glaube, nach seiner Lektüre werden viele enttäuscht sein. Hätte ich gewußt, daß ich gelesen werde und daß Sie mich beobachten, ich hätte dieses Buch nicht in Druck gegeben.

28. März 1886 an D. V. Grigorovič

›Bunte Erzählungen‹, St. Petersburg, Verlag der ›Oskolki‹, 1886. Das zweite Buch

147 Titelblatt des Bandes
148 N. A. Lejkin, der Verleger des Buchs
149 V. V. Bilibin, der Lektor des Buches
150 Anzeige des Buches in den ›Oskolki‹

›Unschuldige Worte‹, im Verlag der Zeitung ›Sverčok‹, Moskau 1887

151, 152 Umschlag, Titelblatt des Bandes
153 I. I. Levitan, um 1885.
Widmung: »Dem lieben A. Čechov. I. Levitan«

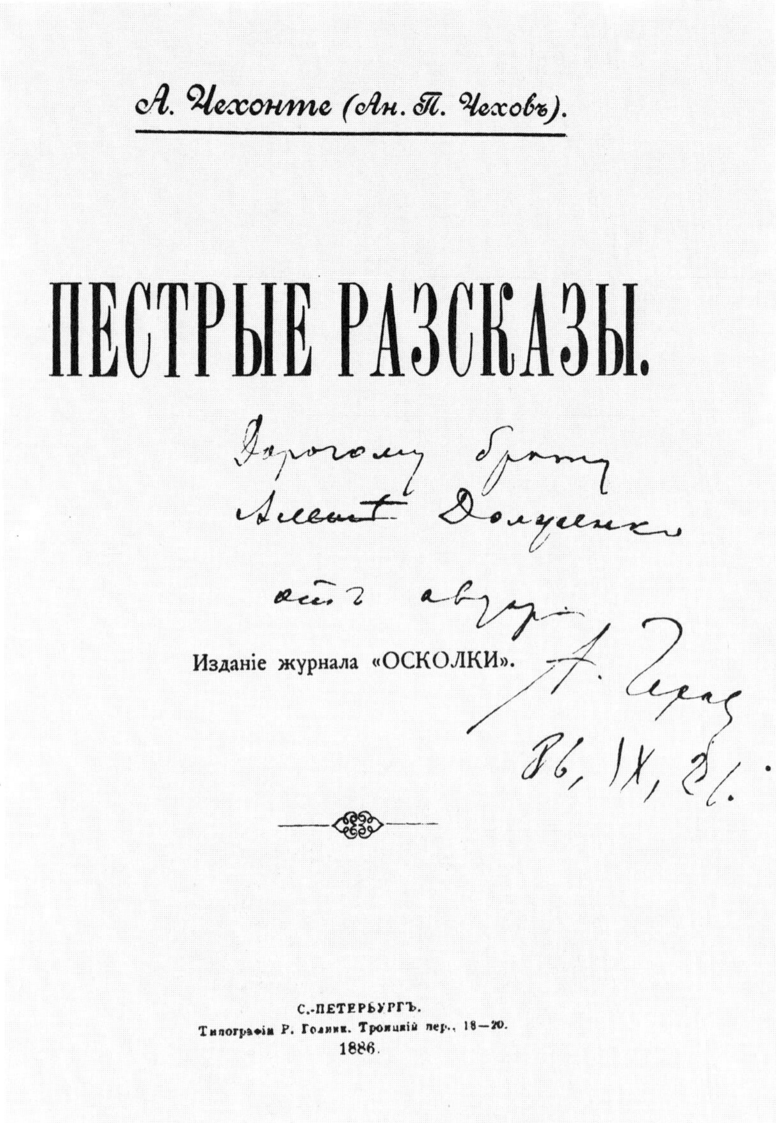

А. Чехонте (Ан. П. Чеховъ).

ПЕСТРЫЕ РАЗСКАЗЫ.

Изданіе журнала «ОСКОЛКИ».

С.-ПЕТЕРБУРГЪ.
Типографія Р. Голике. Троицкій пер., 18—20.
1886.

147

148

149

150

151

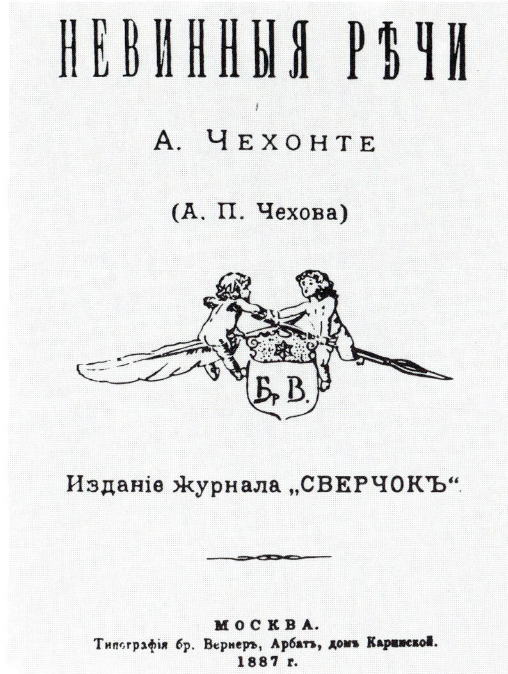

НЕВИННЫЯ РѢЧИ

А. ЧЕХОНТЕ

(А. П. Чехова)

Изданіе журнала „СВЕРЧОКЪ“

МОСКВА.
Типографія бр. Вернеръ, Арбатъ, домъ Каринской.
1887 г.

152

153

Übrigens ist es keine große Wonne, ein großer Schriftsteller zu sein. Erstens ist es ein trübsinniges Leben... Arbeit vom Morgen bis in die Nacht, und Nutzen – wenig... Geld – soviel die Katze auf dem Schwanz davonträgt... Ich weiß nicht, wie es bei Zola und Ščedrin ist, aber bei mir ist es verraucht und kalt... Zigaretten gibt man mir nach wie vor nur an Feiertagen. Unmögliche Zigaretten! Fest gestopft, feucht, wurstförmig. Bevor ich sie mir anstecke, zünde ich die Lampe an, trockne über ihr die Zigarette, dann rauche ich sie, wobei die Lampe qualmt und rußt, die Zigarette knistert und schwarz wird, ich mir die Finger verbrenne... man möchte sich einfach erschießen!
Geld, ich wiederhole es, weniger als Talent zum Gedichteschreiben. Einnahmen werde ich erst vom 1. Oktober an haben, bis dahin stelle ich mich vor die Kirche und bitte um milde Gaben... Ich arbeite, um mich in der Sprache von Sergej auszudrücken, entsssetzlich viel, Eeehrenwort! Ich schreibe ein Stück für Korš (hm!), eine Novelle für die ›Russkaja mysl‹, Erzählungen für ›Nov.vr.‹, ›Peterb. gaz.‹, ›Oskolki‹, ›Budilnik‹ und andere Organe. Ich schreibe viel und lang, aber hetze mich ab wie ein Besessener: ich fange etwas Neues an, ohne das Alte abgeschlossen zu haben... Das Arztschild habe ich bis heute noch nicht wieder anbringen lassen, muß aber trotzdem Patienten behandeln! Brrr... Ich habe Angst vor dem Typhus!

21. September 1886 an M. V. Kiselëva

154

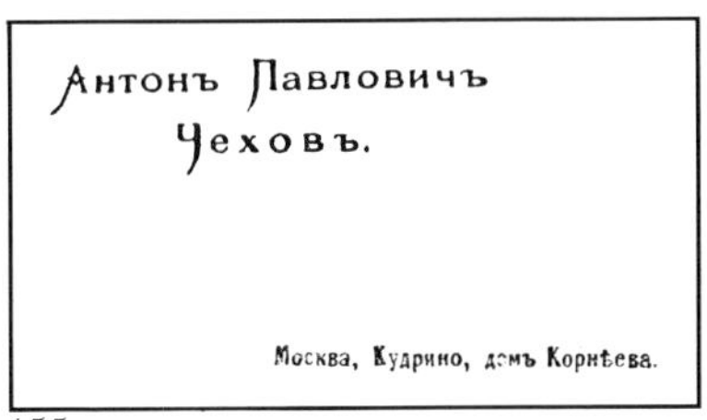

155

156

Von der Krankheit, von der Sie schreiben, werde ich mit Vergnügen versuchen, Sie zu heilen, und Sie, natürlich, nicht heilen; ich empfange täglich von 12 bis 3 Uhr, Schriftstellern dagegen steht meine Tür Tag und Nacht offen. Um 6 Uhr abends bin ich immer zu Hause... Ich wohne in Kudrino, gegenüber dem 4. Mädchengymnasium, im Haus Korneev, das einer Kommode ähnelt. Die Farbe des Hauses ist liberal, d. h. rot.

30. September 1887 an L. N. Trefolev

157

158

Moskau, 1886–1890

154 Die Sadovaja (Gartenstraße)
155 Visitenkarte Čechovs
156 Michail Čechov: ›Haus Korneev‹, Čechovs Wohnhaus in der Sadovaja, Moskau, Stadtteil Kudrino
157, 158 Michail Čechov: ›Eßzimmer‹ und ›Salon‹ im Haus Korneev
159 St. Petersburg, 1888

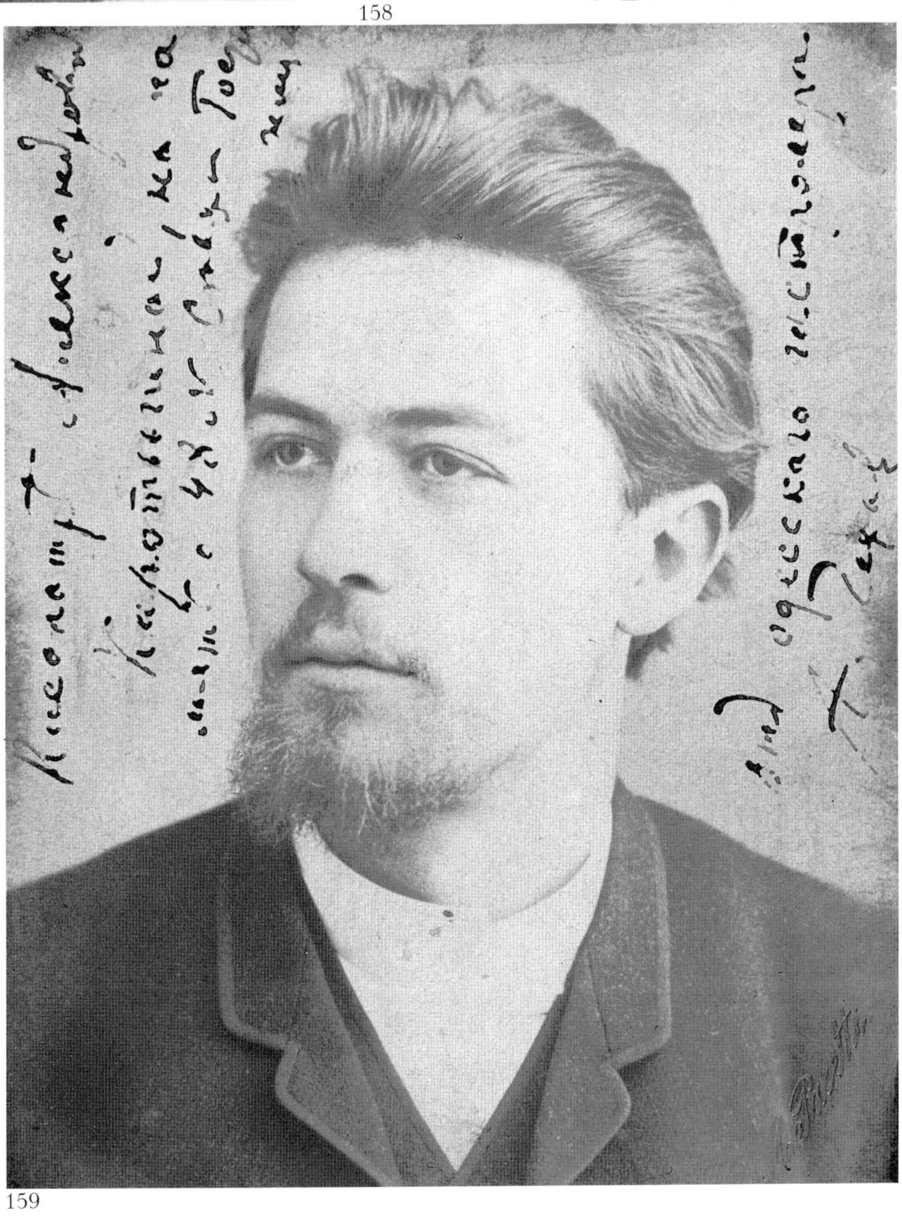
159

160

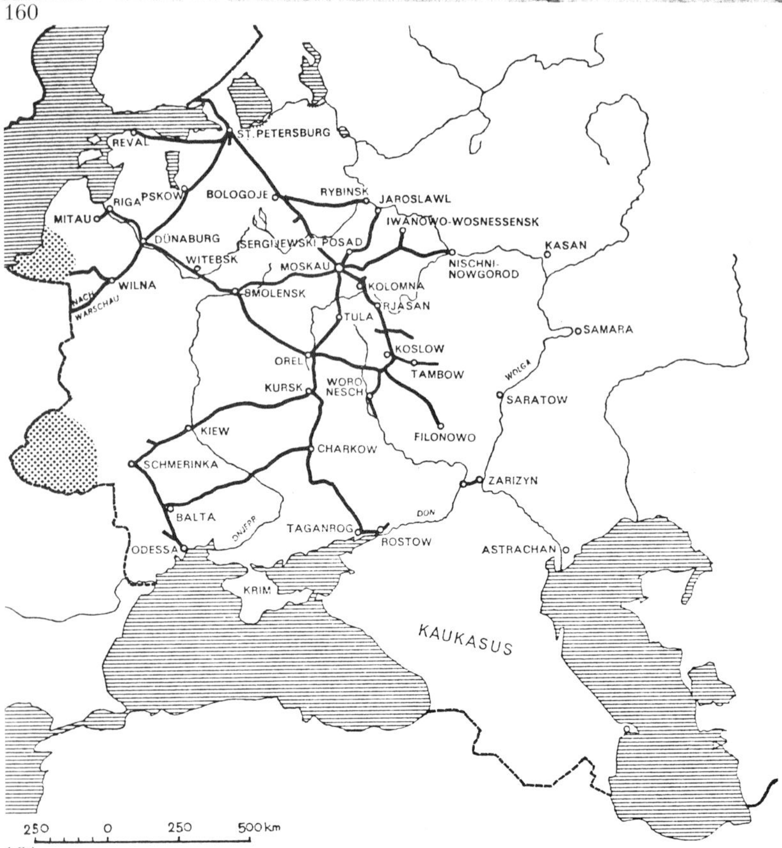

161

162

Das reine Asien! Solch ein Asien ringsum, daß ich meinen Augen nicht traue; 60 000 Einwohner sind damit beschäftigt, daß sie essen, trinken, sich paaren, andere Interessen – keine... Wohin man schaut, überall Osterbrote, Eier, Santuriner, Säuglinge, aber nirgends Zeitungen oder Bücher. Die Stadt ist in jeder Hinsicht schön gelegen, das Klima herrlich, Früchte der Erde in Hülle und Fülle, aber die Bewohner sind träge, träge... Alle sind musikalisch, mit Phantasie begabt, mit Geist, sind nervös, sensibel, aber alles geht sinnlos zugrunde... Weder Patrioten, noch Sachkundige, noch Dichter, nicht einmal anständige Bäcker. 7. April 1887 an N. A. Lejkin

Die Reise an die Ursprünge, 1887

160 Russische Eisenbahnen, um 1880
161 Das Streckennetz, 1870
162 Taganrog. Der Schlagbaum: die Stadtgrenze
163 I. I. Levitan: ›Vor dem Gewitter‹, 1895
164 Brief Čechovs an F. O. Šechtel, Kopfzeile: »Ansichten südrussischer Insekten«

163

Deine ›Stadt der Zukunft‹ wird zu einem Kunstwerk nur unter folg. Bedingungen: 1) Abwesenheit langgezogener Wortergüsse politisch-sozial-ökonomischen Charakters; 2) absolute Objektivität; 3) Wahrhaftigkeit in der Beschreibung der handelnden Personen und Gegenstände; 4) äußerste Kürze; Kühnheit und Originalität; meide das Klischee; 6) Herzlichkeit. Naturbeschreibungen müssen meiner Meinung nach sehr kurz sein und den Charakter des à propos besitzen. Gemeinplätze der Art: »Die untergehende Sonne, die sich in den Wellen des dunkelnden Meeres badete, verströmte purpurnes Gold« usw., »Die Schwalben, die über die Oberfläche dahinflogen, zwitscherten fröhlich« – solche Gemeinplätze muß man bleibenlassen. In Naturbeschreibungen muß man sich an kleine Einzelheiten halten, die man so gruppiert, daß sie beim Lesen, wenn man die Augen schließt, ein Bild ergeben … Die Natur erscheint belebt, wenn Du Dich nicht scheust, Vergleiche ihrer Erscheinungen mit menschl. Handlungen zu benützen usw. In der Sphäre der Psychik ebenfalls Einzelheiten. Bewahre Dich Gott vor Allgemeinplätzen. Am besten meidet man die Beschreibung des Seelenzustands der Helden; man muß sich bemühen, daß er aus den Handlungen der Helden verständlich wird …

10. Mai 1886 an Aleksandr

164

165

СТЕПЬ.

(Исторія одной поѣздки).

I.

Изъ М., уѣзднаго города С—ой губерніи, раннимъ іюльскимъ утромъ выѣхала и съ громомъ покатила по почтовому тракту безрессорная, ошарпанная бричка, одна изъ тѣхъ допотопныхъ бричекъ, на которыхъ ѣздятъ теперь на Руси только купеческіе приказчики, гуртовщики и небогатые священники. Она тарахтѣла и взвизгивала при малѣйшемъ движеніи; ей угрюмо вторило ведро, привязанное къ ея задку—и по однимъ этимъ звукамъ, да по жалкимъ, кожанымъ тряпочкамъ, болтавшимся на ея облѣзломъ тѣлѣ, можно было судить о ея ветхости и готовности идти въ сломъ.

Въ бричкѣ сидѣло двое м—скихъ обывателей: м—скій купецъ, Иванъ Иванычъ Кузьмичовъ, бритый, въ очкахъ и въ соломенной шляпѣ, больше похожій на чиновника, чѣмъ на купца, и другой — отецъ Христофоръ Сирійскій, настоятель м—ской Николаевской церкви, маленькій, длинноволосый старичокъ въ сѣромъ парусиновомъ кафтанѣ, въ широкополомъ цилиндрѣ и въ шитомъ, цвѣтномъ поясѣ. Первый о чемъ-то сосредоточенно думалъ и встряхивалъ головою, чтобы прогнать дремоту; на лицѣ его привычная дѣловая сухость боролась съ благодушіемъ человѣка, только-что простившагося съ родней и хорошо выпившаго; второй-же влажными, глазками удивленно глядѣлъ на міръ Божій и улыбался такъ широко, что, казалось, улыбка захватывала даже поля цилиндра; лицо его было красно и

166

Wenn Sie meine Erzählung gelesen haben, schreiben Sie mir. Sie wird Ihnen nicht gefallen, aber vor Ihnen und Anna Michajlovna habe ich keine Angst. Angst habe ich vor denen, die zwischen den Zeilen eine Tendenz suchen und die mich unbedingt als Liberalen oder Konservativen sehen wollen. Ich bin kein Liberaler, kein Konservativer, kein Reformist, kein Mönch, kein Indifferenter. Ich möchte ein freier Künstler sein und nichts weiter, und ich bedaure, daß Gott mir nicht die Kraft gegeben hat, einer zu sein. Ich hasse Lüge und Gewalt in allen ihren Erscheinungsformen, und Konsistorialsekretäre sind mir gleichermaßen zuwider wie N. oder G. Pharisäertum, Stumpfsinn und Willkür herrschen nicht allein in Kaufmannshäusern und Gefängnissen; ich sehe sie in der Wissenschaft, der Literatur, unter der Jugend… Darum hege ich gleichermaßen geringe Vorliebe für Gendarmen, für Fleischer, für Gelehrte, für Schriftsteller, für die Jugend. Firma und Etikett halte ich für ein Vorurteil. Mein Allerheiligstes sind – der menschliche Körper, Gesundheit, Geist, Talent, Begeisterung, Liebe und – absolute Freiheit, Freiheit von Gewalt und Lüge, worin sich beide auch äußern mögen. Das ist das Programm, an das ich mich halten würde, wenn ich ein großer Künstler wäre. Aber ich habe mich verschwatzt. Bleiben Sie gesund.

4. Oktober 1888 an A. N. Pleščeev

Ist etwa auch in meiner letzten Erzählung keine ›Richtung‹ zu erkennen? Sie sagten mir einmal, in meinen Erzählungen fehle das Element des Protests, es gebe darin keine Sympathien und Antipathien… Aber protestiere ich denn in der Erzählung nicht von Anfang bis Ende gegen die Lüge? Ist das denn keine Richtung? Nein? Nun, dann kann ich also nicht beißen, oder ich bin ein Floh…

10./11. Oktober 1888 an A. N. Pleščeev

Въ книжныхъ магазинахъ «Новаго Времени»
продается новая книга
Ан. П. Чехова
ВЪ СУМЕРКАХЪ.
Разсказы и очерки.
Цѣна 1 р., съ пересылкой 1 р. 20 к.

167

168

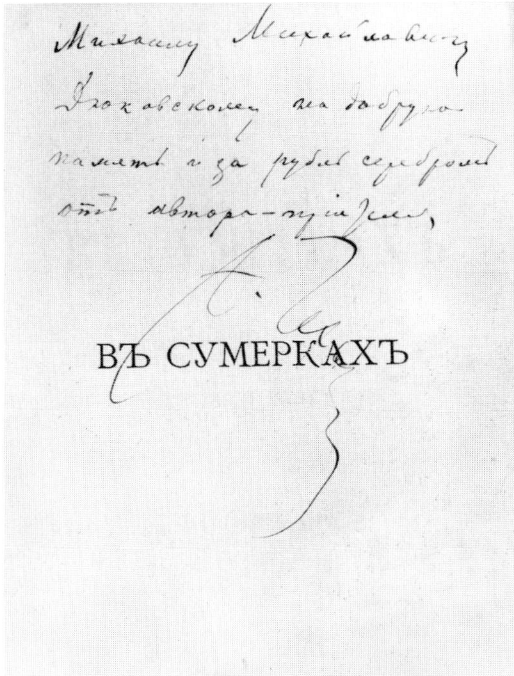

169

Der Durchbruch: ›In der Dämmerung‹, 1887 und ›Die Steppe‹, 1888

165 A. N. Pleščeev, Dichter, Redakteur der Zeitschrift ›Severnyj vestnik‹, in der im März 1888 die ›Steppe‹ erschien
166 ›Die Steppe‹. Titelblatt des Erstdrucks
167 ›In der Dämmerung‹, 1887. Anzeige in den ›Oskolki‹, 1887
168 Der Schriftsteller V. M. Garšin, der sich begeistert über ›Die Steppe‹ äußerte
169 Titelblatt ›In der Dämmerung‹, 1887
170 Streit der Verleger um das Erbe Puškins im Puškin-Jahr 1870: der 50. Todestag rückte näher. Rechts, mitreißend: A. S. Suvorin

170

ОСКОЛКИ

Отдѣльный номеръ 20 коп.

УСЛОВІЯ ПОДПИСКИ:
За годъ безъ перес. (съ безплатной преміей) 6 р.
За годъ съ пересылкой и доставк. (съ безпл. преміей, пересылаемой иногороднымъ на счетъ редакціи) . . . 7 »
За полг. съ пересылк. и дост. (безъ преміи) 4 »
За объявленія по 25 к. за строку петита.
Контора и Редакція: Троицкій пер., 18.

№ 5.

ЕЖЕНЕДѢЛЬНЫЙ ИЛЛЮСТРИРОВАННЫЙ ЖУРНАЛЪ

С.-ПЕТЕРБУРГЪ. ПОДЪ РЕДАКЦІЕЙ Н. А. ЛЕЙКИНА. 31 Января 1887 г.

ПРІЕМЪ ПОДПИСКИ въ С.-Петербургѣ: въ конторѣ редакціи, по Троицкому пер., № 18.

ПРІЕМЪ ПОДПИСКИ въ Москвѣ: въ книжн. магазинѣ А. А. Васильева, Страстной бульваръ, д. гр. Мусина-Пушкина, и въ конторѣ Н. Н. Печковской, Петровскія линіи.

А. С. ПУШКИНЪ.
(КЪ 50-ЛѢТІЮ БЕЗСМЕРТІЯ ПОЭТА).
Рисун. М. М. Далькевича.–Тема ред.

171

Der Puškin-Preis

171 Die ›Oskolki‹ vom 31. Januar 1887: ›A. S. Puškin (Zum 50. Jahr der Unsterblichkeit des Dichters)‹
172 Anton Čechov: ›In der Dämmerung‹, St. Petersburg 1887, Verlag A. S. Suvorin
173 A. P. Čechov, Träger des Puškin-Preises der Akademie der Wissenschaften 1888

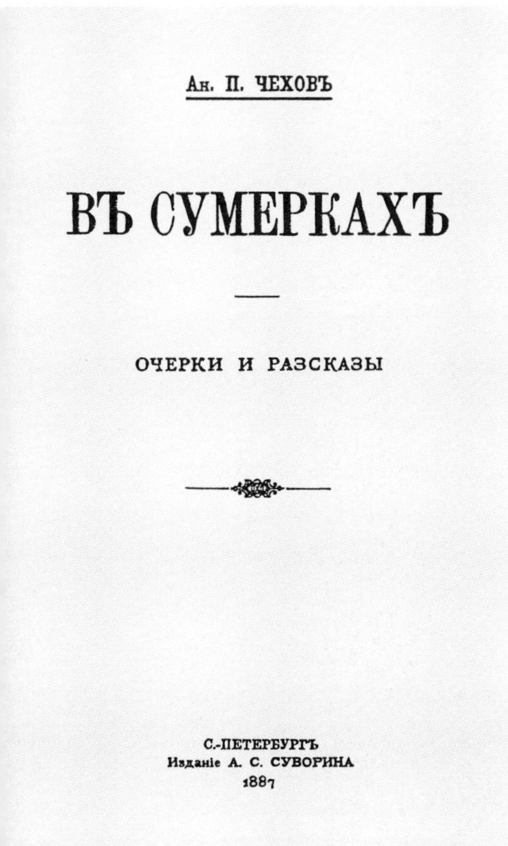

Ан. П. ЧЕХОВЪ

ВЪ СУМЕРКАХЪ

ОЧЕРКИ И РАЗСКАЗЫ

С.-ПЕТЕРБУРГЪ
Изданіе А. С. СУВОРИНА
1887

172

173

Die Nachricht von dem Preis hatte überwältigende Wirkung. Sie verbreitete sich über meine Wohnung und über ganz Moskau wie das Donnergrollen des unsterblichen Zeus. Ich laufe alle diese Tage herum wie ein Verliebter; Mutter und Vater reden entsetzlichen Unsinn und sind unsagbar froh, meine Schwester, die über unseren Ruf wacht mit der Strenge und Kleinlichkeit einer Hofdame, ehrgeizig und nervös, läuft zu ihren Freundinnen und hängt es an die große Glocke. Jean Ščeglov spricht von den literarischen Jagos und den fünfhundert Feinden, die ich mir mit den 500 R. erworben hätte… Ich wiederhole noch einmal: die Zeitungsbelletristen zweiter und dritter Sorte müssen mir ein Denkmal errichten oder mir zumindest ein Zigarettenetui in Silber überreichen; ich habe ihnen den Weg in die dicken Zeitschriften geebnet, zu Lorbeer und zu den Herzen der anständigen Menschen. Das ist einstweilen mein einziges Verdienst, alles, was ich geschrieben habe und wofür man mir jetzt den Preis gibt, wird keine zehn Jahre im Gedächtnis der Menschen verbleiben.

10. Oktober 1888 an A. S. Suvorin

174

175

176

177

Bitte F. oder B., folgende Notiz in die Theaterchronik zu setzen: »A. P. Čechov hat die Komödie ›Ivanov‹ in 4 Akten geschrieben. In einem der literarischen Zirkel Moskaus vorgetragen (oder etwas in der Art), hat sie einen sehr starken Eindruck hinterlassen. Das Sujet ist neu, die Charaktere sind plastisch undsow.«
Das ist eine kommerzielle Notiz. Das Stück ist federleicht geworden, ohne eine einzige Länge. Das Sujet – noch nicht dagewesen. Ich werde es wahrscheinlich bei Korš auf die Bühne bringen (wenn letzterer nicht zu geizig ist). Das ist alles. Um die Notiz kümmere Dich. Sie steigert den Preis. In der Notiz kein Lob, beschränk Dich auf Gemeinplätze.

6./7. Oktober 1887 an Aleksandr

Das Stück habe ich unverhofft geschrieben, nach einem Gespräch mit Korš. Ich habe mich schlafen gelegt, mir ein Thema ausgedacht und geschrieben. 2 Wochen habe ich dafür gebraucht oder, genauer, 10 Tage, denn in diesen zwei Wochen gab es Tage, an denen ich nicht gearbeitet oder anderes geschrieben habe. Die Qualitäten des Stückes beurteilen kann ich nicht. Es ist verdächtig kurz geraten. Korš hat keinen einzigen Fehler und Verstoß gegen die Bühne gefunden, – ein Beweis, wie gut und feinfühlig meine Richter sind. Ich habe zum ersten Mal ein Stück geschrieben, ergo sind Fehler ganz selbstverständlich. Das Sujet ist kompliziert und nicht dumm. Jeden Akt beende ich wie eine Erzählung: die ganze Handlung führe ich friedlich und still, und zum Schluß bekommt der Zuschauer eins auf die Schnauze. Meine ganze Energie steckt in einigen wirklich starken und scharfen Stellen, die Brücken jedoch, die diese Stellen verbinden, sind nichts, sind schlaff und schablonenhaft. Aber trotzdem freue ich mich; so schlecht das Stück auch sein mag, ich habe einen Typen geschaffen, der literarische Bedeutung hat; ich habe eine Rolle geschrieben, die nur ein Talent wie Davydov spielen kann, eine Rolle, in der ein Schauspieler sich entwickeln und sein Talent zeigen kann… Schade, daß ich Dir aus meinem Stück nicht vorlesen kann. Du bist ein leichtsinniger Mensch, der wenig gesehen hat, aber Du hast ein weit frischeres und schärferes Ohr als alle, die mich in Moskau loben und schlecht finden. Daß du nicht hier bist, ist für mich kein geringer Verlust.

10./12. Oktober 1887 an Aleksandr

Größen am Kleinen Theater Moskau

174 N. M. Ermolova
175 A. P. Lenskij
176 A. I. Sumbatov-Južin
177 K. A. Varlamov, St. Petersburg
178 ›Ivanov‹. Titelblatt des Textbuchs, 1887
179 V. N. Davydov, erster Darsteller des ›Ivanov‹ in Moskau und in St. Petersburg, in Moskau am Privattheater F. A. Korš, 1887
180 Das Theater F. A. Korš

Дозволено цензурою. СПБ, 10го Декабря 1887 года.
По журналу Театр.-Лит. Комитета 8го Января 1889 г.: одобряется къ представленію на сценѣ Императорскихъ Театровъ.
Товарищъ Предсѣдателя Д. Григоровичъ
Ивановъ
Драма
Антона Чехова.
Е. Н. Разсохиной
Москва, Тверская, домъ Сушкина, Георгіевскій пер.
Литографія Московской театральной библіотеки Е. Н. Разсохиной: Москва, Тверская улица,

178

179

180

›Ivanov‹. Uraufführung, 19. November 1887

181 Das Plakat zur Uraufführung
182 Brief Čechovs vom 24. November 1887: Karikatur auf die Darstellerin der Babakina

181

182

Euer Hochwohlgeboren! Hiermit bringe ich Ihnen zur Kenntnis, daß mein Stück am Donnerstag, dem 19. November *gespielt werden wird, welches Datum ich Sie bitte, Liliša auf die Stirn zu schreiben, auf daß Liliša Ihnen jeden Augenblick die Stirn bieten möge.*
Wir erwarten Sie. Wenn Sie nicht kommen sollten, verabreiche ich Ihnen in der Zeitung solch eine Pille, mache Ihnen solche Schande, daß Sie nach Amerika auswandern. Als Gründe für Ihr Nichterscheinen können gelten: a) Dysenterie, b) Hochwasser, c) plötzlicher Bankrott, d) Volksaufstände, e) der Weltuntergang und f) die Ankunft des Schahs von Persien in Babkino. Andere Gründe erkenne ich nicht an. Hören Sie?
Aber manchmal wird auch das Unmögliche möglich. Wenn, was Gott verhindern möge, einer der genannten Gründe Sie zurückhalten sollte, so lassen Sie es mich unverzüglich wissen, sofort nach Gewahrwerden des Grundes: ich muß unbedingt wissen, ob Sie kommen oder nicht.
Da ich Ihre tierischen Gefühle und Ihren empörenden Charakter kenne, da ich Sie kenne als einen Feind der Wissenschaften und der Künste, bin ich bereit, zur Erweichung Ihrer Person zwei Jungfrauen à la Syrout zu mieten und sie nach Babkino zu schicken, um Sie gnädig zu stimmen. Wenn diese auf Ihre Sinnlichkeit Einfluß genommen haben, werden sie vielleicht auch Ihr grausames Herz in Rührung versetzen.
Ich habe eine Hoffnung – Marija Vladimirovna. Bitten Sie sie, Sie davon zu überzeugen, daß es unmöglich ist, nicht nach Moskau zu kommen. Wenn Sie und Marija Vladimirovna kein Interesse daran haben, den Reinfall meines unglückseligen Stückes mitzuerleben, dann kommen Sie beide, um den Hut abzuholen, der bis zum 19. November fertig sein dürfte.

10. November 1887 an A. S. Kiselëv

183

184

185

186

Čechov, zeitlebens ein Liebhaber des Zirkus, setzte 1887 mit der Erzählung ›Kaštanka‹ dem Artisten, Clown und Begründer der Tierdressur A. L. Durov ein Denkmal.

183 ›Douroff‹, Plakat der Frankreich-Tournee von Durov, 1891
184 D. N. Kardovskij: ›Kaštanka‹, Illustration zur separaten Ausgabe der Erzählung, 1903
185 A. L. Durov, um 1890
186 Moskau, 1888

Draußen regnet es, in meinem Zimmer ist es dämmerig und im Herzen traurig, zum Arbeiten bin ich zu faul – überhaupt bin ich aus dem Gleis geraten und fühle mich nicht auf dem Teller. Aber dennoch soll dieser Brief nicht traurig sein. Während ich ihn schreibe, bewegt mich der frohe Gedanke, daß ich in 30–35 Tagen schon fern von Moskau weilen werde. Ich habe mir bereits ein Sommerhaus gemietet auf einem Gut am Fluß Psël (einem Nebenfluß des Dnepr), im Kreis Sumy, nicht weit von Poltava und jenen kleinen, gemütlichen und schmutzigen Städten, in denen einst Nozdrëv gewütet und Ivan Ivanyč sich mit Ivan Nikiforovič verzankt hat. Vorgestern habe ich die Anzahlung überwiesen. Der Psël ist ein tiefer Fluß, breit, reich an Fischen und Krebsen. Außerdem gibt es auf meinem Gut noch einen Teich mit Karauschen, der vom Fluß durch ein Wehr abgetrennt ist. Das Sommerhaus liegt am Fuß eines Hügels, den ein Garten bedeckt. Ringsum Wald. Junge Damen im Überfluß.

31. März 1888 an A. N. Pleščeev

187

188

187 ›Gruß aus der Ukraine‹
188 Luka, Kreis Sumy. Herrenhaus der Familie Lintvarëv, bei der Čechov nebst Familie die Sommerferien 1888 und 1889 verbrachte.

189

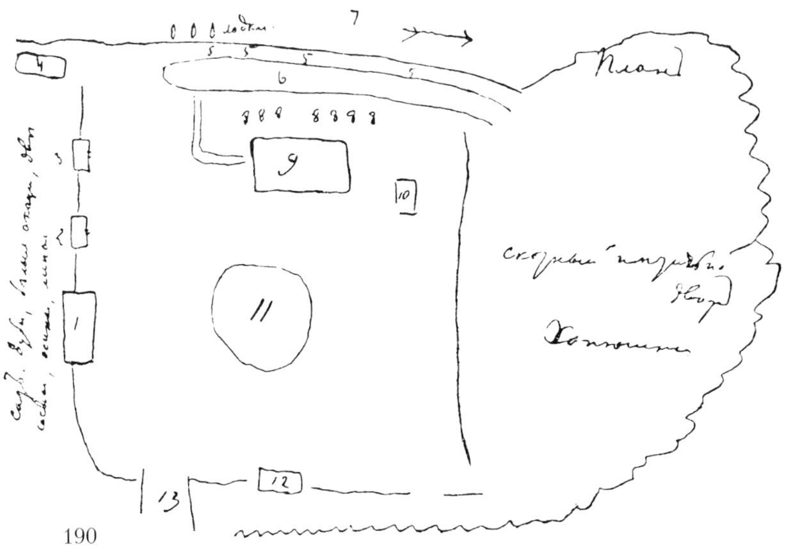

190

191

189 Das Ufer des Psël in Luka
190 Lageplan des Grundstücks, von Hand Čechovs, Brief an Ivan, Mitte Mai 1888

191 Gäste und Gastgeber
Stehend, dritte von links, mit Hand im Gürtel: Maša Čechova; mit Ruder: Ivan; rechts, mit weißer Schirmmütze: A. P. Čechov

192

193

194

192 Der Fluß Psël
193 Zeichnen nach der Natur, in der Mitte: Maša Čechova
194 Michail Čechov: ›Der Fluß Psël‹, 1888

195 Luka, im Sommer 1888

196

Juli 1888, Besuch bei A. S. Suvorin in Feodosija am Schwarzen Meer

196 Feodosija, Blick auf die Stadt
197 Feodosija, 1888, im Kreis der Familie Suvorin. Am Fuß der Leiter: A. S. Suvorin, weiter vorn auf Gesteinsschutt: Čechov
198 Feodosija, am Meer. Links, an die Mauer gelehnt: A. S. Suvorin; im Hintergrund, auf einer Mauer sitzend: Čechov
199 Eisenbahnen im Kaukasus

197

198

Hiermit setze ich Euch davon in Kenntnis, daß ich Feodosija morgen verlassen werde. Meine Faulheit vertreibt mich von der Krim. Ich habe keine einzige Zeile geschrieben und keine Kopeke verdient; wenn meine ekelhafte Faulenzerei noch 1–2 Wochen andauert, so verbleibt mir kein einziger Groschen, und die Familie Čechov wird in Luka überwintern müssen. Ich hatte davon geträumt, auf der Krim ein Theaterstück und 2–3 Erzählungen zu schreiben, aber es stellte sich heraus, daß man unter dem Himmel des Südens leichter lebendigen Leibes gen Himmel auffahren kann, als auch nur eine Zeile zu schreiben. Ich stehe um 11 Uhr auf, gehe um 3 Uhr nachts schlafen, esse den ganzen Tag, trinke und rede, rede, rede ohne Ende. Ich habe mich in eine Gesprächsmaschine verwandelt. Suvorin tut ebenfalls nichts, und wir haben bereits sämtliche Fragen gelöst. Ein sattes, randvolles Leben, das einen verschlingt... Das Faulenzen am Strand, mit Chartreuse, Wein und Rum, Raketen, Baden, fröhlichen Diners, Spazierfahrten, Romanzen – all das macht die Tage kurz, man merkt sie kaum; die Zeit fliegt, fliegt dahin, und der Kopf döst beim Rauschen der Wellen und mag nicht arbeiten... Die Tage sind heiß, die Nächte schwül, asiatisch... Nein, ich muß wegfahren!

23. Juli 1888 an die Familie

199

200 Michail Lermontov: ›Die Darjalschlucht‹, 1837

201

202

203

201 Kaukasus. Der Elbrus
202, 203 Tiflis. Die Altstadt

204

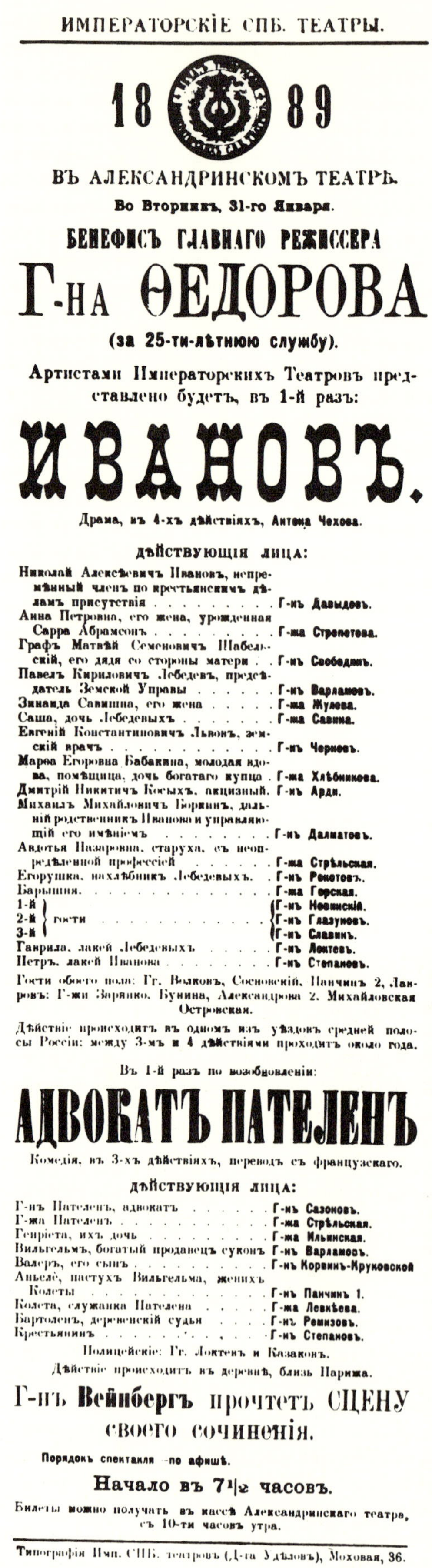

ИМПЕРАТОРСКІЕ СПБ. ТЕАТРЫ.

18 89

ВЪ АЛЕКСАНДРИНСКОМЪ ТЕАТРѢ.

Во Вторникъ, 31-го Января.

БЕНЕФИСЪ ГЛАВНАГО РЕЖИССЕРА

Г-НА ѲЕДОРОВА

(за 25-ти-лѣтнюю службу).

Артистами Императорскихъ Театровъ представлено будетъ, въ 1-й разъ:

ИВАНОВЪ.

Драма, въ 4-хъ дѣйствіяхъ, Антона Чехова.

ДѢЙСТВУЮЩІЯ ЛИЦА:

Николай Алексѣевичъ Ивановъ, непремѣнный членъ по крестьянскимъ дѣламъ присутствія . . . . Г-нъ Давыдовъ.
Анна Петровна, его жена, урожденная Сарра Абрамсонъ . . . . Г-жа Стрепетова.
Графъ Матвѣй Семеновичъ Шабельскій, его дядя со стороны матери . . Г-нъ Свободинъ.
Павелъ Кириловичъ Лебедевъ, председатель Земской Управы . . . . . . Г-нъ Варламовъ.
Зинаида Савишна, его жена . . . . . . Г-жа Жулева.
Саша, дочь Лебедевыхъ . . . . . . Г-жа Савина.
Евгеній Константиновичъ Львовъ, земскій врачъ . . . . Г-нъ Черновъ.
Марѳа Егоровна Бабакина, молодая вдова, помѣщица, дочь богатаго купца . Г-жа Хлѣбникова.
Дмитрій Никитичъ Косыхъ, акцизный. Г-нъ Арди.
Михаилъ Михайловичъ Боркинъ, дальній родственникъ Иванова и управляющій его имѣніемъ . . . . . . Г-нъ Далматовъ.
Авдотья Назаровна, старуха, съ неопредѣленной профессіей . . . . . . Г-жа Стрѣльская.
Егорушка, нахлѣбникъ Лебедевыхъ. . Г-нъ Ренотовъ.
Барышня. . . . . Г-жа Горская.
1-й } гости . . . { Г-нъ Новинскій.
2-й } гости . . . { Г-нъ Глазуновъ.
3-й } гости . . . { Г-нъ Славинъ.
Гаврила, лакей Лебедевыхъ . . . . . . Г-нъ Лоntевъ.
Петръ, лакей Иванова . . . . Г-нъ Степановъ.

Гости обоего пола: Гг. Волковъ, Сосновскій, Панчинъ 2, Лавровъ: Г-жи Зарянко, Бунина, Александрова 2, Михайловская Островская.

Дѣйствіе происходитъ въ одномъ изъ уѣздовъ средней полосы Россіи: между 3-мъ и 4 дѣйствіями проходитъ около года.

Въ 1-й разъ по возобновленіи:

АДВОКАТЪ ПАТЕЛЕНЪ

Комедія, въ 3-хъ дѣйствіяхъ, переводъ съ французскаго.

ДѢЙСТВУЮЩІЯ ЛИЦА:

Г-нъ Пателенъ, адвокатъ . . . . . . Г-нъ Сазоновъ.
Г-жа Пателенъ . . . . Г-жа Стрѣльская.
Генріета, ихъ дочь . . . . Г-жа Ильинская.
Вильгельмъ, богатый продавецъ суконъ Г-нъ Варламовъ.
Валеръ, его сынъ . . . . Г-нъ Корвинъ-Круковской
Аньеле, пастухъ Вильгельма, женихъ Колеты . . . . Г-нъ Панчинъ 1.
Колета, служанка Пателена . . . . . Г-жа Левкѣева.
Бартоленъ, деревенскій судья . . . . Г-нъ Ремизовъ.
Крестьянинъ . . . . Г-нъ Степановъ.

Полицейскіе: Гг. Локтевъ и Казаковъ.

Дѣйствіе происходитъ въ деревнѣ, близь Парижа.

Г-нъ Вейнбергъ прочтетъ СЦЕНУ своего сочиненія.

Порядокъ спектакля —по афишѣ.

Начало въ 7½ часовъ.

Билеты можно получать въ кассѣ Александринскаго театра, съ 10-ти часовъ утра.

Типографія Имп. СПБ. театровъ (Д-та Удѣловъ), Моховая, 36.

205

Spielzeit 1888/89, zwei Premieren: ›Ivanov‹ in St. Petersburg, ›Tatjana Repina‹ von A. S. Suvorin am Kleinen Theater, Moskau. In Petersburg kümmerte sich Suvorin um die Inszenierung des ›Ivanov‹, in Moskau Čechov um ›Tatjana Repina‹.

204 P. M. Svobodin, V. N. Davydov, Čechov und A. S. Suvorin, St. Petersburg, Januar 1889
205 ›Ivanov‹, 31. Januar 1889, Theaterzettel des Alexandra-Theaters
206 M. G. Savina, Darstellerin der Saša
207 M. G. Savina als Tatjana Repina, 1889
208 I. E. Repin: ›Porträt P. A. Strepetova‹, Darstellerin der Sarrah in ›Ivanov‹
209 A. S. Suvorin: ›Tatjana Repina‹ in deutscher Übersetzung
210 A. P. Čechov: ›Tatjana Repina‹, Epilog auf Suvorins Tragödie, den Suvorin in zwei Exemplaren herstellen ließ. Rechts oben Vermerk von Hand Suvorins: »Für Ant. P. Čechov«

206

207

208

Alexey Suworin

Frkfrt.Ztg.16.3.00

EIN FRAUENJÄGER

(TATIANA REPINA).

SCHAUSPIEL.

BERLIN, 1892.
VERLAG VON FREUND & JECKEL
(CARL FREUND).

209

ТАТЬЯНА РѢПИНА

Драма въ 1 дѣйствіи

АНТОНА ЧЕХОВА

(Посвящается А. С. Суворину)

С.-ПЕТЕРБУРГЪ
1889

210

›Der Bär‹. Uraufführung am Theater Korš, Moskau, 28. Oktober 1888

211 ›Čechov als Bärenführer‹, Titelblatt des ›Budilnik‹ zur Uraufführung; rechts N. N. Solovcov, Regisseur und Darsteller des Bären
212 ›Erzählungen‹, St. Petersburg, 1888, im Verlag Suvorin, Titelblatt mit Widmung an M. V. Kiselëva
213 Luka, Sumy. Gesamtansicht

211

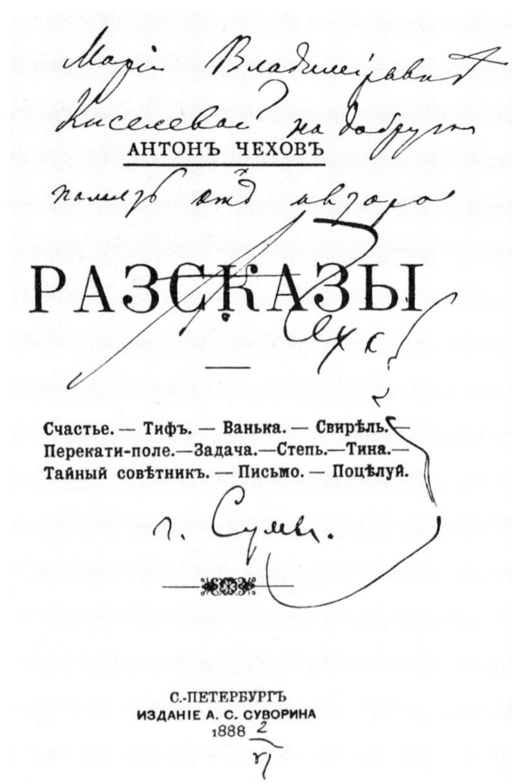

АНТОНЪ ЧЕХОВЪ

РАЗСКАЗЫ

Счастье. — Тифъ. — Ванька. — Свирѣль. — Перекати-поле. — Задача. — Степь. — Тина. — Тайный совѣтникъ. — Письмо. — Поцѣлуй.

С.-ПЕТЕРБУРГЪ
ИЗДАНIЕ А. С. СУВОРИНА
1888

212

Sie raten mir, nicht zwei Hasen nachzujagen und nicht mehr an die praktische Medizin zu denken. Ich weiß nicht, warum ich nicht zwei Hasen nachjagen sollte – im buchstäblichen Sinn dieser Worte. Wer Treiber hat, kann jagen. Treiber habe ich, aller Wahrscheinlichkeit nach, keine (jetzt im übertragenen Sinne), aber ich habe ein besseres und zufriedeneres Gefühl, wenn ich mir vor Augen halte, daß ich zwei Berufe habe, nicht nur einen … Die Medizin ist meine gesetzliche Ehefrau, die Literatur meine Geliebte. Wenn mir die eine auf die Nerven fällt, nächtige ich bei der anderen. Das ist meinetwegen unanständig, aber dafür nicht langweilig. Und darum verlieren auch beide nicht durch meinen Treuebruch. Hätte ich nicht meine Medizin, so würde ich in meinen Mußestunden meine überflüssigen Gedanken wohl kaum der Literatur widmen. Ich habe keine Disziplin.

11. September 1888 an A. S. Suvorin

213

214 St. Petersburg, 1889

215 Nikolaj Čechov: ›Porträt Anton Čechov‹, 1884

216 I. I. Levitan: ›Winterlandschaft. Friedhof‹

Der Maler, der Ärmste, ist gestorben. In Luka schmolz er dahin wie Wachs, und es gab für mich keinen einzigen Augenblick, in dem ich mich vom Bewußtsein der nahenden Katastrophe hätte befreien können. Es war unmöglich zu sagen, wann Nikolaj sterben würde, aber daß er bald sterben würde, war mir klar. Die Lösung des Knotens geschah unter folgenden Umständen: Svobodin war bei mir zu Gast. Ich wollte die Ankunft meines ältesten Bruders, der mich ablösen konnte, nutzen, wollte ausruhen, vier, fünf Tage andere Luft atmen; ich überredete Svobodin und die Lintvarëvs und fuhr mit ihnen ins Gouvernement Poltava zu den Smagins. Zur Strafe, daß ich weggefahren war, blies die ganze Fahrt über ein so kalter Wind und war der Himmel so finster, daß man sich vorkam wie in der Tundra. Auf halber Strecke fing es in Strömen an zu regnen. Bei den Smagins kamen wir nachts an, durchnäßt, kalt, legten uns in die kalten Betten, schliefen ein beim Rauschen des kalten Regens. Am nächsten Morgen war noch immer dasselbe empörende Tundrawetter; mein Leben lang werde ich weder die schmutzige Straße noch den grauen Himmel noch die Tränen an den Bäumen vergessen, denn am Morgen kam aus Mirgorod ein Bäuerlein und brachte ein durchnäßtes Telegramm: »Kolja gestorben.« Sie können sich meine Stimmung vorstellen. Ich mußte also im Wagen zurück zur Bahnstation, dann mit der Eisenbahn, und auf den Stationen bis zu 8 Stunden warten… In Romni wartete ich von 7 Uhr abends bis 2 Uhr nachts. Aus Langeweile ging ich durch die Stadt. Ich erinnere mich, ich sitze im Park; es ist dunkel, schrecklich kalt, furchtbar langweilig, und hinter der braunen Wand, an der ich sitze, probieren Schauspieler irgendein Melodram.

Zu Hause begegnete ich der Trauer. Unsere Familie kannte den Tod noch nicht, und einen Sarg sahen wir bei uns zum ersten Mal.

Die Beerdigung, die wir dem Maler ausrichteten, war sehr schön. Er wurde auf Schultern getragen, Kirchenfahnen usw. Beerdigt wurde er auf dem Dorffriedhof unter Honigkraut; das Kreuz ist weithin sichtbar. Ich glaube, er liegt sehr gemütlich.

Wahrscheinlich werde ich irgendwohin fahren. Wohin? Ich weiß nicht.

26. Juni 1889 an A. N. Pleščeev

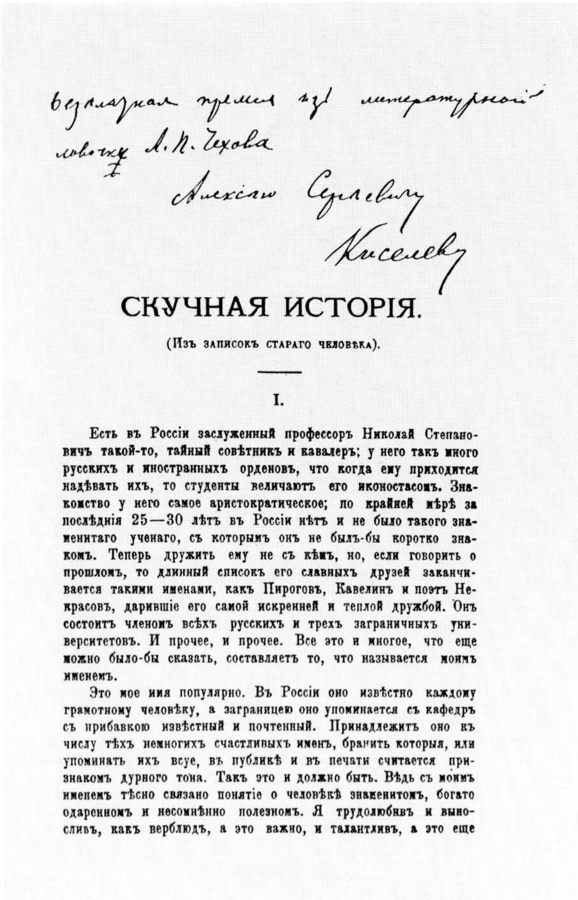

Безгласная премия изъ литературной лавочки А. П. Чехова
Алексѣю Сергѣевичу
Киселеву

СКУЧНАЯ ИСТОРІЯ.

(Изъ записокъ стараго человѣка).

I.

Есть въ Россіи заслуженный профессоръ Николай Степановичъ такой-то, тайный совѣтникъ и кавалеръ; у него такъ много русскихъ и иностранныхъ орденовъ, что когда ему приходится надѣвать ихъ, то студенты величаютъ его иконостасомъ. Знакомство у него самое аристократическое; по крайней мѣрѣ за послѣднія 25—30 лѣтъ въ Россіи нѣтъ и не было такого знаменитаго ученаго, съ которымъ онъ не былъ-бы коротко знакомъ. Теперь дружить ему не съ кѣмъ, но, если говорить о прошломъ, то длинный списокъ его славныхъ друзей заканчивается такими именами, какъ Пироговъ, Кавелинъ и поэтъ Некрасовъ, дарившіе его самой искренней и теплой дружбой. Онъ состоитъ членомъ всѣхъ русскихъ и трехъ заграничныхъ университетовъ. И прочее, и прочее. Все это и многое, что еще можно было-бы сказать, составляетъ то, что называется моимъ именемъ.

Это мое имя популярно. Въ Россіи оно извѣстно каждому грамотному человѣку, а заграницею оно упоминается съ кафедръ съ прибавкою извѣстный и почтенный. Принадлежитъ оно къ числу тѣхъ немногихъ счастливыхъ именъ, бранить которыя, или упоминать ихъ всуе, въ публикѣ и въ печати считается признакомъ дурного тона. Такъ это и должно быть. Вѣдь съ моимъ именемъ тѣсно связано понятіе о человѣкѣ знаменитомъ, богато одаренномъ и несомнѣнно полезномъ. Я трудолюбивъ и выносливъ, какъ верблюдъ, а это важно, и талантливъ, а это еще

217

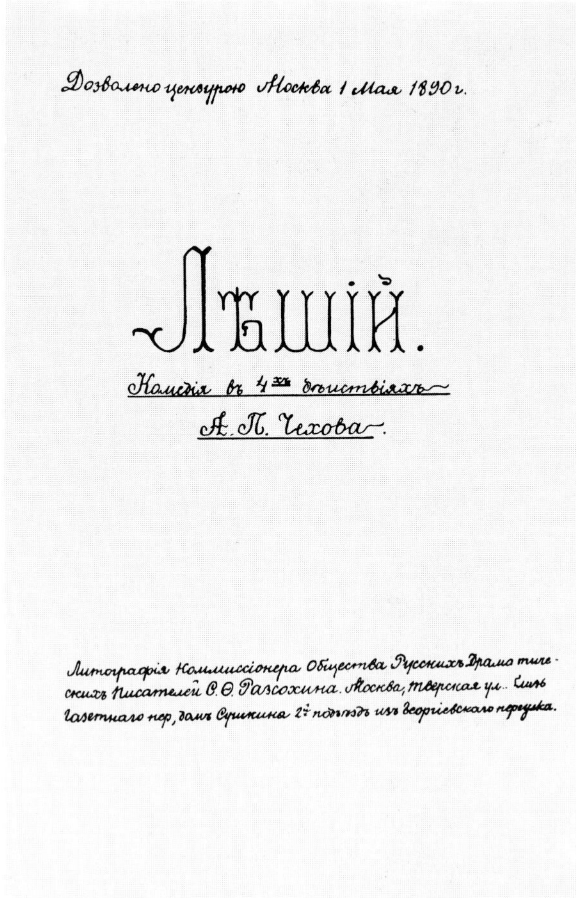

Дозволено цензурою Москва 1 Мая 1890 г.

ЛѢШІЙ.

Комедія въ 4-хъ дѣйствіяхъ
А. П. Чехова.

Литографія Коммиссіонера Общества Русскихъ Драматическихъ Писателей С. Ө. Разсохина. Москва, Тверская ул. уголъ Газетнаго пер., домъ Сушкина 2й подъѣздъ изъ Георгіевскаго переулка.

218

217 ›Eine langweilige Geschichte‹, Titelblatt des Erstdrucks, 1889, mit Widmung an A. S. Kiselëv
218 ›Der Waldschrat‹, Titelblatt des Bühnenmanuskripts, 1890
219 E. M. Šavrova, Autorin. Čechov lernte sie 1889 in Jalta kennen und stand mit ihr jahrelang in intensivem Briefwechsel.
220 ›Čechov am Scheideweg‹, Titel der ›Oskolki‹ vom 4. 11. 1889. Der Autor, gezogen von Bär, Waldschrat und ›Ivanov‹; Wegweiser – nach links: die dramatische Kunst, geradeaus: die erzählerische

In meiner Novelle gibt es nicht zwei Richtungen, sondern ganze fünfzehn; es ist leicht möglich, daß Sie sie auch als Mist bezeichnen werden. Sie ist tatsächlich Mist. Aber ich schmeichle mir in der Hoffnung, daß Sie zwei, drei neue Personen in ihr erkennen werden, die interessant sind für jeden intellektuellen Leser! Sie werden zwei, drei neue Situationen erkennen. Ich schmeichle mir ferner in der Hoffnung, daß mein Mist ein wenig furore machen und Geschimpfe im feindlichen Lager hervorrufen wird. Und ohne dieses Geschimpfe geht es nicht, denn in unserem Zeitalter, dem Zeitalter des Telegraphen, des Theaters der Goreva und der Telephone ist das Geschimpfe die leibliche Schwester der Reklame. 14. September 1889 an A. N. Pleščeev

219

Осколки
Отдѣльный номеръ 20 коп.
№ 45.
еженедѣльный иллюстрированный журналъ
С.-ПЕТЕРБУРГЪ.
подъ редакцiею Н. А. ЛЕЙКИНА.
4 Ноября 1889 г.
Условiя подписки
За годъ безъ перес. (съ безплатной премiей) 7 р.
За годъ съ пересылкой и доставк. (съ безпл. премiей) . . . . . . 8 »
За полгода съ перес и дост. (безъ премiи) 5 »
За три мѣс. съ перес. и дост. (безъ премiи) 3 »
За объявленiя по 25 к. за строку петита.
Контора и Редакцiя: Троицкая ул., 18.
Прiемъ подписки въ С.-Петербургѣ: въ конторѣ редакцiи Троицкая ул., № 18.
Прiемъ подписки въ Москвѣ: въ конторѣ Н. Н. Печковской, Петровскiя линiи.
АН. П. ЧЕХОВЪ.
Рисун. М. М. Далькевича.
ИВАНОВЪ
ДРАМАТИЧЕСКАЯ ДОРОГА
ПОВѢСТВОВАТЕЛЬНАЯ ДОРОГА

220

221 Pëtr Iljič Čajkovskij, Widmung an Čechov vom 14. Oktober 1889
222 Brief Čajkovskijs vom selben Tag, in dem er für die Widmung des Bandes ›Mürrische Menschen‹ dankt

221

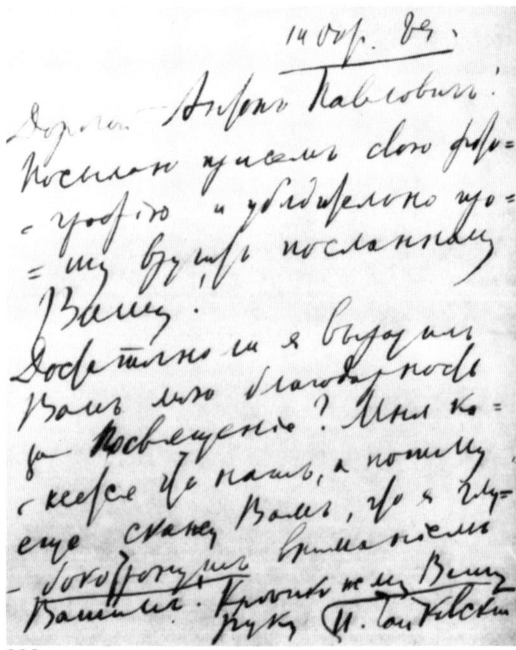

14 Окт. 89.

Дорогой Антонъ Павловичъ!
Посылаю при семъ свою фото-
графію и убѣдительно про-
шу вручить посланному
Вашу!
Достаточно ли я выразилъ
Вамъ мою благодарность
за посвященіе? Мнѣ ка-
жется, что нѣтъ, а потому
еще скажу Вамъ, что я глу-
боко тронутъ вниманіемъ
Вашимъ. Крѣпко жму Вашу
руку. П. Чайковскій

222

Gestern war P. Čajkovskij bei mir, was mir sehr geschmeichelt hat: erstens ist er ein großer Mann, zweitens liebe ich seine Musik schrecklich, besonders den ›Onegin‹. Wir wollen ein Libretto schreiben.

15. Oktober 1889 an A. S. Suvorin

223 St. Petersburg, 1889

224

... Skizzen, Feuilletons, Dummheiten, Vaudevilles, langweilige Geschichten, eine Unmasse von Fehlern und Ungereimtheiten, pudweise beschriebenes Papier, der Preis der Akademie, Potemkin – und bei alledem keine einzige Zeile, die in meinen Augen ernsthafte literarische Bedeutung besäße. Da war eine Masse Arbeit unter extremen Bedingungen, aber keine Minute ernsthafter Arbeit. Als ich neulich Bežeckijs ›Familientragödie‹ las, weckte diese Erzählung in mir so etwas wie ein Gefühl des Mitleids mit dem Autor; genau dasselbe Gefühl habe ich, wenn ich meine Bücher ansehe. In diesem Gefühl steckt Wahrheit von der Größe einer Mücke, aber mein Argwohn und Neid auf die Arbeit anderer blasen sie auf zur Größe eines Elefanten. Ich möchte mich leidenschaftlich gern für fünf Jahre irgendwo verkriechen und mich mit mühevoller ernsthafter Arbeit befassen. Ich muß lernen, muß alles ganz von vorn lernen, denn als Literat bin ich ein enormer Ignorant; ich muß gewissenhaft schreiben, mit Gefühl, mit Sinn und Verstand, ich darf nicht fünf Bogen in einem Monat schreiben, sondern einen Bogen in fünf Monaten. Ich muß von zu Hause weggehen, muß anfangen, mit 700–900 R. im Jahr auszukommen und nicht, wie jetzt, mit 3–4 Tausend, ich muß auf vieles pfeifen, aber in mir steckt mehr kleinrussische Trägheit als Mut.

etwa 20. Dezember 1889 an A. S. Suvorin

224 I. E. Repin: ›Čechov auf einer Sitzung der Gesellschaft für Literatur‹, 1889
Čechov zweiter von rechts, neben ihm Suvorin

Die Reise nach Sachalin

1890

225 Moskau, 1890

Sachalin nicht brauchen und uninteressant finden kann nur eine Gesellschaft, die Menschen nicht zu Tausenden dorthin verbannt und nicht Millionen dafür ausgibt. Nach Australien in der Vergangenheit und Cayenne ist Sachalin der einzige Ort, wo man Kolonisation durch Verbrecher studieren kann; ganz Europa interessiert sich dafür, und wir brauchen das nicht? Vor nicht mehr als 25–30 Jahren haben unsere russischen Landsleute bei der Erforschung Sachalins unerhörte Heldentaten vollbracht, um derentwillen man einen Menschen vergöttern kann, und wir brauchen das nicht, wir wissen nicht, was das für Menschen sind, wir sitzen nur in unseren vier Wänden und beklagen, daß Gott den Menschen unvollkommen erschaffen hat. Sachalin, das ist ein Ort der unerträglichsten Leiden, deren ein freier und unfreier Mensch überhaupt fähig ist. Die mit Sachalin zu tun und dort gearbeitet haben, haben schrecklich verantwortungsvolle Aufgaben gelöst und lösen sie noch jetzt. Ich bedaure, daß ich nicht sentimental bin, sonst würde ich sagen, daß man nach Orten wie Sachalin wallfahren müßte wie die Türken nach Mekka, und daß besonders die Seeleute und die Gefängnisaufseher auf Sachalin schauen müßten wie das Militär auf Sevastopol. Aus den Büchern, die ich gelesen habe und lese, geht hervor, daß wir in den Gefängnissen Millionen *von Menschen haben verfaulen lassen, umsonst verfaulen, ziellos, barbarisch; wir haben die Menschen in Ketten Zehntausende von Verst durch die Kälte getrieben, sie mit Syphilis infiziert, demoralisiert, Verbrecher vermehrt und all das auf die rotnasigen Gefängnisaufseher abgewälzt. Heute weiß das gesamte gebildete Europa, daß nicht die Aufseher schuld sind, sondern wir alle, aber uns geht das nichts an, für uns ist das nicht von Interesse. Die gepriesenen sechziger Jahre haben für die Kranken und die Häftlinge* nichts *getan und damit das wichtigste Gebot der christlichen Zivilisation verletzt. In unserer Zeit wird für die Kranken einiges getan, für die Häftlinge dagegen nichts; der Strafvollzug interessiert unsere Juristen absolut nicht. Nein, ich versichere Sie, Sachalin ist interessant, wir brauchen es, und zu bedauern ist nur, daß ich es bin, der dorthin fährt, und nicht ein anderer, der von der Sache mehr versteht und besser in der Lage ist, das Interesse der Gesellschaft zu wecken. Ich persönlich fahre doch nur wegen Lappalien.*

9. März 1890 an A. S. Suvorin

226 Die Insel Sachalin. Fort Duė

ANDREES
ALLGEMEINER
HANDATLAS
1893.
SCHWARZES MEER
KASPISCHES MEER
PERSIEN
AFGHANISTAN
HINDUSTAN
ARABISCHES MEER
GOLF VON ADEN
PERSISCHER GOLF
BOMBAY
MADRAS
CEYLON
INDISCHER OZEAN

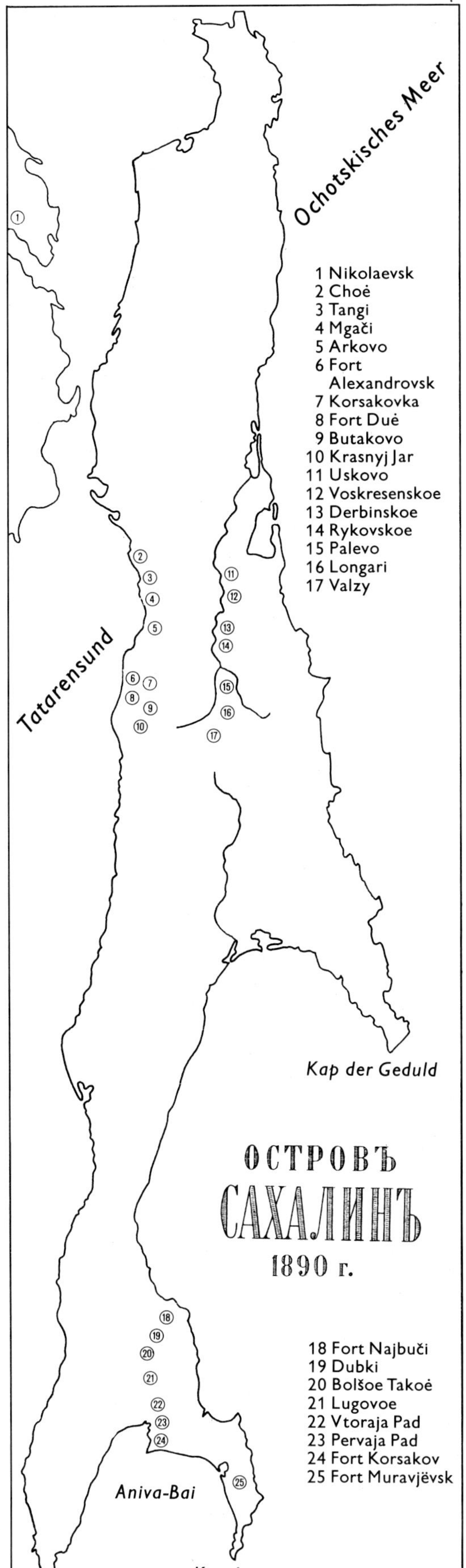

DIE INSEL SACHALIN

228

A. v. HUMBOLDT'S

Fragmente

einer

Geologie und Klimatologie

Asiens.

Aus dem Französischen

mit Anmerkungen, einer Karte und einer Tabelle vermehrt

von

Julius Loewenberg.

Mit zwei Karten und einer Tabelle.

Berlin,

bei J. A. List.

1832.

229

SIBIRIEN!—

VON

GEORGE KENNAN.

DEUTSCH

VON

E. KIRCHNER.

Lasciate ogni speranza voi ch' entrate.

DRITTER (SCHLUSS-)BAND.

MIT DEM PORTRÄT DES VERFASSERS.

ZWEITE AUFLAGE.

BERLIN,

VERLAG SIEGFRIED CRONBACH.

1892.

230

FJODOR DOSTOJEWSKIJ

MEMOIREN

AUS EINEM TOTENHAUSE

DEUTSCH VON NADJA STRASSER

GUSTAV KIEPENHEUER VERLAG

POTSDAM

231

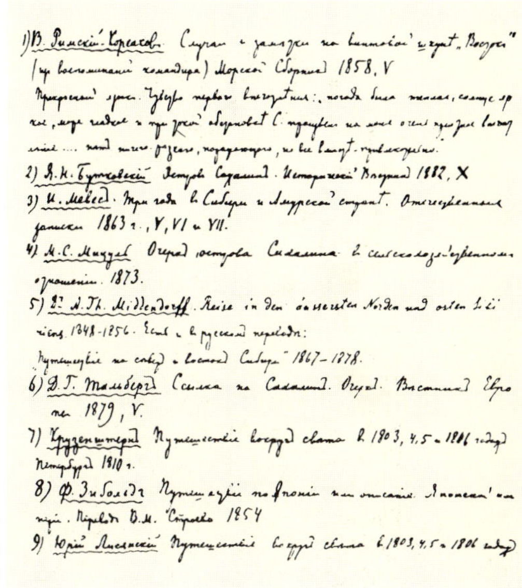

1) В. Римский-Корсаков. Случаи и заметки на винтовой шхуне „Восток" (из воспоминаний командира) Морской Сборник 1858, V
[illegible]
2) Я. И. Бутковский. Остров Сахалин. Исторический Вестник 1882, X
3) И. Мевес. Три года в Сибири и Амурском крае. Отечественные записки 1863 г., V, VI и VII.
4) М. С. Мицуль. Очерк острова Сахалина в сельскохозяйственном отношении. 1873.
5) Dr. A. Th. Middendorff. Reise in den äussersten Norden und Osten Sibiriens 1848–1856. Есть и в русском переводе: Путешествие на север и восток Сибири" 1867–1878.
6) Д. Г. Тальберг. Ссылка на Сахалин. Очерк. Вестник Европы 1879, V.
7) Крузенштерн. Путешествие вокруг света в 1803, 4, 5 и 1806 годах. Петербург 1810 г.
8) Ф. Зибольд. Путешествие по Японии или описание Японской империи. Перевод В. М. Строева 1854
9) Юрий Лисянский. Путешествие вокруг света в 1803, 4, 5 и 1806 годах

234

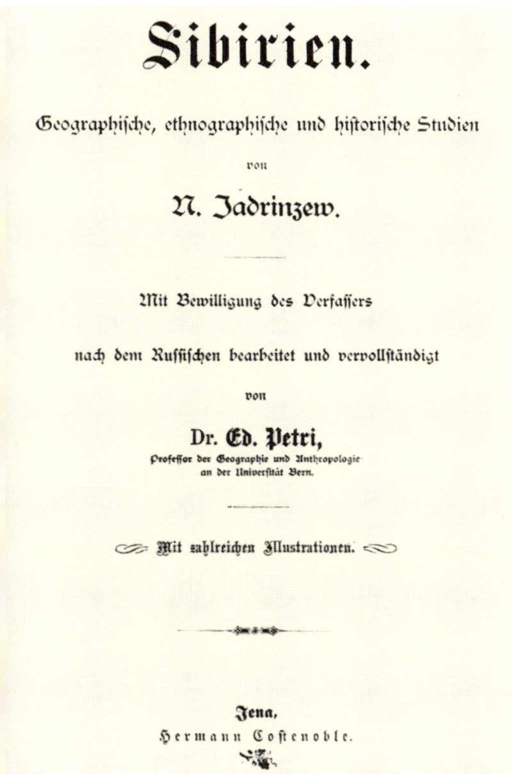

Sibirien.

Geographische, ethnographische und historische Studien

von

N. Jadrinzew.

Mit Bewilligung des Verfassers

nach dem Russischen bearbeitet und vervollständigt

von

Dr. Ed. Petri,

Professor der Geographie und Anthropologie an der Universität Bern.

Mit zahlreichen Illustrationen.

Jena,
Hermann Costenoble.

232

ФРЕГАТЪ

ПАЛЛАДА.

ОЧЕРКИ ПУТЕШЕСТВІЯ

ВЪ ДВУХЪ ТОМАХЪ.

ТОМЪ I.

233

Stationen der Reise Čechovs:
Moskau – Jaroslavl (Bahn), Nižnij Novgorod – Kazan – Perm (Schiff), Ekaterinburg (Bahn), Tjumen – Tomsk – Ačinsk – Krasnojarsk – Irkutsk – Bajkal (Wagen), Blagoveščensk – Nikolaevsk – Insel Sachalin (Schiff)
Rückreise über Vladivostok – Hongkong – Singapur – Ceylon – Suez – Odessa – Moskau

Nachrichten aus Sibirien

229 Alexander von Humboldt: ›Fragmente einer Geologie und Klimatologie Asiens‹
230 George F. Kennan: ›Sibirien! –‹
231 F. M. Dostoevskij: ›Aufzeichnungen aus einem Totenhaus‹
232 N. M. Jadrincev: ›Sibirien‹
233 Ivan Gončarov: ›Die Fregatte Pallas‹
234 Seite aus Čechovs Bibliographie zur Insel Sachalin, zu Geographie, Geschichte, Ökonomie, Kolonisierung und zum Strafvollzug in Sibirien. Die Liste der von Čechov gelesenen und später benützten Werke umfaßt weit über 100 Titel.

235

236

235 Die Peter-und-Pauls-Festung zu Sankt Petersburg
236 Zelle in der Peter-und-Pauls-Festung
237 Moskau 1890, das Abschiedsphoto. Von links, stehend: A. E. Ivanenko, Ivan, der Vater; 2. Reihe: Maša Korneeva, L. S. Mizinova, Maša, die Mutter, Alëša Korneev (Sohn des Vermieters); vorn links Michail, in der Mitte Čechov

237

Ich lüge ihnen vor, ich käme im September wieder. 15. April 1890 an A. S. Suvorin

238

240

Durch Sibirien

239

238 V. A. Serov: ›An der Fähre‹
239 Reiseschlitten in Sibirien
240 Skizze des Čechovschen Reisewagens im Brief an die Familie vom 14. Mai 1890

241 I. I. Levitan: ›Die Vladimirka‹, 1892

242

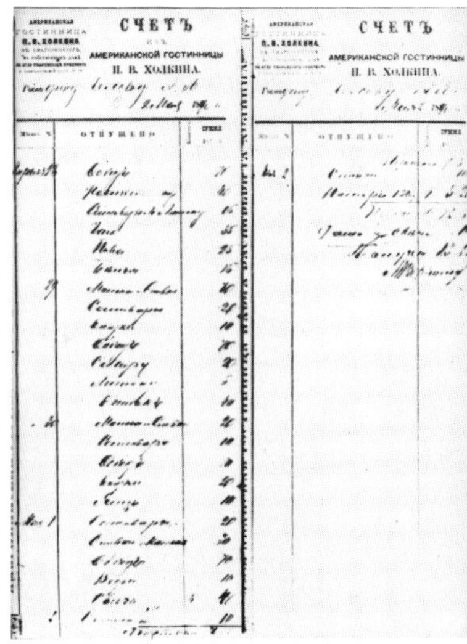

СЧЕТЪ изъ Американской гостинницы П. В. Холкина.

СЧЕТЪ изъ Американской гостинницы П. В. Холкина.

243

242 Morast
243 Die Hotelrechnung Čechovs in Ekaterinburg vom 2. Mai 1890
244 Irkutsk. Blick auf die Stadt
245, 246 Der Bajkal

244

Alles, was ich in Sibirien erlebt habe, teile ich in drei Etappen: 1) von Tjumen nach Tomsk 1500 Verst, schreckliche Kälte tags und nachts, Halbpelz, Filzstiefel, kalter Regen, Wind und ein verzweifelter Kampf (nicht auf Leben, sondern Tod) mit überschwemmten Flüssen; die Flüsse hatten Wiesen und Wege überschwemmt, ich habe dauernd Boot und Kutsche wechseln und wie ein Venezianer in der Gondel fahren müssen; die Kähne, das Warten am Ufer, das Übersetzen usw. – all das nahm so viel Zeit, daß ich in den letzten beiden Tagen vor Tomsk trotz aller Anstrengungen nur 70 Verst habe schaffen können statt 400–500; dazu kommen äußerst unheimliche, unangenehme Augenblicke, besonders, wenn plötzlich Wind aufkam und gegen das Boot drückte. 2) Von Tomsk nach Krasnojarsk 500 Verst, abgrundtiefer Morast; meine Kutsche und ich versanken im Morast wie die Fliegen im dicken Varenje; wie oft ist meine Kutsche (ich hatte eine eigene) kaputtgegangen, wie viele Verst bin ich zu Fuß marschiert, wie viele Flecken in meinem Gesicht und auf meiner Kleidung!… Ich bin nicht gefahren, sondern durch den Morast geschwommen. Dafür habe ich aber auch geflucht. Mein Hirn hat nicht mehr gedacht, sondern nur noch geflucht. Ich war halbtot vor Erschöpfung und sehr froh, als ich die Poststation von Krasnojarsk erreicht hatte. 3) Von Krasnojarsk bis Irkutsk 1566 Verst, Hitze, Rauch von Waldbränden und Staub; Staub im Mund, in der Nase, in den Taschen; man schaut in den Spiegel und kommt sich vor wie geschminkt. Als ich mich nach meiner Ankunft in Irkutsk im Bad wusch, floß von meinem Kopf der Seifenschaum nicht weiß, sondern aschfahl-braun, als hätte ich ein Pferd gewaschen.

5. Juni 1890 an A. N. Pleščeev

245

246

247

Der Amur ist eine außerordentlich interessante Gegend. Hier brodelt ein Leben, von dem man in Europa nicht einmal eine Ahnung hat. Es, d. h. das Leben, erinnert mich an Erzählungen aus dem Leben Amerikas. Die Ufer sind dermaßen wild, originell und üppig, daß man auf immer und ewig hierbleiben möchte, um hier zu leben. Die letzten Zeilen schreibe ich bereits am 25. Juni. *Der Dampfer vibriert und stört beim Schreiben. Wir fahren wieder. Ich bin schon 1000 Verst auf dem Amur gefahren und habe Millionen von Landschaften gesehen; mir schwindelt vor Entzücken... Wunderbare Natur. Und was für eine Hitze! Was für warme Nächte! Morgens ist manchmal Nebel, aber wärmer. Ich betrachte die Ufer durchs Fernglas und sehe massenweise Enten, Gänse, Taucher, Reiher und alle möglichen Bestien mit langen Schnäbeln. Hier sollte man ein Sommerhaus haben! Und was für ein Liberalismus! Ach, was für ein Liberalismus! Auf dem Dampfer sirrt die Luft von Gesprächen. Man hat hier keine Angst, laut zu sprechen. Niemand ist da, der einen verhaften könnte, wohin sollte man einen auch verbannen – man kann so liberal sein, wie man will. Die Leute werden immer unabhängiger, selbständiger und denken logisch. Wenn es zu irgendeinem Zwischenfall in Ust-Kara kommt, wo die Katorga-Sträflinge arbeiten (unter ihnen viele Politische, die nicht arbeiten), so empört sich der ganze Amur. Denunziationen sind unüblich. Ein geflohener Politischer kann ungehindert auf dem Dampfer bis an den Stillen Ozean fahren, ohne Angst haben zu müssen, daß der Kapitän ihn ausliefert. Das erklärt sich z. T. aus der absoluten Gleichgültigkeit gegenüber allem, was in Rußland geschieht. Jeder sagt: was geht mich das an?*

23. Juni 1890 an die Familie

248

In den Amur bin ich verliebt; hier würde ich gern ein, zwei Jahre leben. Hier ist es schön, weit, frei, warm. Die Schweiz und Frankreich haben eine solche Freiheit nie gekannt. Der letzte Verbannte atmet am Amur freier als der allererste General in Rußland.

27. Juni 1890 an A. S. Suvorin

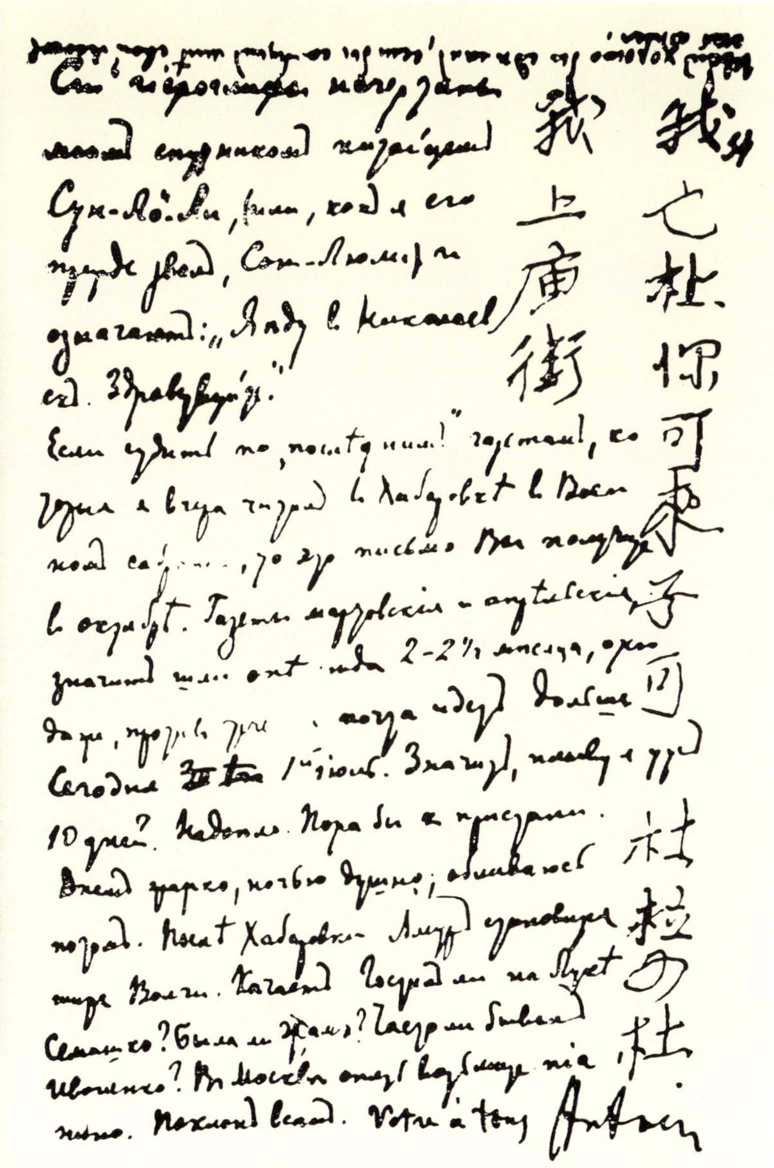

249

Diese Hieroglyphen stammen von meinem Mitreisenden, dem Chinesen Sun-Lö-Li (oder, wie ich ihn früher nannte, Son-Ljuli) und bedeuten: »Ich fahre nach Nikolaevsk. Seien Sie gegrüßt.«

250

Nach den »letzten« Zeitungen zu urteilen, die ich gestern in Chabarovsk im Offiziersklub gelesen habe, bekommt Ihr diesen Brief im Oktober. Zeitungen vom März und April, das heißt, sie waren 2–2½ Monate hierher unterwegs; von hier, gegen den Strom, braucht die Post aber noch länger. Heute ist der 1. Juli. Das heißt, ich bin schon 10 Tage mit dem Dampfer unterwegs. Habe es satt. Tags ist es heiß, nachts schwül; ich bin schweißüberströmt. Nach Chabarovsk wird der Amur breiter als die Volga. Seegang... War Semaško bei Euch in Luka? Und die Jamais? Ist Ivanenko oft gekommen? Mietet in Moskau wieder ein Klavier. Gruß an alle. Votre à tous Antoine.
Ivan täte gut daran, mir seine Moskauer Adresse zu schreiben.

1. Juli 1890 an die Familie

247 Landschaft an der Šilka
248 Chabarovsk, am Amur
249 Brief an die Familie vom 1. Juli 1890
250 Der Mönchspriester Iraklij, Burjäte von Geburt, Reisebekanntschaft Čechovs

251

252

Ankunft auf Sachalin am 11. Juli 1890

251 Die Küste
252 Strafgefangene bei der Überfahrt
253 ›Novoe vremja‹, Korrespondentenausweis, auf den Namen Čechovs ausgestellt, einziger Ausweis, den Čechov bei seiner Ankunft mit sich führte: »... reist als Korrespondent des ›Novoe vremja‹ an verschiedene Stätten Rußlands und ins Ausland. A. Suvorin«
254 Haus des Gefängnisarztes B. A. Perlin, bei dem Čechov in Fort Alexandrovsk abstieg
255 Sträflinge transportieren ein Wasserfaß

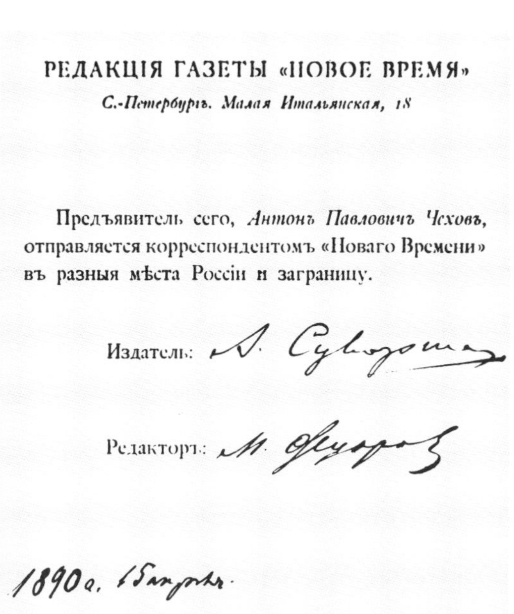

РЕДАКЦІЯ ГАЗЕТЫ «НОВОЕ ВРЕМЯ»

С.-Петербургъ. Малая Итальянская, 18

Предъявитель сего, *Антонъ Павловичъ Чеховъ*, отправляется корреспондентомъ «Новаго Времени» въ разныя мѣста Россіи и заграницу.

Издатель:

Редакторъ:

1890 г. 6 Января

253

254

255

256

257

258

259

Ich schreibe und weiß nicht, wann dieser Brief Sie erreichen wird. Ich bin gesund, obwohl mich von überall mit grünen Augen die Cholera anblickt, die mir eine Falle gestellt hat. In Vladivostok, Japan, Schanghai, Tschi-fu, Suez und anscheinend sogar auf dem Mond – überall herrscht die Cholera, überall Quarantäne und Angst. Auf Sachalin erwartet man die Cholera und hält die Schiffe in Quarantäne. Mit einem Wort – es sieht böse aus.
Auf Nordsachalin habe ich genau zwei Monate verbracht. Von der dortigen Administration wurde ich überaus liebenswürdig aufgenommen. Der General von Sachalin, Kononovič, ist ein intelligenter und anständiger Mensch. Wir waren uns bald einig, und alles ging gut. Ich werde Papiere mitbringen, aus denen Sie ersehen werden, daß die Bedingungen, denen ich von allem Anfang an unterworfen war, denkbar günstig waren. Ich habe alles *gesehen; die Frage lautet demnach nicht mehr,* was *ich gesehen, sondern* wie *ich es gesehen habe.*

11. September 1890 an A. S. Suvorin

Aus Čechovs Sachalin-Sammlung

256 Häftlinge unter strenger Bewachung
257 Das Anschmieden der Fesseln
258, 259 Die härteste Strafe auf Sachalin: An den Karren geschmiedet. Die Eisenketten wurden auch nachts nicht abgenommen.

260

Kohleförderung auf der Insel Sachalin

260 Häftlingsappell
261 Häftlinge mit Lore vor einem Bergwerk
262 Bergwerk auf Sachalin
263 Landungssteg zum Abtransport der Kohle

261

262

263

264

Rodungsarbeiten, Holzgewinnung

264 Fähre in den Wäldern
265 Rodungsarbeiten
266 Schneise zum Abtransport
267 Holztransport, Wachsoldat auf hölzernem Gehsteig

265

266

267

268

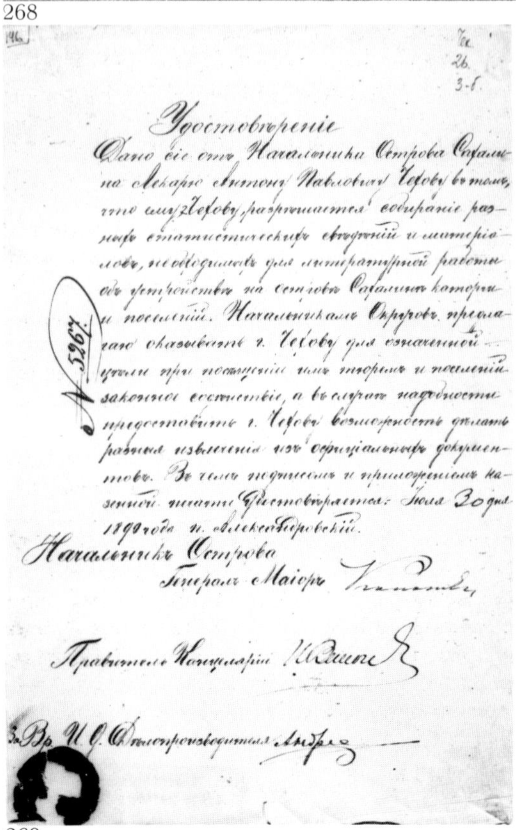

№ 5267

Удостоверение

Дано сие от Начальника Острова Сахалина Лекарю Антону Павловичу Чехову в том, что ему, Чехову, разрешается собирание разных статистических сведений и материалов, необходимых для литературной работы об устройстве на острове Сахалине каторги и поселений. Начальникам Округов предлагаю оказывать г. Чехову для означенной цели при посещении им тюрем и поселений законное содействие, а в случае надобности предоставлять г. Чехову возможность делать разные извлечения из официальных документов. В чем подписью и приложением казенной печати удостоверяется. Июля 30 дня 1890 года п. Александровский.

Начальник Острова
Генерал Майор [illegible]

Правитель Канцелярии [illegible]

За Вр. И. Д. Делопроизводителя [illegible]

269

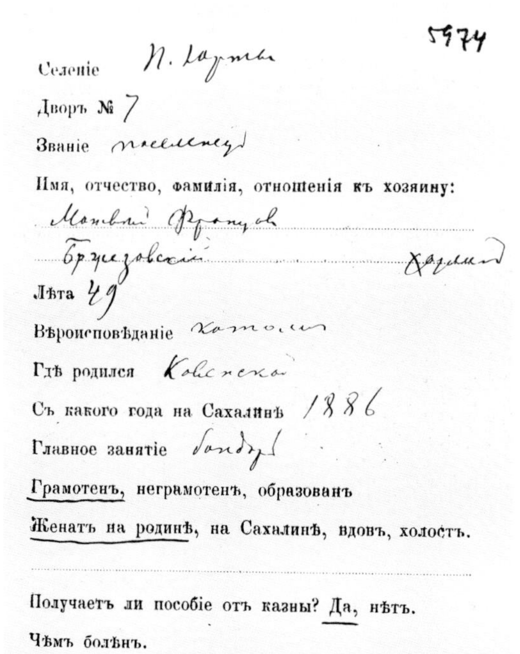

5974

Селение П. [illegible]

Дворъ № 7

Званіе поселенец

Имя, отчество, фамилія, отношенія къ хозяину: [illegible] Францев [illegible] хозяин

Лѣта 49

Вѣроисповѣданіе католич.

Гдѣ родился Ковенской

Съ какого года на Сахалинѣ 1886

Главное занятіе бондарь

Грамотенъ, неграмотенъ, образованъ

Женатъ на родинѣ, на Сахалинѣ, вдовъ, холостъ.

Получаетъ ли пособіе отъ казны? Да, нѣтъ.

Чѣмъ боленъ.

270

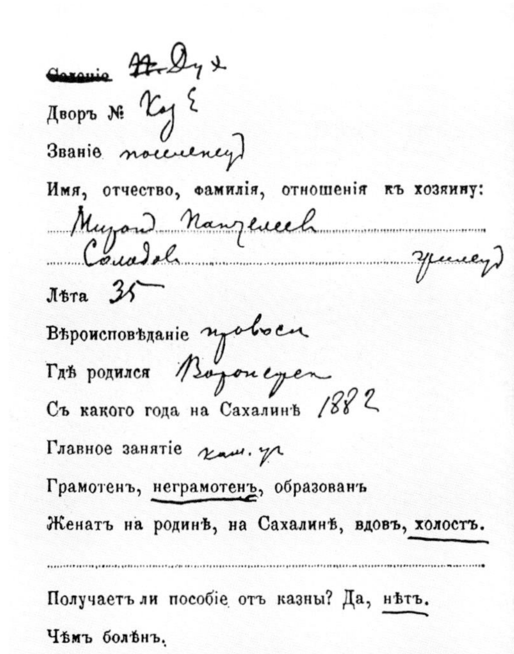

Селеніе [illegible]

Дворъ № [illegible]

Званіе поселенец

Имя, отчество, фамилія, отношенія къ хозяину: Мирон Пантелеев [illegible] [illegible]

Лѣта 35

Вѣроисповѣданіе правосл.

Гдѣ родился Воронеж.

Съ какого года на Сахалинѣ 1882

Главное занятіе [illegible]

Грамотенъ, неграмотенъ, образованъ

Женатъ на родинѣ, на Сахалинѣ, вдовъ, холостъ.

Получаетъ ли пособіе отъ казны? Да, нѣтъ.

Чѣмъ боленъ.

271

272

273

268 Dorf von Strafkolonisten, im Sommer
269 Passagierschein Čechovs auf Sachalin, ausgestellt vom Inselkommandanten V. O. Kononovič
270, 271 Karteikarten der Volkszählung, die Čechov auf Sachalin durchführte.
272 Gefängnishof im Winter
273 V. A. Serov: ›Begegnung. (Ankunft der Ehefrau bei ihrem Mann in der Verbannung)‹ 1904

Ich weiß nicht, was bei alledem herauskommen wird, aber getan habe ich nicht wenig. Es würde für drei Dissertationen reichen. Ich bin jeden Tag um 5 Uhr morgens aufgestanden, spät schlafengegangen und stand die ganzen Tage unter starker Anspannung, weil ich immer dachte, vieles noch nicht getan zu haben, und jetzt, nachdem ich die Katorga hinter mir habe, fühle ich mich, als hätte ich alles gesehen, den Elefanten aber nicht einmal bemerkt.
Nebenbei bemerkt hatte ich die Geduld, eine Zählung der gesamten Bevölkerung Sachalins durchzuführen. Ich bin in alle Siedlungen gefahren, in jede Hütte gegangen und habe mit jedem gesprochen; für die Zählung habe ich das Karteikartensystem benützt und bereits rund zehntausend Katorga-Sträflinge und Strafkolonisten erfaßt. Mit anderen Worten, es gibt auf Sachalin keinen Sträfling oder Strafkolonisten, der nicht mit mir gesprochen hätte. Vor allem ist mir eine Zählung der Kinder gelungen, worauf ich nicht geringe Hoffnung setze.
Bei Landsberg habe ich gegessen, bei der ehemaligen Baronesse Gembruk habe ich in der Küche gesessen ... Ich bin bei allen Berühmtheiten gewesen. Ich habe einer Auspeitschung beigewohnt, wonach ich drei, vier Nächte von dem Henker und der widerwärtigen Strafbank geträumt habe. Ich habe mit Sträflingen gesprochen, die an den Karren geschmiedet waren. Als ich einmal in einem Bergwerk Tee trank, holte der ehemalige Petersburger Kaufmann Borodavkin, der wegen Brandstiftung hier ist, einen Teelöffel aus der Tasche und schenkte ihn mir, und im Endergebnis habe ich mir die Nerven ruiniert und mir geschworen, nicht wieder nach Sachalin zu fahren. Ich würde Ihnen mehr schreiben, aber in der Kajüte sitzt eine Dame, die unaufhörlich lacht und plappert. Ich habe nicht die Kraft weiterzuschreiben. Sie lacht und schnattert seit dem gestrigen Abend.

11. September 1890 an A. S. Suvorin

274

275

276

274 Häftlingsrast im Freien
275 Europäische Zivilisation in den sibirischen Strafkolonien
276 Eine Ajnu-Familie, die Ureinwohner Sachalins

277 Čechov, ganz links, zu Gast beim japanischen Konsul Kusun-Katan, bei Fort Korsakov, Oktober 1890

278

Hier ein kurzer Bericht. Ich war auf Sachalin nicht 2 Monate, wie bei Ihnen gedruckt steht, sondern 3 plus 2 Tage. Meine Arbeit war anstrengend; ich habe eine vollständige und detaillierte Zählung der gesamten Bevölkerung Sachalins durchgeführt und alles *gesehen, außer einer Hinrichtung. Wenn wir uns wiedersehen, zeige ich Ihnen einen ganzen Koffer mit allem möglichen Kram über die Katorga, der, als Rohmaterial, überaus wertvoll ist. Ich weiß jetzt sehr vieles, aber das Gefühl, das ich mitgebracht habe, ist ungut. Solange ich auf Sachalin lebte, empfand ich im Innern nur eine gewisse Bitterkeit, wie von ranziger Butter, jetzt dagegen, in der Erinnerung, erscheint mir Sachalin als die wahre Hölle. Zwei Monate habe ich angestrengt gearbeitet, im dritten Monat begann ich mich schwach zu fühlen von der erwähnten Bitterkeit, der Langeweile und dem Gedanken, daß die Cholera von Vladivostok auf Sachalin übergreifen und ich auf diese Weise Gefahr laufen könnte, in der Katorga überwintern zu müssen. Aber dem Himmel sei Dank, die Cholera hörte auf, und am 13. Oktober brachte mich der Dampfer von Sachalin fort. Ich war in Vladivostok. Über den Küstenstreifen und überhaupt unsere Ostküste mit ihren Flotten, Problemen und pazifischen Träumereien sage ich nur das eine: himmelschreiende Armut! Armut, Unwissenheit und Erbärmlichkeit, die einen zur Verzweiflung bringen können. Ein ehrlicher Mensch auf 99 Diebe, die den Namen Rußlands in Verruf bringen. An Japan sind wir vorbeigefahren, weil dort die Cholera herrschte; deshalb habe ich Ihnen in Japan nichts gekauft, und die 500 Rubel, die Sie mir für Einkäufe mitgegeben hatten, habe ich für eigene Bedürfnisse verbraucht, wofür Sie laut Gesetz das Recht haben, mich als Strafkolonisten nach Sibirien verbannen zu lassen.*

9. Dezember 1890 an A. S. Suvorin

279

280

281

278 Süd-Sachalin
279 Fort Korsakov, Oktober 1890
280 Vladivostok. Blick auf den Hafen
281 Mit dem Marineleutnant G. N. Glinka an Bord der ›Petersburg‹ der Freiwilligen Flotte

282

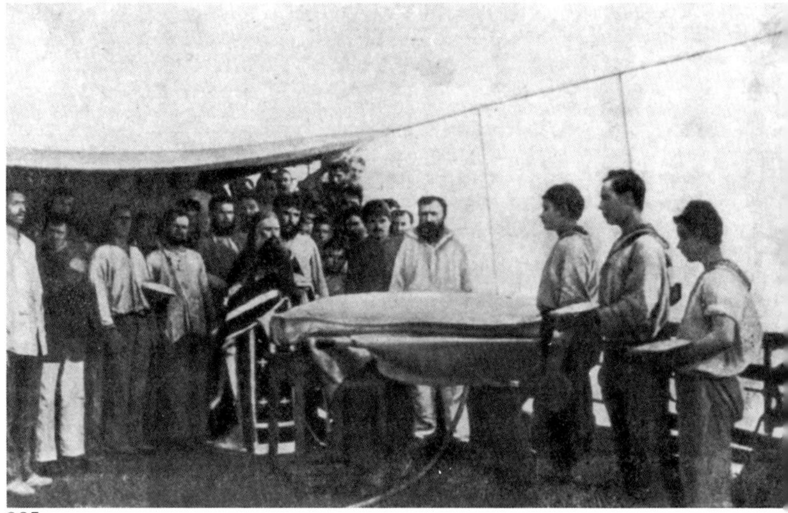
283

Erster ausländischer Hafen auf meiner Reise war Hongkong. Eine wunderbare Bucht, auf dem Meer ein Verkehr, wie ich ihn nicht einmal auf Bildern gesehen habe: prächtige Pferdebahnen und Straßen, eine Bergbahn, Museen, botanische Gärten; wohin man blickt, überall sieht man die große Fürsorge der Engländer für ihre Angestellten, sogar einen Matrosenclub gibt es. Ich bin in einer Rikscha gefahren, d. h. mit Menschenkraft, habe bei den Chinesen allerlei Kitsch gekauft und war empört, als ich hörte, wie meine russischen Reisegefährten die Engländer der Ausbeutung fremder Völker bezichtigten. Ich dachte: ja, der Engländer beutet Chinesen, Sepoys und Hindus aus, aber dafür gibt er ihnen Straßen, Wasserleitungen und Museen und das Christentum; ihr beutet ebenfalls andere aus, aber was gebt ihr ihnen?
Als wir aus Hongkong ausliefen, begann das Schiff zu schwanken. Der Dampfer war leer und schwankte bis zu 38°, so daß wir befürchteten, er würde kentern. Ich bin für Seekrankheit unanfällig – eine Entdeckung, die mich angenehm überraschte. Auf der Fahrt nach Singapur wurden zwei Tote ins Meer geworfen. Wenn man sieht, wie ein toter Mensch, in Segeltuch gehüllt, sich überschlagend ins Meer fällt, und daran denkt, daß es bis zum Grund einige Verst sind, dann wird einem unheimlich zumute, und man meint, selbst zu sterben und ins Meer geworfen zu werden ... Singapur habe ich in schlechter Erinnerung, da ich, auf der Fahrt durch die Stadt, aus irgendeinem Grunde traurig war. Dann kam Ceylon – das Paradies. Hier im Paradies bin ich über 100 Verst mit der Eisenbahn gefahren und habe mich sattgesehen an Palmenwäldern und bronzefarbenen Frauen. Von Ceylon fuhren wir ohne Unterbrechung 13 Tage lang auf See und wurden vor Langeweile ganz benommen. Die Hitze vertrage ich gut. Das Rote Meer ist trostlos; als ich den Sinai sah, war ich gerührt.
Schön ist Gottes Welt. Nur eines ist nicht schön: wir. Wie wenig Gerechtigkeitssinn und Demut wir haben, und welch falschen Begriff von Patriotismus! Ein betrunkener, verlotterter Wüstling von einem Ehemann liebt seine Frau und seine Kinder, aber was hat diese Liebe für einen Sinn? Wir, so heißt es in den Zeitungen, lieben unsere große Heimat, aber worin äußert sich diese Liebe? Anstelle von Wissen ist da nur Unverschämtheit und maßlose Einbildung, anstelle von Arbeit – Faulheit und Schweinestall, es gibt keine Gerechtigkeit, der Ehrbegriff geht über die »Uniformehre« nicht hinaus, eine Uniform, die zur täglichen Zierde unserer Anklagebänke dient. Arbeiten muß man, alles andere – zum Teufel damit. Hauptsache, man ist gerecht, alles andere ergibt sich daraus.
Ich möchte leidenschaftlich gern mit Ihnen reden. In mir kocht es. Ich will niemanden außer Ihnen, denn nur mit Ihnen kann ich reden. Zum Teufel mit Pleščeev. Zum Teufel auch mit den Schauspielern ...
Wie bin ich froh, daß alles reibungslos verlaufen ist, auch ohne Galkin-Vraskij! Er hat niemandem auch nur eine Zeile über mich geschrieben, ich erschien auf Sachalin als absolut Unbekannter.
Wann werde ich Sie und Anna Ivanovna sehen? Wie geht es Anna Ivanovna? Schreiben Sie ausführlich über alles, denn vor den Feiertagen werde ich wohl kaum kommen können. Nastja und Borja einen Gruß; zum Beweis dessen, daß ich in der Katorga war, werde ich mich, wenn ich komme, wild schreiend und mit einem Messer auf sie stürzen. Anna Ivanovnas Zimmer werde ich in Brand stecken, und dem armen Staatsanwalt Kostja werde ich aufrührerische Ideen predigen.
Ich umarme Sie und Ihr ganzes Haus fest, mit Ausnahme von Žitel und Burenin, die ich nur zu grüßen bitte und die man längst nach Sachalin hätte schicken sollen.

9. Dezember 1890 an A. S. Suvorin

282 An Bord der ›Petersburg‹ auf der Rückreise
283 Bestattung auf hoher See, beschrieben in der Erzählung ›Gusev‹, 1890

Die Reise nach Westeuropa 1891

284 Moskau, 1891

Wie unrecht Sie hatten, als Sie mir davon abrieten, nach Sachalin zu fahren! Ich habe jetzt ein Bäuchlein, eine nette Impotenz und Myriaden von Mücken im Kopf, eine Unmenge Pläne und alles mögliche, was wäre ich jetzt für ein Sauertopf, wenn ich zu Hause herumgesessen hätte. Vor meiner Reise war die ›Kreutzersonate‹ für mich ein Ereignis, jetzt finde ich sie komisch und sinnlos. Ob ich reifer geworden bin durch die Reise, ob ich den Verstand verloren habe – weiß der Teufel.

17. Dezember 1890 an A. S. Suvorin

Fahren wir!!! Ich bin einverstanden, wohin und wann Sie wollen. Mein Herz hüpft vor Freude. Nicht mitzufahren wäre dumm von mir, denn wann böte sich solch eine Gelegenheit je wieder? Aber, Teuerster, ich überlasse es Ihnen, folgende Umstände abzuwägen:
1) Meine Arbeit ist bei weitem noch nicht abgeschlossen. Wenn ich sie bis Mai verschiebe, kann ich mit der Arbeit an Sachalin nicht vor Juli beginnen, und das ist gefährlich, denn meine Sachalin-Eindrücke verflüchtigen sich, und ich laufe Gefahr, vieles zu vergessen.
2) Ich habe absolut kein Geld. Wenn ich mir, ohne meine Arbeit abgeschlossen zu haben, noch einmal tausend Rubel borge für die Reise und zum Leben danach, dann stecke ich so tief in Schulden, daß mich selbst der Teufel an den Ohren nicht mehr herausziehen kann. Ich stecke noch nicht so tief drin, weil ich alle raffinierten Tricks aufbiete und bescheidener lebe als eine Hostienbäckerin, aber wenn ich mitfahre, geht alles zum Teufel, und ich stecke bis über beide Ohren in Schulden. Allein beim Gedanken an meine zweitausend Schulden verliere ich den Mut.
Es gibt noch viele andere Umstände, aber die sind alle klein, gemessen an der Arbeit und am Geld. Also, lassen Sie sich meine Bedenken durch den Kopf gehen, versetzen Sie sich für einen Moment in meinen Pelz und entscheiden Sie: sollte ich nicht lieber zu Hause bleiben? Sie werden sagen, das seien alles Lappalien. Aber verlassen Sie Ihren Standpunkt, stellen Sie sich einmal auf meinen. Ich warte sehr auf Ihre Antwort.
Meine Novelle bewegt sich voran, aber weit bin ich noch nicht gekommen.
Ich war auf dem Land bei den Kiselëvs. Die Krähen kommen schon geflogen. 5. März 1891 an A. S. Suvorin

285 Moskau, die Basilius-Kathedrale im Winter, um 1890

286

Von Warschau bis Wien reiste ich in der Eisenbahn wie Nana, im Luxuswaggon der Internationalen Schlafwagengesellschaft: Betten, Spiegel, riesige Fenster, Teppiche usw. 20. März 1891 an die Familie

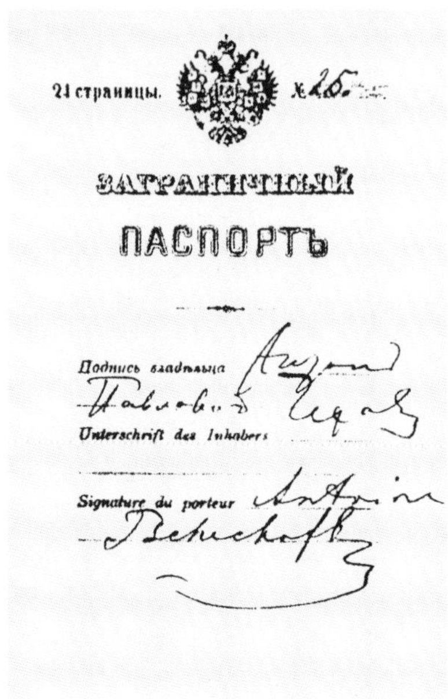

287

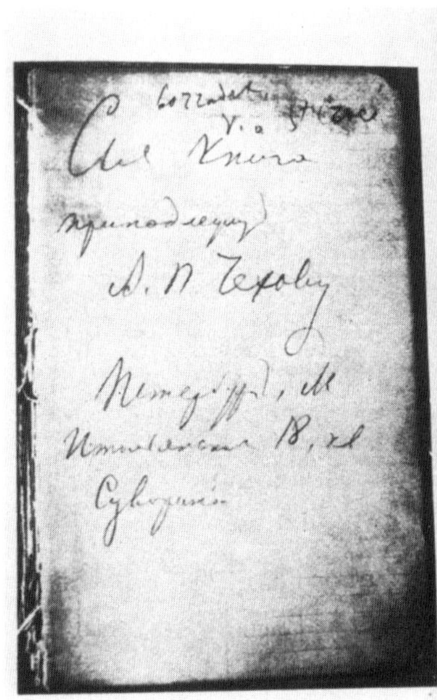

288

Stationen der Reise:
St. Petersburg – Alexandrovo/Eydtkuhnen – Warschau – Wien – Venedig – Bologna – Florenz – Rom – Neapel – Pompeji – Nizza – Paris

286 Warschau. Der Wiener Bahnhof
287 Čechovs Reisepaß
288 Das Notizbuch
289 Speisekarte der Internationalen Schlafwagengesellschaft im Expreßzug St. Petersburg – Warschau – Berlin
290 Luxuswaggon von innen
291 Wien. Nordbahnhof

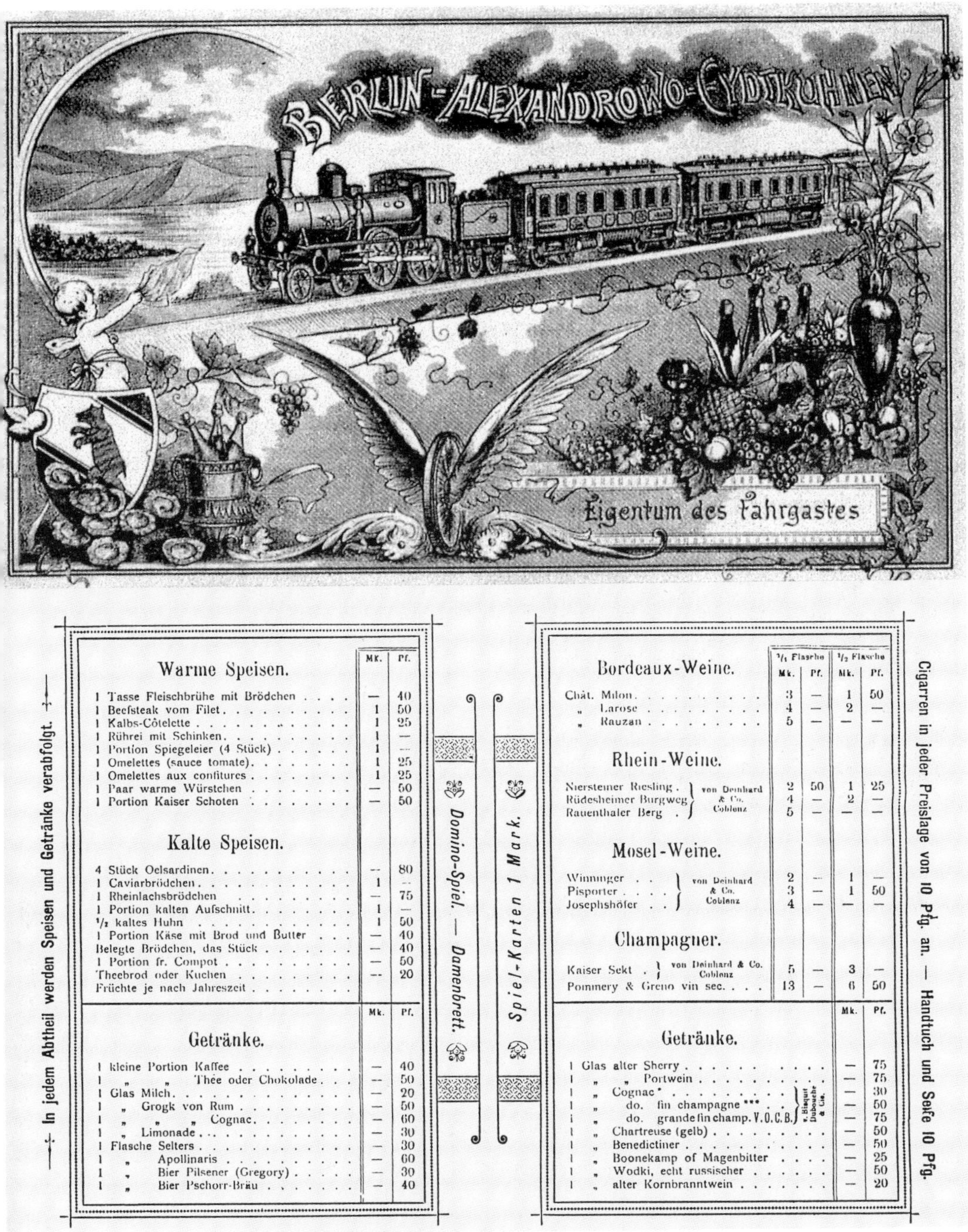

BERLIN-ALEXANDROWO-EYDTKUHNEN

Eigentum des Fahrgastes

In jedem Abtheil werden Speisen und Getränke verabfolgt.

Warme Speisen.	Mk.	Pf.
1 Tasse Fleischbrühe mit Brödchen	—	40
1 Beefsteak vom Filet	1	50
1 Kalbs-Côtelette	1	25
1 Rührei mit Schinken	1	—
1 Portion Spiegeleier (4 Stück)	1	—
1 Omelettes (sauce tomate)	1	25
1 Omelettes aux confitures	1	25
1 Paar warme Würstchen	—	50
1 Portion Kaiser Schoten	—	50
Kalte Speisen.		
4 Stück Oelsardinen	—	80
1 Caviarbrödchen	1	—
1 Rheinlachsbrödchen	—	75
1 Portion kalten Aufschnitt	1	—
½ kaltes Huhn	1	50
1 Portion Käse mit Brod und Butter	—	40
Belegte Brödchen, das Stück	—	40
1 Portion fr. Compot	—	50
Theebrod oder Kuchen	—	20
Früchte je nach Jahreszeit		

Getränke.	Mk.	Pf.
1 kleine Portion Kaffee	—	40
1 " " Thee oder Chokolade	—	50
1 Glas Milch	—	20
1 " Grogk von Rum	—	50
1 " " " Cognac	—	60
1 " Limonade	—	30
1 Flasche Selters	—	30
1 " Apollinaris	—	60
1 " Bier Pilsener (Gregory)	—	30
1 " Bier Pschorr-Bräu	—	40

Domino-Spiel. — Damenbrett.

Spiel-Karten 1 Mark.

Bordeaux-Weine.	¹/₁ Flasche Mk.	¹/₁ Flasche Pf.	½ Flasche Mk.	½ Flasche Pf.
Chât. Milon	3	—	1	50
" Larose	4	—	2	—
" Rauzan	5	—	—	—
Rhein-Weine.				
Niersteiner Riesling (von Deinhard & Co. Coblenz)	2	50	1	25
Rüdesheimer Burgweg (von Deinhard & Co. Coblenz)	4	—	2	—
Rauenthaler Berg (von Deinhard & Co. Coblenz)	5	—	—	—
Mosel-Weine.				
Winninger (von Deinhard & Co. Coblenz)	2	—	1	—
Pisporter (von Deinhard & Co. Coblenz)	3	—	1	50
Josephshöfer (von Deinhard & Co. Coblenz)	4	—	—	—
Champagner.				
Kaiser Sekt (von Deinhard & Co. Coblenz)	5	—	3	—
Pommery & Greno vin sec.	13	—	6	50

Getränke.	Mk.	Pf.
1 Glas alter Sherry	—	75
1 " " Portwein	—	75
1 " Cognac * (v. Bisquit Dubouche & Cie.)	—	30
1 " do. fin champagne *** (v. Bisquit Dubouche & Cie.)	—	50
1 " do. grande fin champ. V.O.C.B. (v. Bisquit Dubouche & Cie.)	—	75
1 " Chartreuse (gelb)	—	50
1 " Benedictiner	—	50
1 " Boonekamp of Magenbitter	—	25
1 " Wodki, echt russischer	—	50
1 " alter Kornbranntwein	—	20

Cigarren in jeder Preislage von 10 Pfg. an. — Handtuch und Seife 10 Pfg.

289

290

291

Wenn ihr wüßtet, wie schön Wien ist! Es ist mit keiner Stadt zu vergleichen, die ich je in meinem Leben gesehen habe. Die Straßen breit, elegant gepflastert, eine Menge Boulevards und Grünanlagen, alle Häuser 6- und 7stöckig, und die Geschäfte – das sind keine Geschäfte, sondern einfach etwas Schwindelerregendes, ein Traum! In den Fenstern allein Milliarden von Krawatten! Was für wunderschöne Sachen aus Bronze, Porzellan und Leder! Die Kirchen riesig, aber sie erschlagen einen nicht durch ihre Größe, sondern schmeicheln den Augen, weil es einem so vorkommt, als seien es Spitzenklöppeleien. Besonders schön sind der Dom des hl. Stephan und die Votiv-Kirche. Das sind keine Bauwerke, sondern Teegebäck. Großartig das Parlament, die Stadthalle, die Universität... Alles ist großartig, und ich habe erst gestern und heute richtig begriffen, daß Architektur tatsächlich eine Kunst ist. Und dieser Kunst begegnet man hier nicht stückchenweise wie bei uns, sondern sie erstreckt sich über einige Verst. Viele Denkmäler. In jeder Gasse unbedingt eine Buchhandlung... 20. März 1891 an die Familie

292

293

Wien, Ende des 19. Jahrhunderts

292 Das k.u.k. Hofburgtheater
293 Kärntnerstraße
294 Die Wienzeile
295 Mariahilferstraße

294

295

Venedig

296 Riva dei Schiavoni
297 Piazza Carlo Goldoni
298 San Marco bei Regen

296

297

298

Ich bin jetzt in Venedig, wo ich vorgestern angekommen bin aus Wien. Ich sage nur das eine: etwas Wundervolleres an Städten als Venedig habe ich in meinem Leben nie gesehen. Das ist der reine Zauber, Glanz, die reine Lebenslust. Statt Straßen und Gassen Kanäle, statt Droschken Gondeln, wunderbar die Architektur, und es gibt kein Plätzchen, das nicht von historischem oder künstlerischem Interesse wäre. Man fährt in der Gondel und sieht den Dogenpalast, das Haus, in dem Desdemona gelebt hat, die Häuser berühmter Künstler, Kirchen... Und in den Kirchen Skulpturen und Malereien, von denen wir nicht einmal träumen können. Mit einem Wort, ein Zauber.
Den ganzen Tag vom Morgen bis zum Abend sitze ich in der Gondel und fahre durch die Straßen oder schlendere über den berühmten Markusplatz. Der Platz ist glatt und sauber wie Parkett. Hier ist der Dom des hl. Markus – etwas Unbeschreibliches, der Dogenpalast und Bauwerke, vor denen ich mich fühle wie jemand, der nach Noten singt, ich spüre die wunderbare Schönheit und genieße. 24. März 1891 an seinen Bruder Ivan

Der Regen schüttet wie aus Eimern. Venezia bella ist nicht länger bella. Vom Wasser her weht einen die traurige Langeweile an, und man möchte so schnell wie möglich dorthin fliehen, wo Sonne ist.
Wie geht es dem Signore Mungo? Ich fürchte jeden Tag die Nachricht, daß er verreckt sei.
Wir fahren nach Florenz. Es segne Euch die heilige Madonna.
Euer A. Čechov.
P. S. Ich habe Tizians Madonna gesehen. Sehr schön. Aber schade, daß hier ausgezeichnete Bilder über und über vermengt sind mit unbedeutenden Werken, die aufbewahrt und nicht rausgeworfen werden nur aus dem Geist des Konservativismus, der solchen Routiniers wie den Hrrn. Leuten eigen ist. Es gibt viele Bilder, deren Zählebigkeit einfach unbegreiflich ist. Das Haus, in dem Desdemona gelebt hat, kann man mieten.
26. März 1891 an die Familie

299

29. oder 30. März. Ich bin in Florenz. Bin todmüde vom Herumlaufen durch Museen und Kirchen. Habe die Venus von Medici gesehen und finde, wenn man sie in ein heutiges Kleid stecken würde, sähe sie häßlich aus, besonders in der Taille. Ich bin gesund. Der Himmel ist bedeckt, und Italien ohne Sonne ist dasselbe wie ein Gesicht mit Maske. Bleibt gesund. Euer Antonio. Schön ist das Dantedenkmal.

29. März 1891 an die Familie

In Neapel gibt es eine großartige Passage. Und die Geschäfte!! Welch ein Glanz! Du, Maša, und Sie, Lika, würden rasen vor Begeisterung. Ich war beim Friseur und habe dort gesehen, wie einem jungen Mann eine ganze Stunde lang der Bart gestutzt wurde. Wahrscheinlich ein Bräutigam oder Falschspieler. In dem Friseursalon waren die Decke und alle vier Wände aus Spiegelglas, so daß man sich vorkam, als sei man nicht in einer Barbierstube, sondern im Vatikan, wo es 11 Tsd. Zimmer gibt. Haare schneiden sie wunderbar.

4. April 1891 an die Familie

299 Florenz, das Arno-Ufer
300 Neapel, Straßenszene
301 Straßenverkäufer in Neapel
302 Pompeji, der Vesuv

300

301

Bis zum Fuße des Vesuvs mußte man reiten. Aus diesem Grunde fühle ich mich an einigen Stellen meines vergänglichen Körpers heute so, als wäre ich in der Dritten Abteilung gewesen und dort verprügelt worden. Was für eine Qual, den Vesuv zu besteigen! Asche, Lavaberge, erstarrte Wellen geschmolzener Mineralien, Gesteinsbrocken und aller möglicher Dreck. Man tut einen Schritt vorwärts – und einen halben Schritt zurück, die Fußsohlen schmerzen, das Atmen wird schwer... Man geht, geht, aber bis zum Gipfel ist es noch weit. Man denkt: sollst du nicht lieber umkehren? Aber umzukehren wäre peinlich, die andern würden einen ja auslachen. Der Aufstieg begann um 2½ Uhr und endete um 6. Der Krater des Vesuvs hat einige Saženim Durchmesser. Ich stand an seinem Rand und sah hinunter wie in eine Tasse. Der Boden, ringsum mit einem Anflug von Schwefel bedeckt, raucht stark. Aus dem Krater quillt weißer, stinkiger Rauch, fliegen Spritzer und glühende Steine, und unter dem Rauch liegt Satan und schnarcht. Ein ziemlich vermischtes Geräusch: man hört die Brandung von Wellen, hört Himmelsdonner, das Pochen von Eisenbahnschwellen und das Krachen fallender Bretter. Es ist furchterregend, und zugleich möchte man hinunterspringen, direkt in den Schlund. Ich glaube jetzt an die Hölle. Die Temperatur der Lava ist so hoch, daß eine Messingmünze darin schmilzt.
Der Abstieg ist genauso schlimm wie der Aufstieg. Bis zu den Knien versinkt man in Asche. Ich bin schrecklich müde. 7. April 1891 an die Familie

302

Nizza, 12. bis 18. April 1891

303 Der Bahnhof
304 Promenade des Anglais
305 Monte Carlo. Das Casino
306 Nizza. Hotel Beau Rivage, in dem Čechov und das Ehepaar Suvorin wohnten.

303

304

305

306

507

Vir wohnen in Nizza, am Ufer des Meers. Die Sonne scheint, es ist warm, ;rün, es duftet, aber Wind. Eine Stunde entfernt liegt das berühmte Monaco; ier befindet sich die kleine Stadt Monte Carlo, wo Roulette gespielt wird. Stellt euch die Säle des Adelsklubs vor, schön, hoch, nur größer. In den Sälen ;roße Tische, auf den Tischen das Roulette, das ich euch beschreibe, wenn ich comme. Vorgestern bin ich hingefahren und habe verloren. Das Spiel ist chrecklich verlockend. Nachdem ich verloren hatte, fingen Suvorin-fils und ch an zu überlegen, wir überlegten und haben uns ein System ausgedacht, nit dem man unbedingt gewinnt. Gestern fuhren wir wieder hin, jeder mit :oo Francs; vom ersten Einsatz an gewann ich ein paar Goldstücke, dann nehr und mehr, meine Westentaschen hingen durch vom Gewicht des Goldes; ich hatte französische Münzen sogar von 1808 in Händen, belgische, talienische, griechische, österreichische... Nie zuvor habe ich so viel Gold ınd Silber gesehen. Zu spielen angefangen hatte ich um 3 Uhr, und um o Uhr hatte ich keinen einzigen Franc mehr, geblieben war mir nur eins: ler freudige Gedanke, eine Rückfahrkarte nach Nizza in der Tasche zu ıaben. So geht das, meine Herrschaften! Ihr werdet natürlich sagen: »So eine Gemeinheit! Wir leben in Armut, und er, er spielt Roulette!« Vollkommen ichtig, und ich erlaube euch auch, mich zu erstechen. Aber persönlich bin ich nit mir zufrieden. Zumindest kann ich jetzt meinen Enkeln erzählen, ich ıätte einmal Roulette gespielt und das Gefühl kennengelernt, das dieses Spiel rregt. Rund um das Spielcasino gibt es ein anderes Roulette – das sind die Restaurants. Horrende Preise und großartiges Essen. Was man auch bestellt, nan bekommt eine ganze Komposition, vor der man in Ehrfurcht die Knie beugt, aber nicht wagt, sie aufzuessen. Jeder Bissen aufgetakelt mit Artischocken, Trüffeln, allen möglichen Nachtigallenzungen... Herr du mein Gott, wie sehr ich es verachte und verabscheue, dieses Leben mit seinen Artischocken, Palmen, Pomeranzendüften! Ich habe Luxus und Reichtum gern, aber der hiesige Roulette-Luxus macht auf mich den Eindruck eines Luxus-Wasserklosetts.

15. April 1891 an die Familie

Von allen Städten, in denen ich bisher war, habe ich die schönsten Erinnerungen an Venedig. Rom ist im ganzen wie Charkov, und Neapel schmutzig. Das Meer reizt mich nicht mehr, denn es ist mir schon im November und Dezember auf die Nerven gegangen. Der Teufel solls holen: wie sich herausstellt, bin ich ein Jahr lang ununterbrochen auf Reisen gewesen. Kaum war ich von Sachalin zurück, bin ich nach Piter, dann wieder nach Piter und nach Italien...

Wenn ich es nicht schaffen sollte, zu Ostern zurück zu sein, dann schließet mich in eure heiligen Gebete ein und empfangt meinen väterlichen Segen sowie die Versicherung, daß mir in der Osternacht sehr traurig zumute sein wird.

Hebt ihr die Zeitungen auf?

Einen Gruß an alle: Aleksej und die Tante, Semaša, den schönen Levitan, die goldgelockte Likiša, die alte Dame und überhaupt alle. Der Himmel beschütze Euch. Habe die Ehre zu rapportieren und verbleibe voller Sehnsucht Antonio.

15. April 1891 an die Familie

Paris, 19. bis 27. April 1891

307 Paris. Place de l'Opéra
308 Der Eiffelturm, erbaut zur Weltausstellung 1889
309 Maiunruhen in Paris
310 Bei der Opéra
311 Das ›Moulin Rouge‹

308

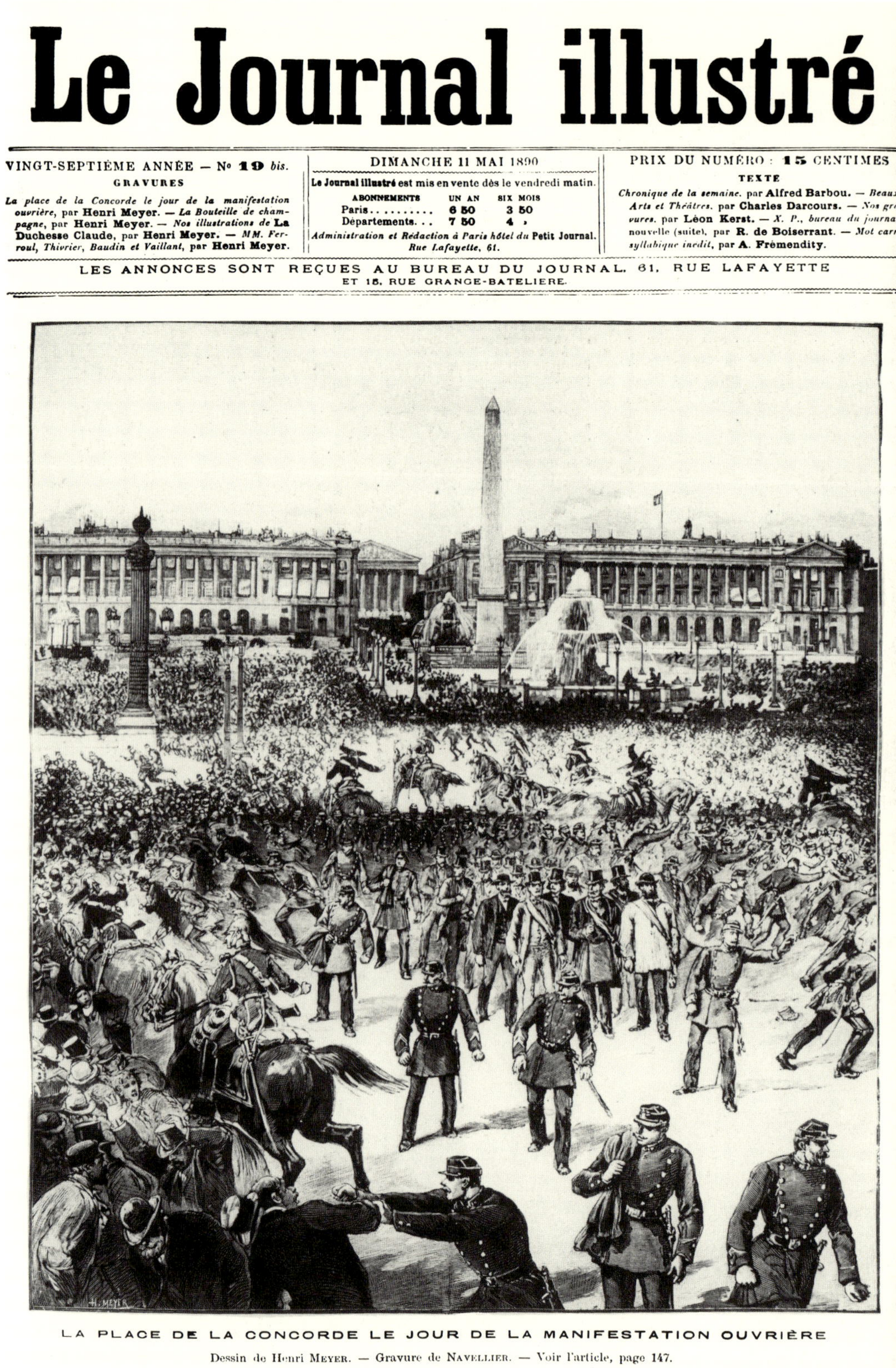

Le Journal illustré

VINGT-SEPTIÈME ANNÉE — N° 19 *bis*.

GRAVURES

La place de la Concorde le jour de la manifestation ouvrière, par **Henri Meyer**. — *La Bouteille de champagne*, par **Henri Meyer**. — *Nos illustrations de* **La Duchesse Claude**, par **Henri Meyer**. — *MM. Ferroul, Thivrier, Baudin et Vaillant*, par **Henri Meyer**.

DIMANCHE 11 MAI 1890

Le Journal illustré est mis en vente dès le vendredi matin.

ABONNEMENTS	UN AN	SIX MOIS
Paris.........	6 50	3 50
Départements...	7 50	4 »

Administration et Rédaction à Paris hôtel du **Petit Journal**. *Rue Lafayette, 61.*

PRIX DU NUMÉRO : 15 CENTIMES

TEXTE

Chronique de la semaine. par **Alfred Barbou**. — *Beaux-Arts et Théâtres*. par **Charles Darcours**. — *Nos gravures*. par **Léon Kerst**. — *X. P., bureau du journal* nouvelle (suite), par **R. de Boiserrant**. — *Mot carré syllabique inédit*, par **A. Frémendity**.

LES ANNONCES SONT REÇUES AU BUREAU DU JOURNAL. 61, RUE LAFAYETTE ET 15, RUE GRANGE-BATELIERE.

LA PLACE DE LA CONCORDE LE JOUR DE LA MANIFESTATION OUVRIÈRE

Dessin de Henri MEYER. — Gravure de NAVELLIER. — Voir l'article, page 147.

309

Heute ist Ostern. Also – Christ ist erstanden! Das ist das erste Ostern, das ich nicht zu Hause verbringe.
In Paris kam ich am Freitag morgen an und bin gleich auf die Ausstellung gefahren. Ja, der Eiffelturm ist sehr, sehr hoch, die übrigen Ausstellungsgebäude habe ich nur von außen gesehen, weil sich drinnen Kavallerie befand, die für den Fall von Unruhen zusammengezogen war. Für den Freitag wurden Unruhen erwartet. Das Volk zog massenweise durch die Straßen, schrie, pfiff, empörte sich, aber die Polizisten trieben sie auseinander. Um eine Menge auseinanderzutreiben, genügen hier zehn Polizisten. Die Polizisten gehen geschlossen zum Angriff über, und die Menge stiebt wie verrückt auseinander. In einen dieser Angriffe bin auch ich geraten: ein Polizist erwischte mich am Schulterblatt und stieß mich vor sich her.

21. April 1891 an die Familie

10

11

Stellt euch meine Freude vor: Ich war im Parlament, just auf der Sitzung, auf der vom Innenminister Erklärungen verlangt wurden anläßlich der Unregelmäßigkeiten, die sich die Regierung bei der Niederschlagung des Arbeiteraufstandes von Fourmies hatte zuschulden kommen lassen (viele Tote und Verletzte). Die Sitzung war stürmisch und hochinteressant. Die Menschen, die sich mit Schlangen gürten, die Damen, die die Beine bis an die Decke werfen, die fliegenden Menschen, Löwen, Café-chantants, die Essen und Diners werden mir langsam zuwider. Es wird Zeit für die Heimreise. Ich möchte arbeiten.
Grüße an alle, alle. Bleibt gesund. Euer Antoine.

24. April 1891 an die Familie

312

313

Wieder eine Änderung. Ein russischer Bildhauer, der hier in Paris lebt, will eine Büste von Suvorin anfertigen, und das hält uns bis Samstag fest. Am Samstag fahren wir unbedingt, und Mittwoch bin ich dann in Moskau. Wie kommt ihr zurecht ohne Geld? Haltet aus bis Donnerstag!

24. April 1891 an die Familie

312 Paris. Gare du Nord
313 Der ›Nord-Expreß‹
Paris – Berlin – St. Petersburg

Schriftsteller,
Arzt,
Gärtner

Melichovo, Moskau und zurück

1892–1897

314 Moskau, 1893

Mein Feuerwehrbruder! Jetzt glaube ich an Vorahnungen und Prophezeiungen: als Du als Kind nachts Dein Bett bewässert hast und dann, als Knabe, außer der Bewässerung auch noch zu Feuersbrünsten gelaufen bist und so gern von den Feuerwehrmännern erzählt hast, wie sie die Feuerleiter auf und ab liefen, – schon da hätte man voraussehen können, daß aus Dir einmal ein Feuerwehr-Redakteur werden würde. Also, ich gratuliere. Lösche das Feuer, Saša, mit Deiner talentierten Feder auf Šeremetjevos Kosten, und wir werden uns freuen.

Jetzt paß auf. Ich habe die Ukraine, ihre Lieder und Krebse verraten. Das Gut, das ich gekauft habe, liegt im Kreis Serpuchov, 9 Verst entfernt von der Station Lopasnja. Male es Dir aus: 213 Desjatinen, davon 160 Wald, zwei Teiche, ein kümmerlicher Bach, neues Haus, Obstgarten, Konzertflügel, drei Pferde, Kühe, ein Tarantas, Renndroschken, Leiterwagen, Schlitten, Mistbeete, zwei Hunde, Starkästen und anderes, was Dein Feuerwehrverstand nicht faßt – all das habe ich gekauft für 13 Tsd. inclusive Schulden. Ich werde im Jahr 490 R. Zinsen zahlen, d. h. halb so viel, wie ich bisher durchschnittlich für Wohnung und Sommerhaus gezahlt habe. Abgesehen von Brennholz und anderen Kleinigkeiten kann das Gut bei einigem Bemühen 1000 R. Gewinn einbringen, bei Fleiß über 2 Tsd. Die Wiesen bringen 250 R. Pachtzins. Bereits gesät sind 14 Desjatinen Roggen. Im März werde ich Klee, Hafer, Linsen, Erbsen und alles mögliche Gemüse säen. Wenn ich abkratze, hinterlasse ich das Zahlen der Zinsen meinen Verwandten.
Komm, Saša! Ich werde Dich im Hühnerstall unterbringen und Dir zur Unterhaltung Feueralarm veranstalten. In dem Teich gibt's Karauschen, im Wald Pilze, in der Luft Reinheit, im Haus Annäherung. Am 1. März verabschieden wir uns von Moskau und ziehen um. Also – fürs Wohnen werde ich nichts mehr zu zahlen haben, desgleichen nichts mehr fürs Sommerhaus. Ich habe meine eigene Butter, mein eigenes Halva. Die Schulden will ich versuchen in 4 Jahren zu tilgen.

23. Februar 1892 an Aleksandr

315 I. I. Levitan: ›Trüber Tag‹, 1890er Jahre

316
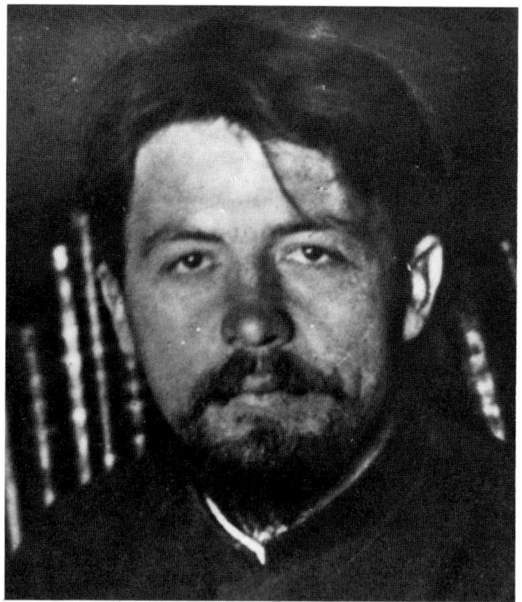
317

318

322

323

324

328

329

330

319

320

321

325

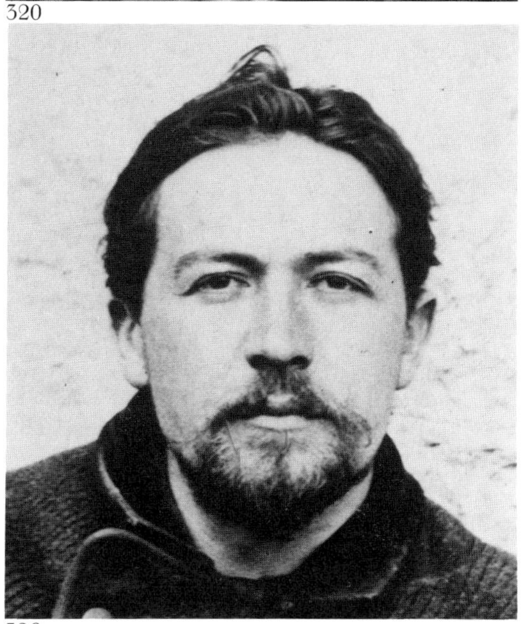
326

327

331

332

333

334

335

Melichovo

334 Die Straße von Lopasnja nach Melichovo
335 Die Bahnverbindung nach Moskau

Zu mir fährt man die Strecke Moskau–Kursk bis zur Station Lopasnja. Von Moskau fahren Züge morgens um 9, um 3, 6, 9 und um 12 in der Nacht. Der bequemste Zug ist der Neunuhr-Morgenzug. An der Station finden Sie immer Kutscher. Lassen Sie sich bis Melichovo fahren. Der Preis für den Kutscher 1 R., und 1 R. 25 K. ist sehr gut bezahlt.

26. April 1892 an N. A. Lejkin

336

337

336 Mit Ivan vor der Dorfschenke
337 M. T. Drozdova: ›Melichovo‹, 1898

338 Melichovo. Die Familie, März 1892.
Stehend, von links: Maša, Čechov, A. I. Smagin; sitzend: Ivan, Michail, die Eltern

339 Im Arbeitszimmer von Melichovo, März 1892.
Von links: Maša, Čechov, Ivan, A. A. Lesova, Michail, A. I. Smagin

340 I. I. Levitan: ›Frühling. Hochwasser‹, 1897

341

342

341 Im Garten von Melichovo, 5. April 1892. Von links: A. A. Dolženko, Čechov, Michail, V. A. Giljarovskij, Ivan. Photographiert von I. I. Levitan, Widmung von V. A. Giljarovskij für Maša

342 Gartenarbeit in Melichovo. Čechov an der Hauswand im Hintergrund

343 Die Eltern in Melichovo

344 Aleksandr und Ivan zu Gast

Ja, auf dem Lande ist es jetzt schön. Nicht nur schön, sondern wunderschön. Es ist richtiger Frühling, die Bäume schlagen aus, es ist heiß. Die Nachtigallen schlagen, und die Frösche quaken in den verschiedensten Stimmlagen. Ich habe keinen Groschen in der Tasche, aber ich denke so: reich ist nicht, wer viel Geld hat, sondern wer die Mittel hat, jetzt in der üppigen Umgebung zu leben, die der Frühling bietet. Gestern war ich in Moskau, aber ich wäre dort beinahe erstickt an Langeweile, an allen möglichen Schreckgespenstern.
29. April 1892 an L. A. Avilova

Das Leben ist kurz, und Čechov, von dem Sie Antwort erwarten, wünschte, es flöge mit Glanz und Gloria vorüber; er würde auf die Prinzeninseln und nach Konstantinopel und wieder nach Indien und Sachalin fahren... Aber erstens ist er nicht frei; er hat eine edle Familie, die seines Schutzes bedarf. Zweitens hat er eine große Dosis Feigheit im Leib. Das Vorausblicken in die Zukunft nenne ich nicht anders als Feigheit. Ich fürchte, mich in Schulden zu verstricken, und jede Reise würde meine finanzielle Lage beträchtlich erschweren. Nein, führen Sie mich nicht in Versuchung! und schreiben Sie mir nichts vom Meer.
Ich wünschte, Sie kämen im August oder September aus dem Ausland zurück; dann würde ich mit Ihnen nach Feodosija fahren, sonst komme ich diesen Sommer gar nicht ans Meer. Ich möchte schrecklich, schrecklich gern Dampfer fahren und überhaupt – Freiheit. Es ist mir zuwider, das gleichmäßige wohlanständige Leben.
Bei uns ist es heiß. Es fallen warme Regen. Die Abende sind hinreißend. Eine Verst von hier entfernt ist ein schöner Badeplatz, sind schöne Plätze für Picknicks, aber ich habe weder Zeit zum Baden noch für Picknicks. Entweder schreibe ich zähneknirschend, oder ich löse mit den Zimmerleuten und Arbeitern Groschenfragen.
28. Mai 1892 an A. S. Suvorin

345

Erstens grassiert in Moskau und Umgebung die Cholera, und in unsere Gegend wird sie dieser Tage erwartet. Zweitens bin ich zum Cholera-Arz bestellt worden, und mein Revier umfaßt 25 Dörfer, 4 Fabriken und Kloster! Ich organisiere, baue Baracken usw., und ich bin allein, denn alles was mit der Cholera zu tun hat, ist meinem Herzen fremd, und die Arbeit, di ständig Fahrten, Gespräche und kleinliche Scherereien mit sich bringt ermüdet mich. Zum Schreiben habe ich keine Zeit. Die Literatur ist längs vernachlässigt, und ich bin bettelarm, da ich es um meiner Selbst un Selbständigkeit willen für richtig befunden habe, auf alle Entlohnungen z verzichten, die man als Revierarzt bekommt. Ich langweile mich, obwohl di Cholera, aus der Vogelperspektive betrachtet, sehr viel Interessantes birgt.

1. August 1892 an A. S. Suvorin

345 Die Straße nach Serpuchov
346 Der Sanitätsrat der Stadt Serpuchov

346

347 Revierarzt Dr. Anton Čechov, Melichovo

348

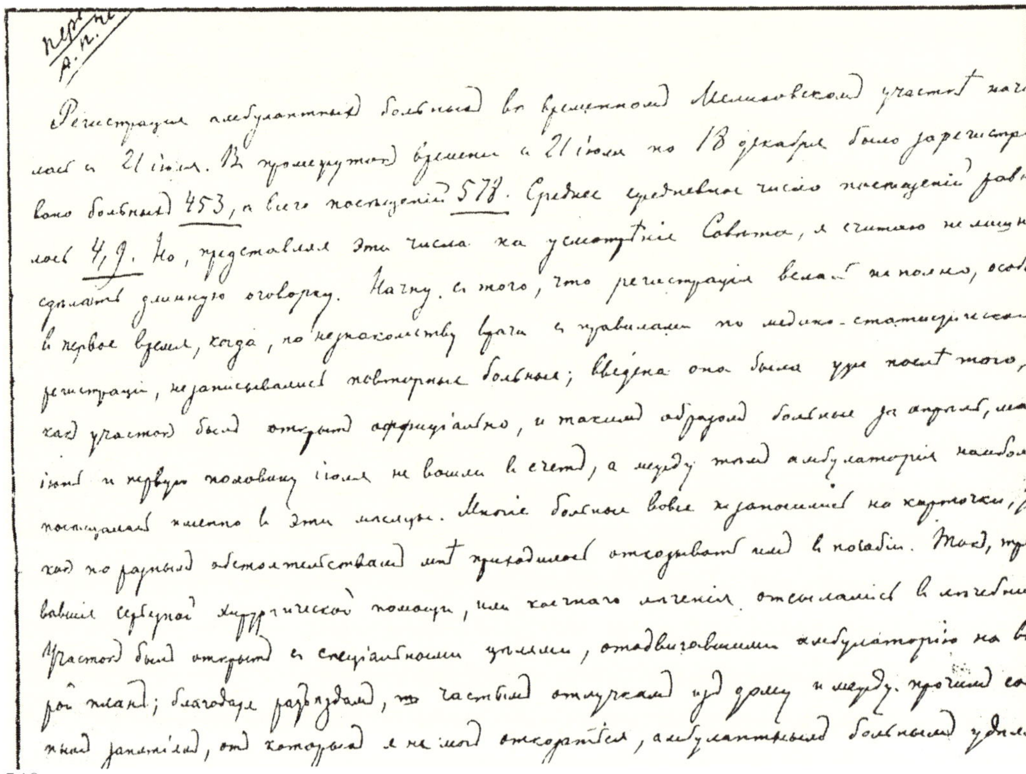
349

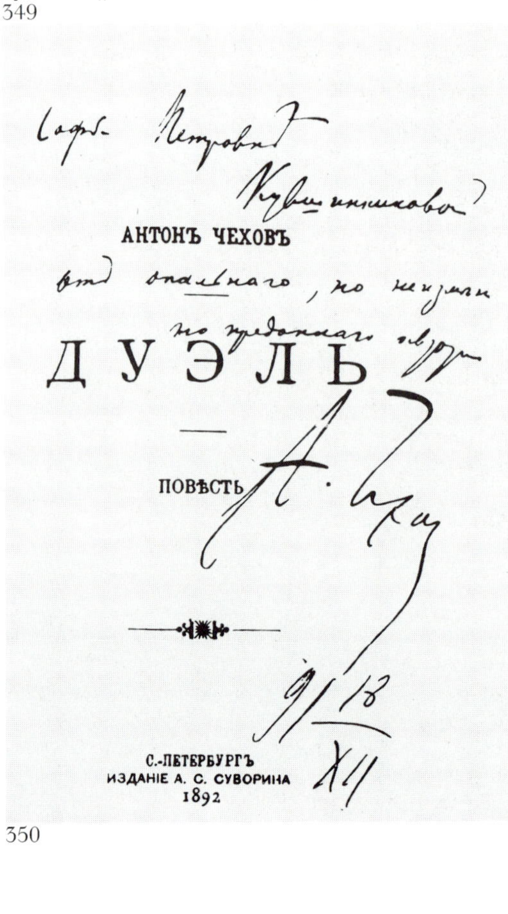

350

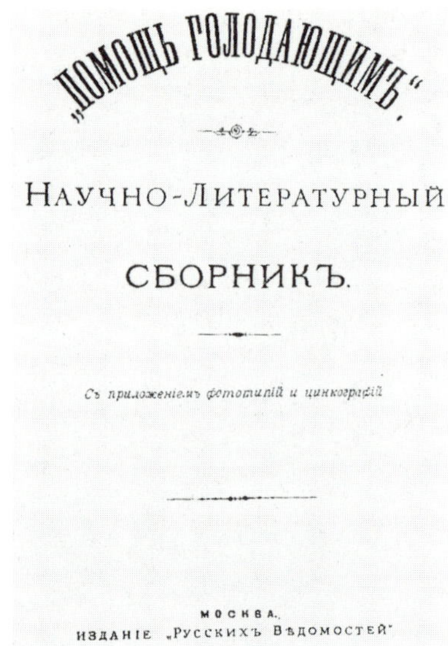

351

348 Melichovo, 1892
349 Bericht Čechovs an den Sanitätsrat von Serpuchov über das Cholera-Jahr 1892
350 ›Das Duell‹, 1892. Erste Buchausgabe, Widmung an die Malerin S. P. Kuvšinnikova
351 ›Hilfe den Hungernden. Wissenschaftlich-literarischer Almanach‹, 1892, zugunsten der Opfer der Hungerkatastrophe 1891/92, darin von Čechov das Kapitel ›Über die Flüchtlinge auf Sachalin‹

352

353

352 Der Schauspieler P. M. Svobodin zu Gast in Melichovo, 21. Juni 1892
353 P. M. Svobodin, Ende der 1880er Jahre, mit Widmung an Ivan Čechov. Svobodin starb am 9. Oktober 1892

Ihr Telegramm vom Tode Svobodins erreichte mich, als ich zum Hof hinausfuhr, um Krankenbesuche zu machen. Sie können sich meine Stimmung vorstellen. In diesem Sommer war Svobodin bei mir zu Gast; er war sehr lieb, sanft, still und gutmütig und sehr anhänglich mir gegenüber. Mir war klar, daß er bald sterben würde; es war ihm auch selbst klar. Er hatte wie ein Greis Verlangen nach gewöhnlicher Bequemlichkeit und haßte bereits die Bühne und alles, was mit der Bühne zu tun hat, und hatte Angst vor der Rückkehr nach Petersburg. Natürlich sollte ich zur Beerdigung kommen, aber erstens kam Ihr Telegramm gegen Abend, während die Beerdigung wahrscheinlich schon morgen sein wird, und zweitens ist 30 Verst von uns Cholera, da kann ich mein Revier nicht im Stich lassen. In einem Dorf sind 3 Mann erkrankt, und 2 sind schon gestorben. Die Cholera könnte auch auf mein Revier übergreifen. 10. Oktober 1892 an A. S. Suvorin

Und Svobodin? Ein unheimlicher Gedanke. Und wir hatten noch zwei Tage vor Erhalt des Telegramms mit der Todesnachricht beschlossen, draußen ein Badehaus zu bauen mit einem ›Svobodin-Zimmer‹, das ausschließlich ihm zur Verfügung stehen sollte... Ich habe in ihm einen Freund verloren, und meine Familie den ruhigsten und angenehmsten Gast.

12. Oktober 1892 an V. M. Lavrov

354

355

MOSKAU

„SLAWJANSKIJ BAZAR"

(SLAWISCHER BAZAR)

Nikolskaja-Strasse.

Dieses im Centrum der Stadt, in der Nähe des Kreml und anderer historischer Denkwürdigkeiten gelegene Hotel I. Ranges enthält 200 auf das Comfortabelste eingerichtete Zimmer von 1 Rbl. 50 Kop. bis 20 Rbl. täglich.

Omnibusse, Equipagen, Wannen, Commissionäre, Übersetzer aus allen Sprachen.

Kolossaler Speisesaal mit drei übereinander liegenden Reihen Fenster, mit separaten Zimmern.

Grosser in russischem Stile erbauter Saal mit Galerien, vorzüglich zu Bällen, Concerten, Hochzeiten und anderen Versammlungen geeignet.

356

354 I. I. Levitan: ›Abend nach dem Regen‹ 1879
355 Moskau. Hotel ›Slavjanskij Bazar‹, in dem Čechov bei seinen Moskau-Besuchen am liebsten abstieg.
356 ›Slavjanskij Bazar‹. Anzeige 1882

357

357 Mit der Redaktion der ›Russkaja mysl‹, 1892
Stehend, von links: Čechov, V. A. Golcev; sitzend: M. N. Remezov, M. A. Sablin, I. I. Ivanjukov, der Herausgeber V. M. Lavrov, I. N. Potapenko
358 ›Krankenzimmer Nr. 6‹, erste Buchausgabe. Titelblatt der zweiten Auflage, 1893
359 ›Russkaja mysl‹, eine der liberalen, sogenannten ›dicken‹ Zeitschriften. Umschlag der Januar-Ausgabe 1895 mit dem Erstdruck der Novelle ›Drei Jahre‹

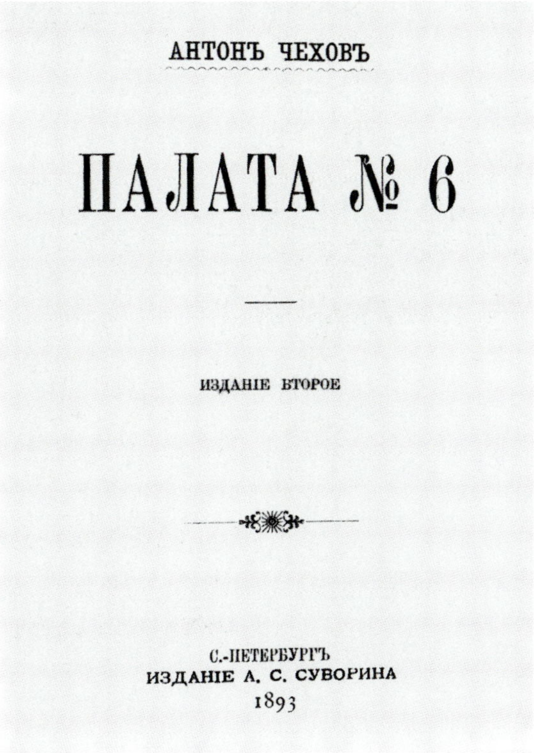

АНТОНЪ ЧЕХОВЪ

ПАЛАТА № 6

ИЗДАНІЕ ВТОРОЕ

С.-ПЕТЕРБУРГЪ
ИЗДАНІЕ А. С. СУВОРИНА
1893

358

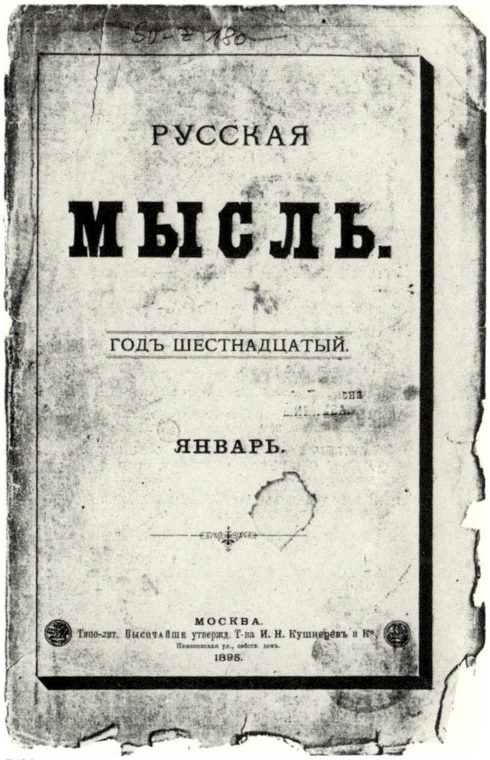

РУССКАЯ
МЫСЛЬ.

ГОДЪ ШЕСТНАДЦАТЫЙ.

ЯНВАРЬ.

МОСКВА.
Типо-лит. Высочайше утвержд. Т-ва И. Н. Кушнеревъ и Ко.
1895.

359

360 ›Das Urteil des Paris‹, Moskau 1893.
Mit der Schriftstellerin T. L. Ščepkina-Kupernik
und der Schauspielerin L. B. Javorskaja

361 Čechov und L. B. Javorskaja, Melichovo, 1893

Meine Schwester hat nicht geheiratet, aber der Roman wird, glaube ich, in Briefen fortgesetzt. Ich verstehe das nicht. Es gibt Vermutungen, daß sie auch dieses Mal abgelehnt hat. Das ist das einzige junge Mädchen, das ehrlich nicht heiraten will. Jetzt zu mir. Ich will nicht heiraten, und ich wüßte auch nicht, wen. Ach, zum Kuckuck mit ihnen. Es wäre mir langweilig, mich mit einer Ehefrau herumzuplagen. Aber mich wieder einmal zu verlieben, würde nichts schaden. Es ist langweilig, ohne eine starke Liebe.

Durch das Prisma meiner Offenherzigkeit haben Sie einen Blick werfen können in ein eintöniges, farbloses und tristes Leben. Ich lebe für mich, und mein Monrepos und die sieben Pferde leben für sich. Ich bin weit davon entfernt, mein Lieber, mich über die wahre Lage der Dinge hinwegzutäuschen; nicht nur, daß ich mich langweile und unzufrieden bin, ich bin sogar rein medizinisch, d. h. bis zum Zynismus, davon überzeugt, daß man von diesem Leben nur Schlechtes zu erwarten hat – Fehler, Verluste, Krankheiten, Schwächen und alle möglichen Gemeinheiten, aber bei alledem, wenn Sie wüßten, wie angenehm es ist, keine Wohnungsmiete mehr zahlen zu müssen, und mit welchem Vergnügen ich gestern aus Moskau abgereist bin. Es liegt etwas Neues für mich in dem Bewußtsein, daß ich nicht mehr in der und der Straße und dem und dem Haus wohnen muß. Heute bin ich draußen durch den Schnee gegangen, ringsum keine Menschenseele, und mir war, als ginge ich auf dem Mond spazieren. Für eitle Menschen, Neurastheniker, gibt es kein angenehmeres Leben als das Einsiedlerdasein. Nichts stachelt hier die Eitelkeit an, und darum verschleudert man auch keine Blitze für nichts und wieder nichts. Hier hat man Platz sich zu bewegen, und man liest mehr. Nicht gut ist nur, daß es keine Musik und keinen Gesang gibt, und daß man Sie nicht mit zehn Pferden hierherbekommt, alles andere ist ersetzbar oder in Moskau leicht für Geld zu bekommen, und von mir bis nach Moskau ist es ja nur ein Katzensprung.

18. Oktober 1892 an A. S. Suvorin

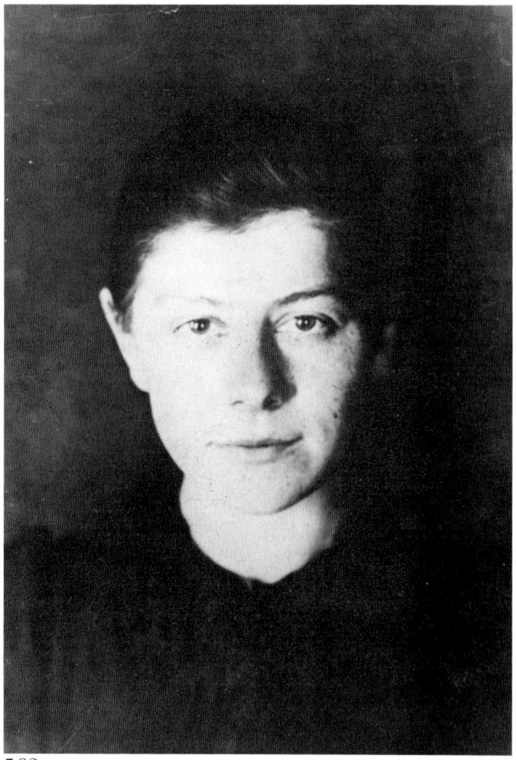

362

363

Nach wie vor verfolgt mich das Ohrensausen, und nach wie vor schenkt mir nie jemand Kopfkissen oder Berlocken oder Krawatten. Wahrscheinlich bin ich auch nur deshalb noch nicht verheiratet, weil Ehefrauen die Angewohnheit haben, ihren Männern Pantoffeln zu schenken. Aber ich habe nichts dagegen zu heiraten, und sei es eine pockennarbige Witwe. Es wird langsam langweilig.

25. Februar 1895 an A. S. Suvorin

Bitte sehr, ich werde heiraten, wenn Sie das wollen. Aber meine Bedingungen: es muß alles so bleiben, wie es vorher war, das heißt, sie muß in Moskau wohnen, und ich auf dem Lande, und ich werde zu ihr fahren. Das Glück, das Tag für Tag andauert, vom Morgen bis zum Morgen – ich ertrage es nicht. Wenn man mir jeden Tag ein und dasselbe sagt, im immer gleichen Ton, werde ich rasend. Das werde ich zum Beispiel in Gesellschaft von S., denn er hat viel Ähnlichkeit mit einer Frau (einer »klugen und teilnahmsvollen«), und in seiner Gegenwart kommt mir immer der Gedanke, meine Frau könnte Ähnlichkeit mit ihm haben. Ich verspreche, ein hervorragender Ehemann zu sein, aber geben Sie mir eine Frau, die, wie der Mond, nicht jeden Tag an meinem Himmel erscheint; aber besser schreiben werde ich davon, daß ich heirate, nicht.

23. März 1895 an A. S. Suvorin

Frauen in Melichovo, Besucherinnen

362 Maša
363 Die Mutter
364 M. T. Drozdova
365 L. B. Javorskaja
366 L. S. Mizinova
367 T. L. Ščepkina-Kupernik
368 O. P. Kundasova

364

365

366

367

368

Ich sollte ein Bad nehmen und heiraten. Ich habe Angst vor einer Ehefrau und dem Familienleben, die mich einengen und in meiner Vorstellung nicht zusammenpassen mit meiner Unordentlichkeit, aber es wäre trotzdem besser, als weiter auf dem Meer des Lebens dahinzuschaukeln und sich im lecken Kahn der Ungebundenheit dem Sturm auszusetzen. Und ich mag es auch nicht mehr, Geliebte zu haben, und werde ihnen gegenüber allmählich impotent.

10. November 1895 an A. S. Suvorin

369 Moskau, 1893

370 Melichovo, 1897. Photo: Aleksandr Čechov

371 E. M. Šavrova

372 L. A. Avilova

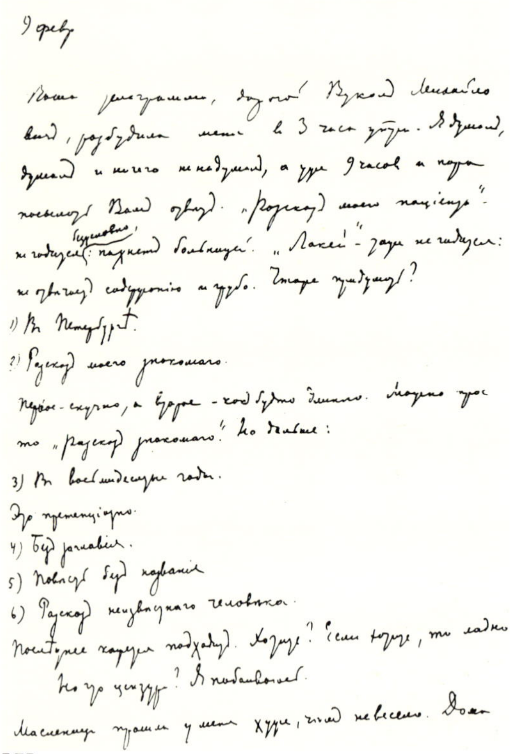

9 февр.

Ваша телеграмма, дорогой Вукол Михайлович, разбудила меня в 3 часа утра. Я думал, думал и ничего не надумал, а уже 9 часов и пора посылать Вам ответ. „Рассказ моего пациента" не годится: буквально, пахнет больницей. „Лакей" — тоже не годится: не отвечает содержанию и грубо. Что же придумать?

1) В Петербург.

2) Рассказ моего знакомаго.

Первое — скучно, а второе — как будто длинно. Можно просто „Рассказ знакомаго". Но дальше:

3) В восьмидесятых годах.

Это претенціозно.

4) Без заглавія.

5) Повесть без названія

6) Рассказ неизвестнаго человека.

Последнее кажется подходит. Хорошо? Если хорошо, то ладно.

Но что цензура? Я побаиваюсь.

Масленица прошла у меня хуже, чем невесело. Дома

373

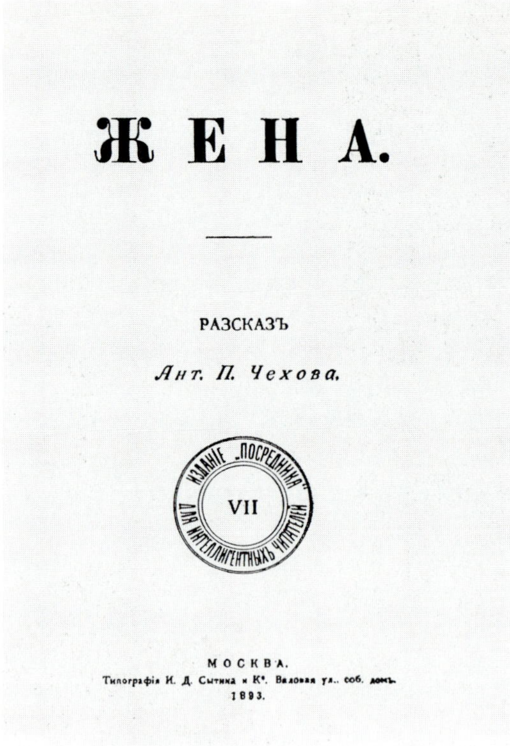

ЖЕНА.

РАЗСКАЗЪ

Ант. П. Чехова.

ИЗДАНІЕ „ПОСРЕДНИКА" ДЛЯ ИНТЕЛЛИГЕНТНЫХЪ ЧИТАТЕЛЕЙ

VII

МОСКВА.
Типографія И. Д. Сытина и К°. Валовая ул., соб. домъ.
1893.

374

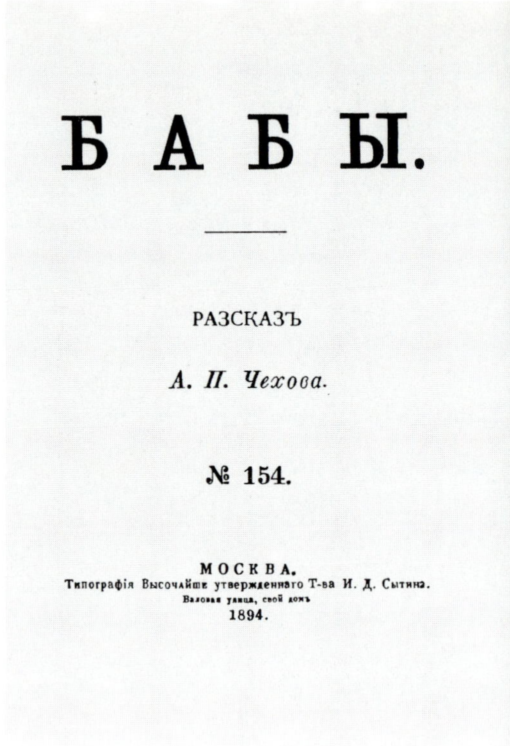

БАБЫ.

РАЗСКАЗЪ

А. П. Чехова.

№ 154.

МОСКВА.
Типографія Высочайше утвержденнаго Т-ва И. Д. Сытина.
Валовая улица, свой домъ.
1894.

375

376

377

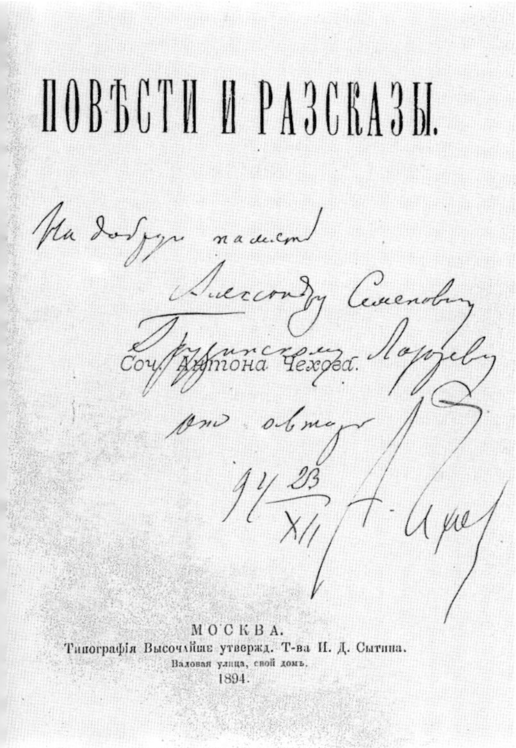

ПОВѢСТИ И РАЗСКАЗЫ.

Соч. Антона Чехова.

МОСКВА.
Типографія Высочайше утвержд. Т-ва И. Д. Сытина.
Валовая улица, свой домъ.
1894.

378

379

373 Brief an V. M. Lavrov, 9. Februar 1893 mit Titelvorschlägen für die ›Erzählung eines Unbekannten‹
374 ›Meine Frau‹, 1893. Titelblatt der ersten Buchveröffentlichung, Moskau, Verlag I. D. Sytin
375 ›Weiber‹, erste Buchveröffentlichung, Moskau, Verlag I. D. Sytin, 1894
376, 377 Maša Čechova: ›Melichovo im Winter‹, ›Melichovo im Sommer‹, Mitte der 1890er Jahre
378 ›Novellen und Erzählungen‹, Titelblatt des Bandes mit Widmung an A. S. Lazarev-Gruzinskij vom 23. Dezember 1894
379 Jalta, 1894. Photographie L. V. Sredin

Von Jalta reiste Čechov im September 1894 ein zweites Mal ins Ausland, wieder zusammen mit A. S. Suvorin. Stationen: Odessa – Abbazia – Mailand – Genua – Nizza – Paris

380 Nizza, der Hafen
381 Paris, Porte St.-Denis

380

381

382

Schriftsteller, die wir ewig oder einfach gut nennen, besitzen ein gemeinsames und sehr wichtiges Merkmal: sie kommen von irgendwoher und rufen Sie dorthin, und Sie spüren es nicht mit dem Verstand, sondern mit Ihrem ganzen Wesen, daß sie ein bestimmtes Ziel haben, so wie der Schatten von Hamlets Vater, der nicht ohne Grund erschienen ist und die Geister beunruhigt. Die einen haben, je nach Kaliber, nahe Ziele – die Leibeigenschaft, die Befreiung der Heimat, die Schönheit oder einfach den Vodka, die anderen haben Fernziele – Gott, das Leben nach dem Tode, das Glück der Menschheit usw. Die besten von ihnen sind Realisten und beschreiben das Leben so, wie es ist, weil aber jede Zeile wie von Saft durchtränkt ist von dem Bewußtsein des Ziels, spüren Sie außer dem Leben, wie es ist, auch noch dasjenige Leben, so wie es sein soll, und das fesselt Sie. Wir dagegen? Wir!... Wir beschreiben das Leben, so wie es ist, und weiter weder piep noch pup... Weiter prügeln Sie uns nicht mal mit der Peitsche. Wir haben weder Nah- noch Fernziele, unser Herz ist wie leergefegt. Wir haben keine Politik, an die Revolution glauben wir nicht, wir haben keinen Gott, haben keine Angst vor Gespenstern, ich persönlich habe nicht einmal Angst vor dem Tod oder dem Erblinden. Wer nichts will, auf nichts hofft und vor nichts Angst hat, der kann kein Künstler sein. Ob dies eine Krankheit ist oder nicht – es geht nicht um die Bezeichnung, sondern um das Eingeständnis unserer Lage.

25. November 1892 an A. S. Suvorin

382 Im Kreis der Freunde und Bekannten. Stehend, von links: P. I. Kurkin, I. G. Vitte, der Nachbar Fürst S. I. Šachovskoj; sitzend: Čechov, A. Kašincev, Michail, N. N. Chmelëv

383

384

Wegen der Erzählung ›Flattergeist‹ hatte sich I. I. Levitan 1892 mit Čechov überworfen. Zur Versöhnung kam es 1895

383 V. A. Serov porträtiert I. I. Levitan
384 V. A. Serov: ›Porträt I. I. Levitan‹, 1893
385 I. I. Levitan: ›Stiller Ort‹, 1890
Dieses Bild beschreibt Čechov 1895 in der Novelle ›Drei Jahre‹.

585

Als alle müde waren und Laptev Kostja suchen ging, um nach Hause zu fahren, blieb Julija vor einer kleinen Landschaft stehen und betrachtete sie gleichgültig. Im Vordergrund sah man ein Flüßchen, über das eine kleine Holzbrücke führte, am anderen Ufer einen Pfad, der im dunklen Gras verschwand, dann ein Feld und weiter rechts ein Stückchen Wald und daneben ein Lagerfeuer: wahrscheinlich bewachte man bei Nacht die weidenden Pferde. In der Ferne verglühte die Abendröte.
Julija stellte sich vor, wie sie selbst über die kleine Brücke und dann den Pfad entlangging, immer weiter und weiter, ringsum war es still, schläfrige Wachtelkönige riefen, und in der Ferne flackerte das Feuer. Und plötzlich wollte es ihr scheinen, als habe sie dieselben kleinen Wolken, die sich über den roten Teil des Himmels hinzogen, und den Wald und das Feld schon längst und viele Male gesehen; sie fühlte sich einsam und hatte Lust, auf diesem Pfad immer weiter zu gehen; dort, wo die Abendröte war, ruhte der Widerschein von etwas Überirdischem und Ewigem. »Wie gut das gemalt ist!« sagte sie und staunte, daß ihr das Bild auf einmal verständlich war. »Schau, Alëša, fühlst du, wie still es hier ist?«

Anton Čechov, ›Drei Jahre‹, 1895

386

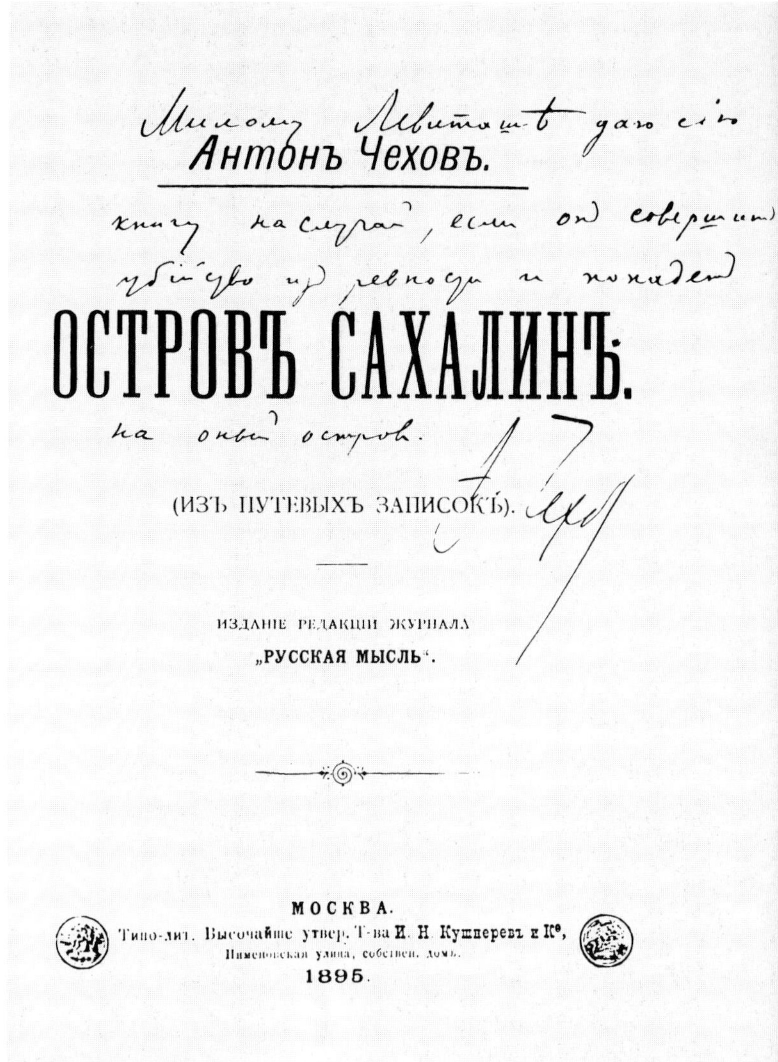

Милому Левитану даю сiю

Антонъ Чеховъ.

книгу на случай, если он совершит убийство из ревности и попадет

ОСТРОВЪ САХАЛИНЪ.

на оный остров. А. Чехов

(ИЗЪ ПУТЕВЫХЪ ЗАПИСОКЪ).

ИЗДАНІЕ РЕДАКЦІИ ЖУРНАЛА „РУССКАЯ МЫСЛЬ“.

МОСКВА.
Типо-лит. Высочайше утвер. Т-ва И. Н. Кушнеревъ и К°,
Пименовская улица, собствен. домъ.
1895.

387

388

389

386 I. I. Levitan, 1895
387 ›Die Insel Sachalin‹, Erstausgabe 1895, Titelblatt mit folgender Widmung an Levitan:
»Dem lieben Levitaša widme ich dieses Buch für den Fall, daß er einen Mord aus Eifersucht begeht und auf jene Insel gerät. A. Čechov«
388 I.L. Leontjev-Ščeglov
389 St. Petersburg 1896: Čechov, A. N. Mamin-Sibirjak und I. N. Potapenko
390 St. Petersburg, 1896
391 Einfahrt zum Gutshof Jasnaja Poljana, Landsitz Tolstojs

390

Sehr geehrter Ivan Ivanovič, seien Sie so gut und schreiben Sie mir, wo sich Lev Nikolaevič gegenwärtig aufhält. Wenn er zur Zeit zu Hause ist, dann – bis wann wird er zu Hause bleiben, und schickt er sich nicht an, irgendwohin zu verreisen?
12. Juli 1895 an I. I. Gorbunov-Posadov

391

392

392 I. E. Repin: ›L. N. Tolstoj in seinem Arbeitszimmer in Jasnaja Poljana‹, 1891
393 I. E. Repin: ›Tolstoj bei der Arbeit‹, 30. Januar 1891
394 »Für Anton Pavlovič Čechov. Lev Tolstoj«

Ich habe 1½ Tage bei ihm verbracht. Ein wundervoller Eindruck. Ich fühlte mich so leicht, wie zu Hause, und auch die Gespräche mit L. N. waren leicht. Wenn wir uns sehen, erzähle ich Ihnen ausführlich.

21. Oktober 1895 an A. S. Suvorin

Die Töchter Tolstojs sind sehr sympathisch. Sie vergöttern ihren Vater und glauben fanatisch an ihn. Und das bedeutet, daß Tolstoj tatsächlich eine große moralische Kraft ist, denn wenn er unaufrichtig wäre und nicht frei von Makeln, so wären ihm gegenüber als erste seine Töchter skeptisch, denn Töchter sind wie die Spatzen: die füttert man nicht mit Spreu ... Eine Frau und Geliebte kann man betrügen, sooft man will, in den Augen einer liebenden Frau erscheint noch ein Esel als Philosoph, aber Töchter sind etwas anderes.

26. Oktober 1895 an A. S. Suvorin

393

394

Čechov als Bauherr in Melichovo

395 Die Dorfschule Melichovo, eine von drei Schulen, die im Kreis Serpuchov, nach Plänen Čechovs und von ihm selbst finanziert, gebaut wurden.
396 Dorfschule im ›russischen Stil‹, 1880er Jahre
397 N. Bogdanov-Belskij: ›An der Schultür‹, 1897

395

396

397

Ich baue eine weitere neue Schule, der Zahl nach die dritte. Meine Schulen gelten als musterhaft – ich sage das, damit Sie nicht denken, ich hätte Ihre 200 R. für irgend einen Unfug ausgegeben. 24. August 1898 an A. S. Suvorin

398 A. A. Chotjaincëva: ›Čechovs Schreibtisch in Melichovo‹
399 Mit Michail, im Winter 1895, vor dem kleinen Haus im Garten, das Čechov hatte bauen lassen, um sich dorthin zum Schreiben zurückziehen zu können.
400 Das Gartenhaus im Sommer. Hier entstand 1895 ›Die Möwe‹.

398

399

400

401

Erstens werde ich im Frühjahr eine neue Schule bauen in dem Dorf, in dem ich Schulkurator bin; dazu muß ich rechtzeitig einen Plan erstellen, Kostenvoranschläge machen, da und dorthin fahren usw. Zweitens, stellen Sie sich vor, schreibe ich an einem Stück, das ich, wahrscheinlich, nicht vor Ende November abschließen werde. Ich schreibe nicht ohne Vergnügen daran, obwohl ich mich schrecklich an den Bedingungen der Bühne vergehe. Eine Komödie, drei Frauenrollen, sechs Männerrollen, vier Akte, eine Landschaft (Blick auf einen See); viele Gespräche über die Literatur, wenig Handlung, ein Pud Liebe.

21. Oktober 1895 an A. S. Suvorin

Nun denn, ich habe mein Stück abgeschlossen. Ich habe es forte *begonnen und* pianissimo *beendet – gegen alle Regeln der dramatischen Kunst. Es ist eine Novelle geworden. Ich bin eher unzufrieden als zufrieden, und wenn ich mein neugeborenes Stück lese, gelange ich einmal mehr zu der Überzeugung, daß ich absolut kein Dramatiker bin. Die Akte sind sehr kurz, es sind ihrer vier. Obwohl es erst das Gerippe eines Stückes ist, ein Plan, der sich bis zur kommenden Saison noch eine Million Male ändern wird, habe ich dennoch 2 Exemplare in Auftrag gegeben im Remington-Verfahren (die Maschine druckt 2 Exemplare auf einmal) – das eine werde ich Ihnen schicken. Nur geben Sie es niemandem zu lesen.*

21. November 1895 an A. S. Suvorin

402

403

September 1896 in Feodosija

401, 402, 403 Im Kreise der Familie Suvorin: vor dem Haus, am Ufer des Schwarzen Meers

›Die Möwe‹, St. Petersburg, 17. Oktober 1896, Uraufführung am Alexandra-Theater

404 St. Petersburg, das Alexandra-Theater
405 V. F. Komissarževskaja, die Darstellerin der Nina. Widmungsphoto für Čechov
406 Das Rollenbuch der Nina, Titelblatt: der Name der ursprünglich für die Rolle vorgesehenen Schauspielerin M. G. Savina ist ersetzt durch ›Komissarževskaja‹
407 Ankündigung der Generalprobe
408 ›Die Möwe‹, 1. Akt. Szenenphoto aus der Uraufführung

404

405

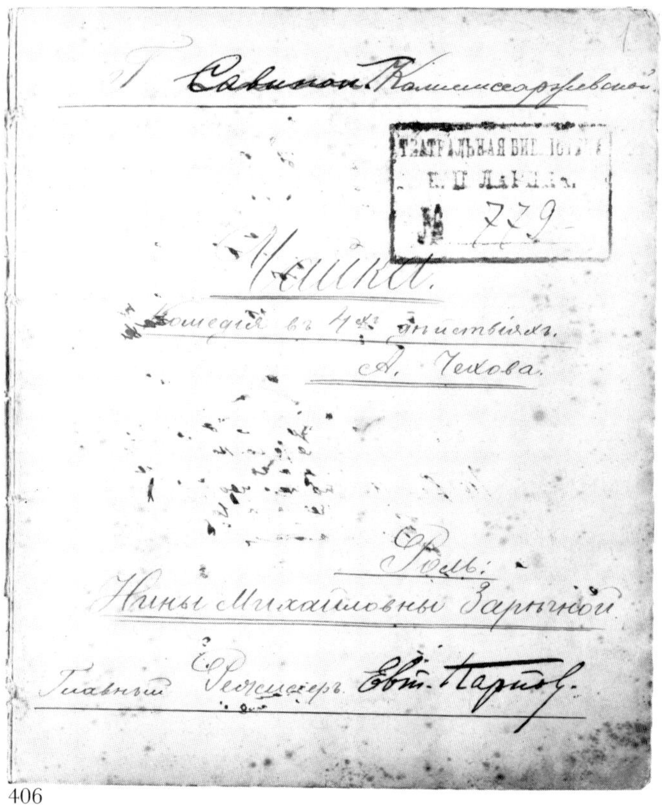

Чайка.
Комедія въ 4хъ дѣйствіяхъ.
А. Чехова.

406

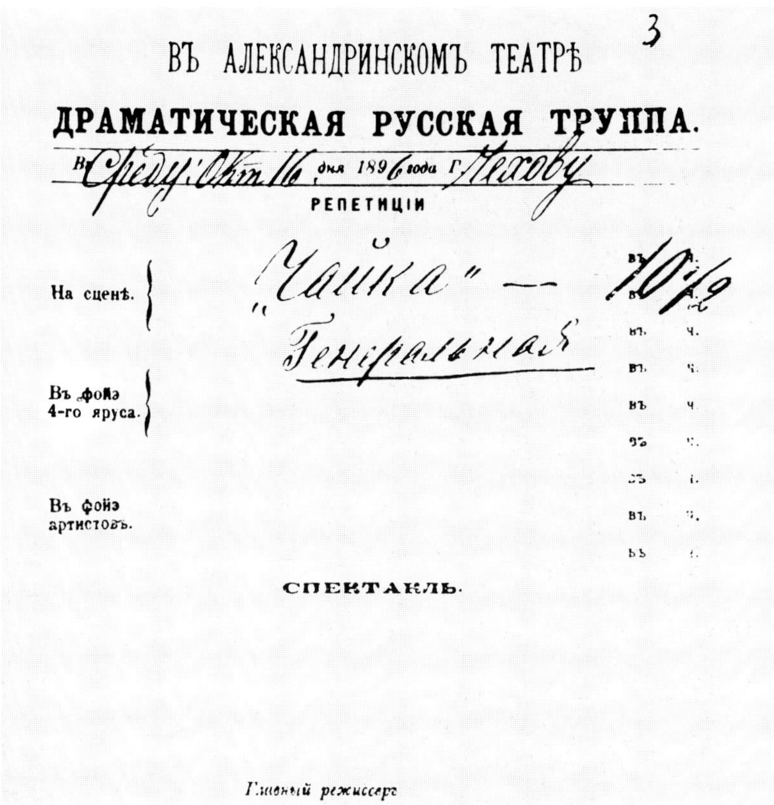
3

ВЪ АЛЕКСАНДРИНСКОМЪ ТЕАТРѢ

ДРАМАТИЧЕСКАЯ РУССКАЯ ТРУППА.

Въ Среду Окт. 16 дня 1896 года Г. Чехову

РЕПЕТИЦІИ

На сценѣ. „Чайка" — въ 10½ ч.

Генеральная

Въ фойэ 4-го яруса.

Въ фойэ артистовъ.

СПЕКТАКЛЬ.

Главный режиссеръ

407

In Ihrem letzten Brief (vom 18. Okt.) nennen Sie mich dreimal ein altes Weib und sagen, ich sei feige gewesen. Wozu diese Diffamierung? Nach der Vorstellung habe ich in allen Ehren bei Romanov zu Abend gegessen, mich dann schlafengelegt, habe tief geschlafen und bin am darauffolgenden Tag nach Hause gefahren, ohne einen einzigen Laut der Klage. Wenn ich feige gewesen wäre, wäre ich von Redaktion zu Redaktion, von Schauspieler zu Schauspieler gelaufen, hätte nervös um Nachsicht gebettelt, hätte nervös nutzlose Korrekturen angebracht und hätte zwei, drei Wochen in Petersburg verbracht, um in meine ›Möwe‹ zu gehen, mich aufzuregen, in kaltem Schweiß zu baden und zu klagen... Als Sie nachts nach der Vorstellung bei mir waren, haben Sie doch selbst gesagt, das Beste für mich wäre abzureisen; und am Morgen des darauffolgenden Tages bekam ich von Ihnen einen Brief, in dem Sie sich von mir verabschiedeten. Wo also ist die Feigheit? Ich habe so vernünftig und kühl gehandelt wie jemand, der einen Heiratsantrag gemacht, einen Korb bekommen hat und dem nichts anderes übrigbleibt als abzureisen. Ja, meine Eitelkeit war verletzt, aber das ist doch nicht vom Himmel gefallen; ich habe einen Mißerfolg erwartet und war darauf vorbereitet, worauf ich Sie in aller Offenheit hingewiesen hatte.
Zu Hause habe ich Rizinusöl genommen, mich mit kaltem Wasser gewaschen – und jetzt könnte ich sogar ein neues Stück schreiben.

22. Oktober 1896 an A. S. Suvorin

408

409 St. Petersburg, 1896. Widmung Čechovs an A. I. Suvorina vom 13. November 1896: »All' incomparabile signora Anna Suvorin ricordo affectuoso di Antonio Cekhoffini«

410

411

410, 411 Kommentare zur ›Möwe‹, 1896: ›In den Klauen der Dekadenz‹ und, in der Zeitschrift ›Oskolki‹, ›Möwenjagd‹

412 Melichovo, 1896

Sie und Koni haben mir mit Ihren Briefen nicht wenige schöne Minuten bereitet, aber dennoch ist mein Herz wie verzinnt, ich verspüre für meine Stücke außer Widerwillen nichts und lese nur mit Überwindung Korrektur. Sie werden wieder sagen, das sei unklug, dumm, sei Eitelkeit, Stolz usw. usf. Ich weiß, aber was soll ich denn tun? Ich wäre froh, dieses dumme Gefühl loszuwerden, aber ich kann und kann es nicht. Schuld daran ist nicht, daß mein Stück durchgefallen ist; meine Stücke sind doch in der Mehrzahl auch früher durchgefallen, und jedesmal habe ich es abgeschüttelt wie die Ente das Wasser. Den Mißerfolg vom 17. Oktober hatte aber nicht mein Stück, sondern meine Person. Schon während des ersten Aktes hat mich ein Umstand bestürzt, und zwar: diejenigen, mit denen ich vor dem 17. Oktober offen und freundschaftlich verkehrt, unbekümmert zusammengesessen, für die ich Lanzen gebrochen habe (wie beispielsweise für Jasinskij) – sie alle hatten ein merkwürdiges Gesicht aufgesetzt, ein schrecklich merkwürdiges… Mit einem Wort, es ist etwas geschehen, das Lejkin Anlaß dazu gegeben hat, mir in einem Brief sein Mitgefühl darüber auszudrücken, daß ich so wenig Freunde hätte, und der ›Nedelja‹ Anlaß zu fragen: »was hat Čechov ihnen getan«, und dem ›Teatral‹ (Nr. 95), einen ganzen Korrespondentenbericht darüber zu bringen, als habe mir die schreibende Zunft im Theater einen Skandal bereitet. Ich bin jetzt ruhig, meine Stimmung ist wie gewöhnlich, und dennoch kann ich nicht vergessen, was war, wie ich auch nicht vergessen könnte, wenn man mich beispielsweise geschlagen hätte.

14. Dezember 1896 an A. S. Suvorin

›Die Bauern‹, 1897

413 V. A. Serov: ›Oktober. Domotkanovo‹, 1895
414 ›Die Bauern‹. Telegramm der Zensur mit der Auflage, Seite 193 aus der bereits gedruckten April-Ausgabe der ›Russkaja mysl‹ zu entfernen.
415 ›Die Bauern‹. Kapitel x, die geplante Fortsetzung der Erzählung im Entwurf

413

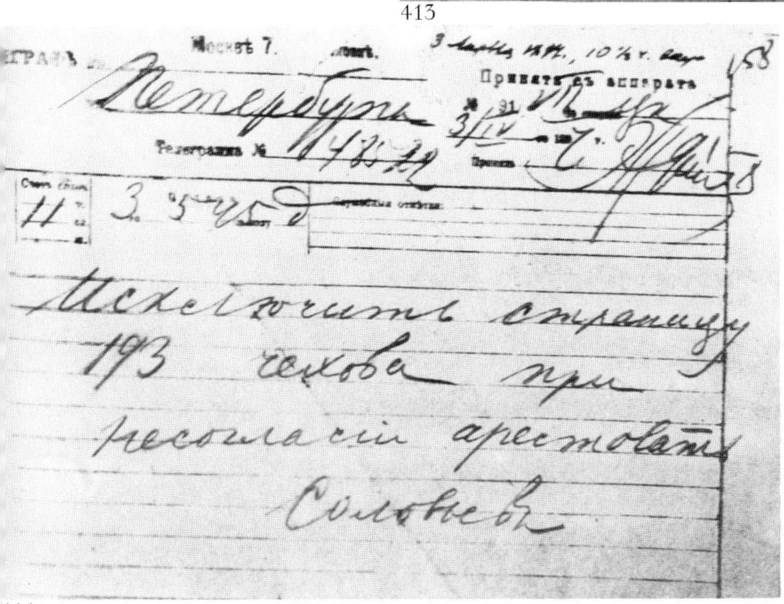

Москва 7.

Принята съ аппарата

Петербургъ

Телеграмма №

Исключить страницу 193 чехова при несогласiи арестовать

Соловьевъ

414

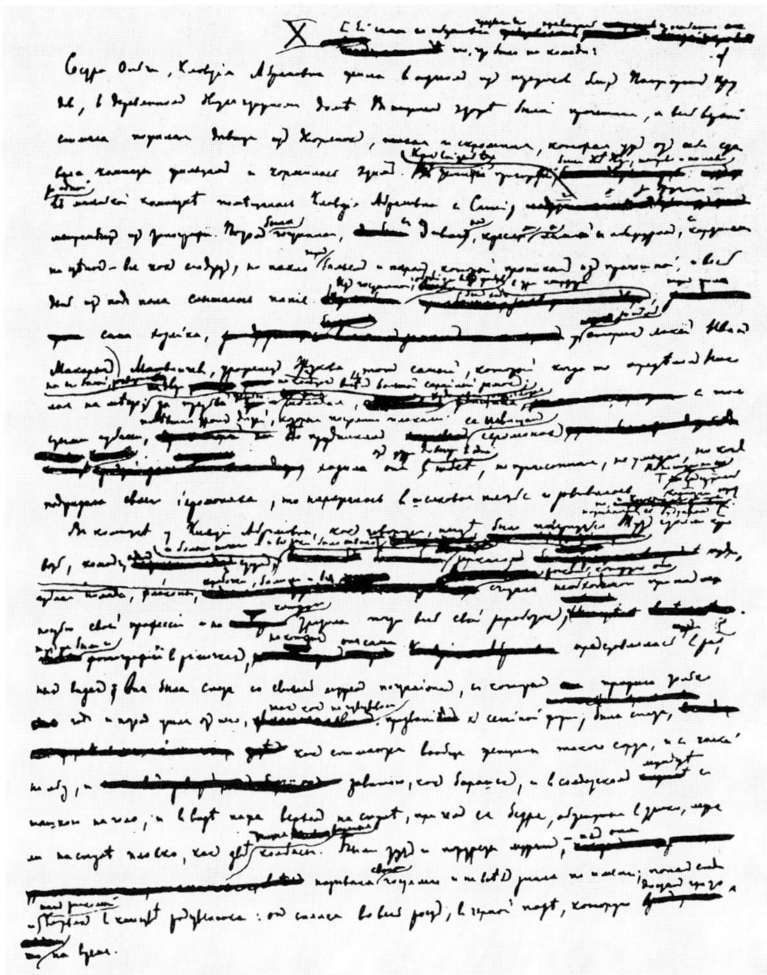

415

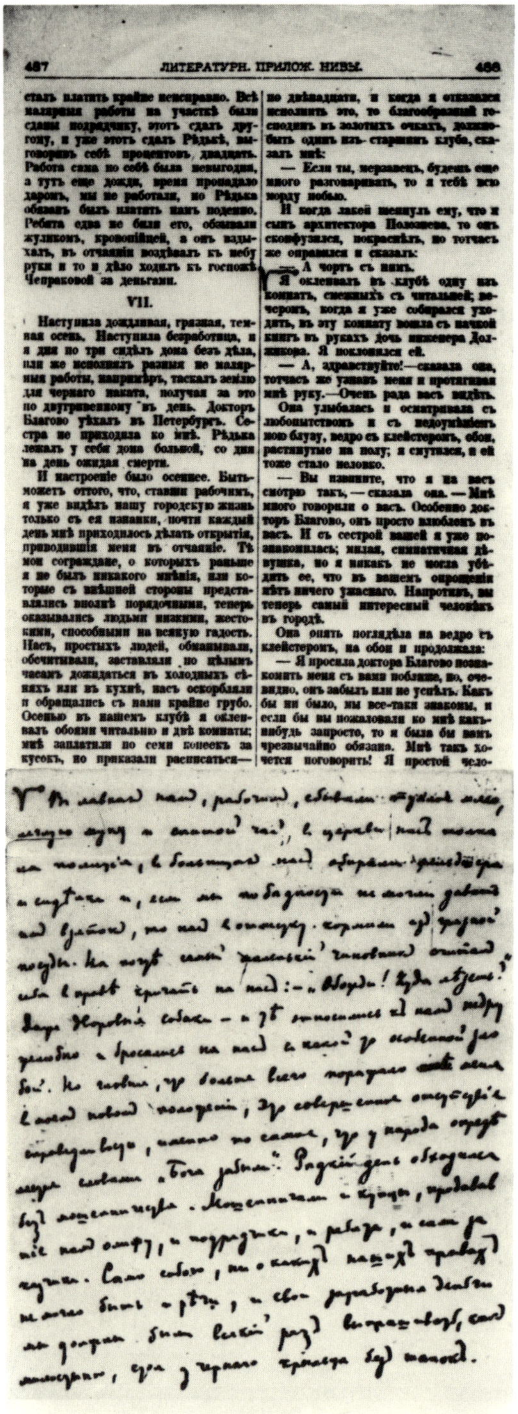

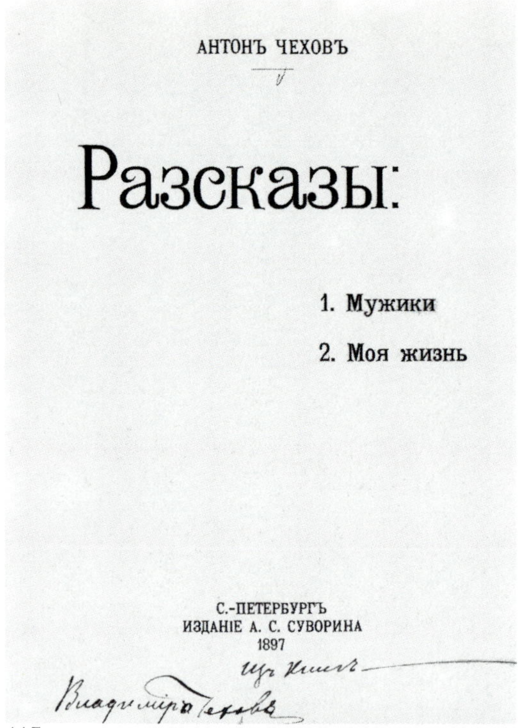

АНТОНЪ ЧЕХОВЪ

Разсказы:

1. Мужики

2. Моя жизнь

С.-ПЕТЕРБУРГЪ
ИЗДАНІЕ А. С. СУВОРИНА
1897

417

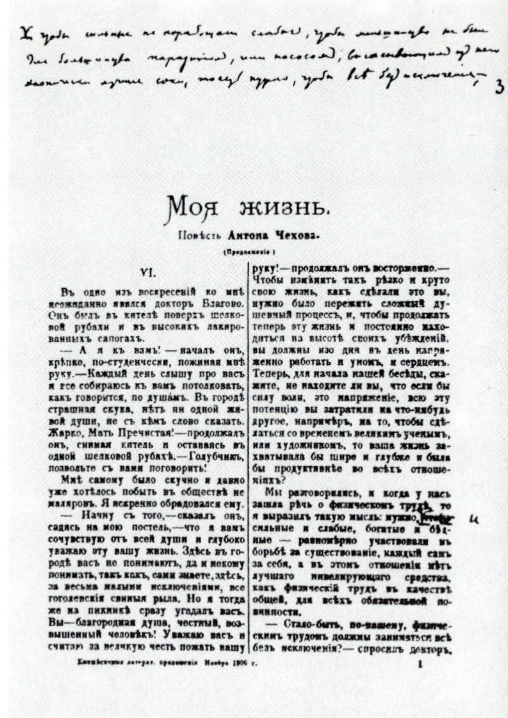

Моя жизнь.

Повѣсть Антона Чехова.

VI.

418

416

419

Essen im ›Kontinental‹ zur Erinnerung an die Große Reform. Langweilig und unsinnig. Essen, Champagner trinken, herumschreien, Reden halten zum Thema Bewußtsein des Volkes, Gewissen des Volkes, Freiheit usw., während rund um den Tisch Sklaven im Frack huschen, dieselben Leibeigenen, und auf der Straße im Frost die Kutscher warten, – das heißt lügen wider den heiligen Geist.

19. Februar 1897, Notizbuch

416 ›Mein Leben‹. Erstdruck in der Zeitschrift ›Niva‹, mit handschriftlichen Ergänzungen Čechovs
417 ›Erzählungen‹, 1897
418 ›Mein Leben‹, mit handschriftlicher Korrektur, erste Seite des Erstdrucks
419 Moskau, Restaurant Krynkin

420 Eisgang auf der Moskva

421

421 Moskau. Das neue Klinikum, in das Čechov nach wiederholtem schweren Blutsturz am 25. März 1897 eingeliefert wurde.
422 Lev Tolstoj, 1897. Er besuchte Čechov am 28. März 1897 in der Klinik.

Die Ärzte haben einen Prozeß in den Lungenspitzen festgestellt und mir eine Änderung meiner Lebensweise verordnet. Das erste kann ich begreifen, das zweite dagegen ist mir unbegreiflich, weil es nahezu unmöglich ist. Ich soll unbedingt auf dem Lande leben, aber das ständige Leben auf dem Lande bedingt doch ständige Scherereien mit den Bauern, dem Vieh, mit Naturgewalten jeglicher Art, und sich auf dem Lande von Scherereien und Sorgen fernzuhalten ist ebenso schwer wie in der Hölle von Brandwunden. Dennoch werde ich mir Mühe geben, mein Leben nach Maßgabe des Möglichen zu ändern, und ich habe durch Maša bereits erklären lassen, daß ich die Arztpraxis aufgeben werde. Das wird für mich sowohl eine Erleichterung als auch ein großer Verlust. Ich werde alle Ämter im Landkreis niederlegen, mir einen Schlafrock kaufen, in der Sonne spazierengehen und viel essen. Ich soll sechsmal am Tage essen, und man ist empört, weil man findet, ich äße viel zu wenig. Man hat mir verboten zu sprechen, schwimmen zu gehen usw. usf. Von den Lungen abgesehen wurden alle meine Organe für gesund befunden, alle Organe; daß ich abends manchmal impotent bin, habe ich den Ärzten verheimlicht.
Bis heute hatte ich geglaubt, ich hätte immer nur gerade so viel getrunken, daß es mir nicht schadet; jetzt stellt sich bei der Untersuchung heraus, daß ich weniger getrunken habe, als ich hätte trinken dürfen. Ist das ein Jammer! Den Autor des ›Krankenzimmer Nr. 6‹ hat man aus Nr. 16 in die Nr. 14 verlegt. Hier ist es geräumig, zwei Fenster, Beleuchtung im Stile Potapenkos, drei Tische. Blut kommt nur noch wenig. Nach jenem Abend, als Tolstoj da war (wir haben lange miteinander gesprochen), hatte ich um 4 Uhr morgens wieder einen heftigen Blutsturz. 1. April 1897 an A. S. Suvorin

422

.23 Melichovo, April 1897, in Mašas Zimmer

424, 425 Melichovo, Mai 1897

424

25

426

427

426 Mit Lika Mizinova, Mai 1897
427 Melichovo, Mai 1897

Ein Winter nicht in Rußland

Nizza

1897–1898

428 Moskau, 1897. Photo Aleksandr Čechov

Seien Sie so gut und schreiben Sie mir, welchen Zug von Moskau man nimmt, den nach Berlin oder den nach Wien, welchen Zug von Paris, in welchem Hotel Sie abgestiegen sind… Ich bitte Sie um eine so detaillierte Reiseroute, weil ich noch kein einziges Mal in Biarritz gewesen bin und ein bißchen Angst habe. Ich spreche doch alle Sprachen, nur keine Fremdsprachen; wenn ich im Ausland deutsch oder französisch spreche, fangen die Schaffner in der Regel an zu lachen, und in Paris vom einen Bahnhof zum anderen zu gelangen, ist für mich dasselbe wie Blindekuh spielen.
Ich denke, einen Monat in Biarritz zu bleiben, wie Sie, danach fahre ich irgendwoanders hin, ins Warme.

19. August 1897 an V. M. Sobolevskij

429

430

431

429 Paris um die Jahrhundertwende
430 V. M. Sobolevskij, mit dem Čechov nach Biarritz und anschließend weiter nach Nizza reiste.

431 Biarritz. Der Strand mit Blick auf das Hotel ›Victoria‹, in dem Čechov 1897 abstieg.

432

433

434

In Nizza wohne ich in der Russischen Pension. Das Zimmer, ziemlich geräumig, hat Fenster nach Süden, einen Teppich über den ganzen Fußboden, eine Loge wie für Kleopatra, eine Garderobe; ausgiebige Mahlzeiten, zubereitet von einer russischen Köchin (Šči und Piroggen), ebenso ausgiebig wie im Hôtel Vendôme und ebenso schmackhaft. Ich zahle 11 fr. pro Tag. Es ist warm hier; nicht einmal abends ist es herbstlich. Das Meer ist freundlich, ergreifend. Die Promenade des Anglais ist über und über grün und glänzt in der Sonne; ich sitze morgens im Schatten und lese Zeitung. Gehe viel spazieren. Ich habe Maksim Kovalevskij kennengelernt, den ehemaligen Mosk. Professor, entlassen nach § 3. Er ist ein hochgewachsener, dicker, lebhafter, sehr gutmütiger Mensch. Er ißt viel, scherzt viel und arbeitet sehr viel – mit ihm ist es heiter und lustig. Er hat ein schallendes, ansteckendes Lachen. Lebt in Beaulieu in seiner eigenen schönen Villa. Hier ist auch der Maler Jakobi, der Grigorovič einen Schuft und Gauner nennt, Ajvazovskij einen Hundesohn, Stasov einen Idioten usw. Vorgestern haben ich, Kovalevskij und Jakobi zusammen gegessen und das ganze Essen über so gelacht, daß uns die Bäuche weh taten – zum großen Erstaunen der Dienstboten. Wir essen oft Austern.

1. Oktober 1897 an A. S. Suvorin

Nizza 1897/1898

432 Blick auf die Stadt
433 Grabmal Aleksandr Herzens auf dem Alten Friedhof
434 A. A. Chotjaincëva: ›Auf Spazierfahrt mit der Droschke in Nizza‹, 1897
Im Wagen, von links: Čechov, die Künstlerin, Professor M. M. Kovalevskij
435 Jardin Public
436 Čechov und N. I. Jurasov im Hof der ›Pension russe‹, in der Čechov in Nizza wohnte.

435

436

437, 438 Im Hof der ›Pension russe‹
439 Promenade des Anglais
440 ›Pension russe‹, im Hotelzimmer, 1897
441 A. A. Chotjaincëva: ›Čechov, über das Menu in der Russischen Pension nachdenkend‹, 1897
442 Monte Carlo. Das Casino

437

438

439

Sie beklagen, daß meine Helden düster seien. O weh, das ist nicht meine Schuld! Das geschieht unwillkürlich, und wenn ich schreibe, habe ich nicht den Eindruck, als schriebe ich düster; auf jeden Fall habe ich beim Arbeiten immer gute Laune. Man hat bemerkt, daß düstere Menschen, Melancholiker, immer lustige Dinge schreiben, während einen die Lebensfrohen mit ihren Schreibereien in Trübsinn stürzen. Und ich bin ein lebensfroher Mensch, zumindest habe ich die ersten 30 Jahre meines Lebens, wie man so sagt, zu meinem Vergnügen gelebt.
Meine Gesundheit ist morgens leidlich und abends großartig. Ich tue nichts, schreibe nichts und habe auch keine Lust zu schreiben. Ich bin schrecklich faul geworden. 6. Oktober 1897 an L. A. Avilova

440

Sie fragen nach meiner Gesundheit. Mein Befinden ist großartig, äußerlich bin ich (wie mir scheint) völlig gesund, aber das Schlimme ist – mein Bluthusten. Blut fließt wenig, aber lange, und der letzte Blutfluß, der auch heute noch anhält, hat vor drei Wochen eingesetzt. Seinetwegen muß ich mir verschiedene Einschränkungen auferlegen; ich verlasse nach 3 Uhr nachmittags das Haus nicht mehr, trinke so gut wie nichts, esse nichts Heißes, gehe nicht schnell, halte mich nirgends außer auf der Straße auf, mit einem Wort – ich lebe nicht, ich vegetiere. Und das macht mich gereizt, ich bin schlechter Laune und habe dauernd den Eindruck, als redeten die Russen bei Tisch dummes und banales Zeug, und es kostet mich Überwindung, ihnen keine Grobheiten zu sagen. Nur, sprechen Sie um Himmels willen mit niemandem über meinen Bluthusten, das bleibt unter uns. Nach Hause schreibe ich, ich sei völlig gesund, und etwas anderes zu schreiben hätte auch keinen Sinn, denn ich fühle mich sehr gut – und wenn man zu Hause erführe, daß ich immer noch Blut huste, würde man dort in Wehklagen ausbrechen.
Jetzt zu der kleinen Intrige, nach der Sie fragen. In Biarritz hatte ich mir für mein Französisch Margot zugelegt, ein Mädchen von 19 Jahren; als wir uns verabschiedeten, sagte sie, sie käme bestimmt nach Nizza. Wahrscheinlich ist sie auch hier, aber ich kann sie einfach nirgends finden und … und spreche nicht französisch.
Das Wetter ist hier paradiesisch. Es ist heiß, still, freundlich. Die Musikwettbewerbe haben begonnen. Orchester ziehen durch die Straßen, mit Lärm, Tanz, Gelächter. Ich sehe das alles und denke dabei: wie dumm, daß ich früher nicht länger im Ausland gelebt habe… Die hiesige Natur berührt mich nicht, sie ist mir fremd, aber ich liebe leidenschaftlich die Wärme, liebe die Kultur… Und die Kultur schaut einem hier aus jedem Ladenfenster entgegen, aus jedem Spankorb; jeder Hund riecht hier nach Zivilisation.

10. November 1897 an A. I. Suvorina

441

82 MONTE-CARLO. – Le Casino et les Terrasses. – LL.

442

443 A. A. Chotjaincëva: ›Čechov vor seinem Porträt in der Galerie Tretjakov‹, 1898
444 I. E. Braz: ›Porträt Anton Čechov‹, 1898
445 A. A. Chotjaincëva: ›Čechov, »L'Aurore« lesend‹, 1898

443

444

445

Braz malt mich. Atelier. Ich sitze in einem Sessel mit grüner Samtlehne. En face. Weiße Krawatte. Man sagt, ich und die Krawatte seien sehr ähnlich, aber der Gesichtsausdruck – wie im vorigen Jahr, so als hätte ich an Meerrettich gerochen. Ich glaube, Braz wird auch mit diesem Porträt unzufrieden sein, obwohl er sich selbst lobt. Außer mir malt er noch eine Gouverneursgattin (das habe ich vermittelt) und Kovalevskij. Die Gouverneurin sitzt mit Aplomb, das Lorgnon in der Hand, wie in der Gouverneursloge; das Katzenfell über die Schulter geworfen – und das erscheint mir zu üppig, ein wenig gesucht. Braz ist älter und nicht hübscher geworden. Sieht aus, als sei er von einer langen Reise zurückgekehrt, während der er viel gegessen und zu lange geschlafen hat.
Nach Hause fahre ich über Paris. Ich flehe Sie an, erkundigen Sie sich bei Leuten, die es wissen, wo zur Zeit Antokolskij ist, und wenn er nicht in Paris ist, dann, wann er zurückkommt. Ich flehe Sie auf Knien an, denn ich brauche Antokolskij dringend. 23. März 1898 an A. A. Chotjaincëva

Über die Affaire Dreyfus: Die Sache steht so: stell Dir vor, die Universitätskanzlei hätte irrtümlicherweise einen Studenten anstelle eines anderen relegiert, Du beginnst zu protestieren, und man schreit Dich an: »Sie beleidigen die Wissenschaft!«, obwohl Univ.-Kanzlei und Wissenschaft nur das eine gemeinsam haben, daß die Beamten wie die Professoren dunkelblaue Fräcke tragen; Du schwörst, versicherst, stellst bloß, man schreit Dich an: »Beweise?« – »Bitte sehr«, sagst Du, »gehen wir in die Kanzlei und sehen in den Büchern nach.« – »Unmöglich! Das ist geheime Kanzleisache!« Da mach was. Die Psychologie der französischen Regierung ist klar. Wie eine anständige Frau, die ihren Mann einmal betrogen hat, danach eine Reihe grober Fehler begeht und Opfer einer frechen Erpressung wird und sich schließlich und endlich umbringt – und alles nur, um ihren ersten Fehler zu vertuschen, so geht auch die französische Regierung jetzt vor, mit zusammengekniffenen Augen, nach rechts und nach links prügelnd, nur um den Fehler nicht eingestehen zu müssen. 22. Februar 1898 an Michail

Ich schreibe hier weit weniger, als ich mir vorgenommen hatte. Im Hotelzimmer zu schreiben, an einem fremden Tisch, nach dem Frühstück oder dem Mittagessen (mir scheint, ich esse hier ununterbrochen den ganzen Tag), und bei schönem Wetter, wenn man raus möchte aus dem Zimmer, – das ist schwer, sehr schwer. Hier sollte man lesen, nicht schreiben. Aber wie dem auch sei, ich schreibe dennoch.
Ich lese den ganzen Tag Zeitungen, studiere die Affaire Dreyfus. Meiner Meinung nach ist Dreyfus unschuldig. 4. Dezember 1897 an V. M. Sobolevskij

446 Nizza, 1897

Die Affäre Dreyfus

447 ›L'Aurore‹, 13. Januar 1898, mit Emile Zolas Offenem Brief an den Präsidenten der Republik zur Affäre Dreyfus
448 Emile Zola, 1898

Cinq Centimes

ERNEST VAUGHAN

L'AURORE

Littéraire, Artistique, Sociale

ERNEST VAUGHAN

J'Accuse...!

LETTRE AU PRÉSIDENT DE LA RÉPUBLIQUE

Par ÉMILE ZOLA

LETTRE
A M. FÉLIX FAURE

447

448

Sie schreiben, Sie ärgerten sich über Zola, hier dagegen haben alle das Gefühl, als sei ein neuer, besserer Zola geboren worden. In diesem seinem Prozeß hat er sich, wie mit Terpentin, von sämtlichen Fettflecken der Verleumdung gereinigt, und nun erstrahlt er vor den Franzosen in seinem wahren Glanz. Das ist eine Reinheit und sittliche Größe, die man nicht vermutet hatte.
Ja, Zola ist kein Voltaire, wir alle sind keine Voltaires, aber es gibt im Leben manchmal ein Zusammentreffen von Umständen, wo der Vorwurf, kein Voltaire zu sein, am allerwenigsten trifft. Denken Sie an Korolenko, der die Heiden von Multan verteidigt und vor der Katorga bewahrt hat... Ich kenne die Affäre aufgrund des stenograph. Protokolls, und das ist etwas ganz anderes als das, was in den Zeitungen steht, für mich ist Zola danach klar. Vor allem ist er aufrichtig, d. h. er gründet sein Urteil nur auf dem, was er sieht, und nicht, wie die anderen, auf Gespenstern. Auch aufrichtige Menschen können irren, das steht außer Zweifel, aber solche Irrtümer richten weniger Übel an als vorausberechnete Unaufrichtigkeit, Vorurteile oder politisches Kalkül. Mag Dreyfus schuldig sein, Zola hat trotzdem recht, denn Sache der Schriftsteller ist es nicht, Schuldige anzuklagen und zu verfolgen, sondern für sie einzutreten, selbst dann, wenn sie bereits verurteilt sind und ihre Strafe verbüßen. Man wird sagen: und die Politik? die Interessen des Staates? Aber große Schriftsteller sollen sich mit Politik nur insoweit befassen, als es nötig ist, sich ihrer zu erwehren. Ankläger, Staatsanwälte und Gendarmen gibt es ohnehin schon viele, und in jedem Fall steht ihnen die Rolle des Paulus besser als die des Saulus. 6. Februar 1898 an A. S. Suvorin

Bei uns gibt es nur ein Gesprächsthema, und zwar Zola und Dreyfus. Die überwältigende Mehrheit der Intelligenz ist auf seiten Zolas und glaubt an die Unschuld von Dreyfus. Zola ist um ganze drei Aršin gewachsen; von seinen Protestbriefen ist gleichsam ein frischer Wind ausgegangen, und jeder Franzose hat gespürt, daß es Gott sei Dank noch Gerechtigkeit gibt auf der Welt und daß es, wenn jemand unschuldig verurteilt wird, Menschen gibt, die für ihn eintreten. Die französischen Zeitungen sind außerordentlich interessant, die russischen – zum Wegwerfen. Das ›Novoe vremja‹ ist einfach widerwärtig. 23. Januar 1898 an F. D. Batjuškov

In der Affäre Zola hat sich das ›Novoe vremja‹ einfach widerwärtig benommen. Aus diesem Anlaß habe ich mit dem Alten Briefe gewechselt (übrigens in sehr gemäßigtem Ton), und nun sind wir beide verstummt. Ich will nicht schreiben und will auch keine Briefe von ihm, in denen er die Taktlosigkeit seiner Zeitung damit rechtfertigt, daß er die Militärs liebe, – ich will nicht, weil mir das längst alles auf die Nerven geht. Auch ich liebe die Militärs, aber wenn ich eine Zeitung hätte, ich hätte es den Kaktussen nicht gestattet, in der Beilage honorarfrei *einen Roman von Zola abzudrucken und innerhalb der Zeitung über eben diesem Zola Spülwasser auszuschütten – und wofür? für etwas, das keiner dieser Kaktusse je gekannt hat, nämlich einen edlen Zornesausbruch und seelische Reinheit. Und wie dem auch sei, Zola zu beschimpfen, während er vor Gericht steht, – das gehört sich nicht in der Literatur.* 23. Februar 1898 an Aleksandr

449, 450 Paris, photographiert von Emile Zola
451 M. M. Antokolskij: ›Denkmal Peters des Großen‹ für die Stadt Taganrog.

449

450

451

Morgen gehe ich zu Antokolskij und hole mir von ihm die versprochene Photographie. Den vollständigen Bericht über die Affäre Dreyfus habe ich gekauft und schicke ihn Ihnen. Gestern habe ich Bernard Lazare getroffen, den Autor der Broschüre, die den Krieg ausgelöst hat, und ich habe mir von ihm alles geholt, was für den Dreyfusschen Part von Interesse ist – das schicke ich ebenfalls. Die Affäre Dreyfus ist, wie nach und nach aufgedeckt wird, ein Gaunerstück im großen Stil. Der wahre Verräter ist Esterházy, die Dokumente sind in Brüssel fabriziert worden; der Regierung war das bekannt.

24. April 1898 an P. F. Iordanov

452

453

452 Paris, Gare St.-Lazare, photographiert von Emile Zola
453 A. A. Chotjaincëva: ›Čechovs Heimkehr nach Melichovo‹, 1898

Das Moskauer Künstlertheater

Moskau, Jalta und zurück

1898–1900

454 Jalta, 1898

Wenn Sie wüßten, wie ich mich über Ihren Brief gefreut habe! Sie sind hartherzig, Sie sind dick, Sie können diese meine Freude nicht verstehen. Ja, ich bin in Jalta und werde hier bleiben, bis es anfängt zu schneien. Ich habe Moskau nicht verlassen wollen, ich habe es ganz und gar nicht gewollt, aber ich mußte, denn ich habe immer noch ein illegitimes Verhältnis mit den Bazillen – und die Erzählungen, wonach ich fülliger oder sogar dick geworden sei, sind ein reines Märchen. Und daß ich heiraten wolle, ist ebenfalls ein Märchen, von Ihnen in die Welt gesetzt. Sie wissen, daß ich nie ohne Ihre Erlaubnis heiraten werde. Sie wissen das sehr genau, und dennoch setzen Sie die verschiedensten Gerüchte in Umlauf – wahrscheinlich nach der Logik des alten Jägers, der selbst mit seinem Gewehr nicht mehr schießen kann und der darum auch andere nicht läßt, sondern nur noch ächzend und brummelnd auf dem Ofen liegt. Nein, liebe Lika, nein! Ohne Ihre Erlaubnis werde ich nicht heiraten, und bevor ich heirate, werde ich Ihnen noch zeigen, was eine Harke ist, entschuldigen Sie den Ausdruck. Also, kommen Sie nach Jalta.

Trotz strengem Verbot werde ich wahrscheinlich im Januar für drei Tage nach Moskau ausreißen, sonst würde ich mich vor Trübsinn aufhängen. Dann sehen wir uns also? Dann, bringen Sie mir 2–3 Krawatten mit, ich bezahle sie Ihnen. Von Moskau fahre ich weiter nach Frankreich oder nach Italien.

Nemirovič und Stanislavskij haben ein sehr interessantes Theater. Sehr, sehr hübsche kleine Schauspielerinnen. Wenn ich noch etwas länger geblieben wäre, hätte ich den Kopf verloren. Je älter ich werde, desto häufiger und heftiger schlägt in mir der Puls des Lebens. Schreiben Sie sich das hinter die Ohren. Aber haben Sie keine Angst. Ich werde »meine Freunde« nicht kränken, ich werde es nicht wagen, mir das herauszunehmen, was diese sich mit solchem Erfolg herausgenommen haben.

21. September 1898 an L. S. Mizinova

455 Moskau, um 1900

456

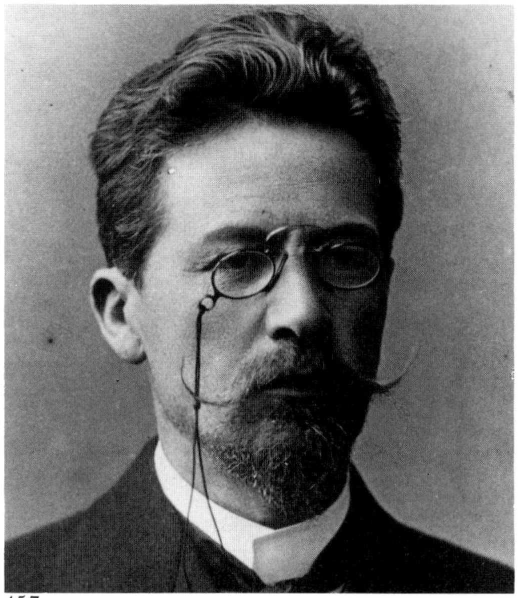
457

458

462

463

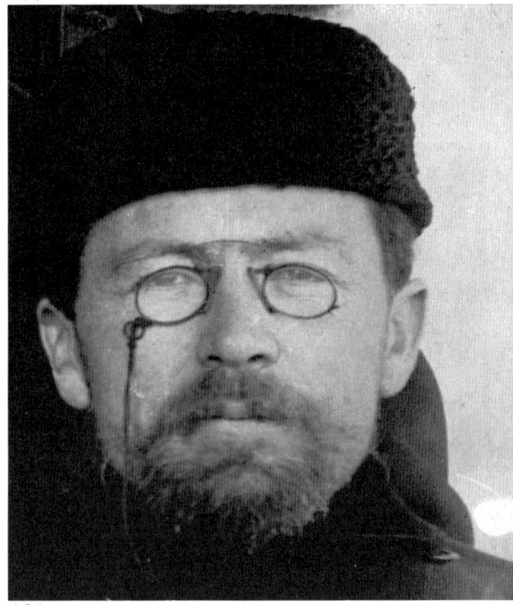
464

468

469

470

459

460

461

465

466

467

471

472

473

474

475

476

Die Gründung des ›Moskauer künstlerischen allgemein zugänglichen Theaters‹, 1898

474 K. S. Alekseev-Stanislavskij
475 V. I. Nemirovič-Dančenko
476 Erste Probebühne des Künstlertheaters in Puškino
477 K. A. Simov, Bühnenbildner, Ausstatter aller Čechov-Inszenierungen des Theaters, im Kreis seiner Mitarbeiter
478 Der Probenraum in Puškino

477

478

479

480

479 Die ›Eremitage‹, erste Spielstätte des Künstlertheaters in Moskau
480 Das Ensemble im Hof der ›Eremitage‹

481 Čechov und das Ensemble der ›Möwe‹, nach einer gemeinsamen Lesung des Stücks, Mai 1899

Stehend, von links: A. L. Višnevskij, V. V. Lužskij, Čechov, V. I. Nemirovič-Dančenko, O. L. Knipper, K. S. Stanislavskij, M. L. Roksanova, M. P. Nikolaeva, A. I. Andreev
sitzend: E. M. Raevskaja, A. R. Artëm, M. P. Lilina, I. A. Tichomirov, V. Ė. Mejerchold

482

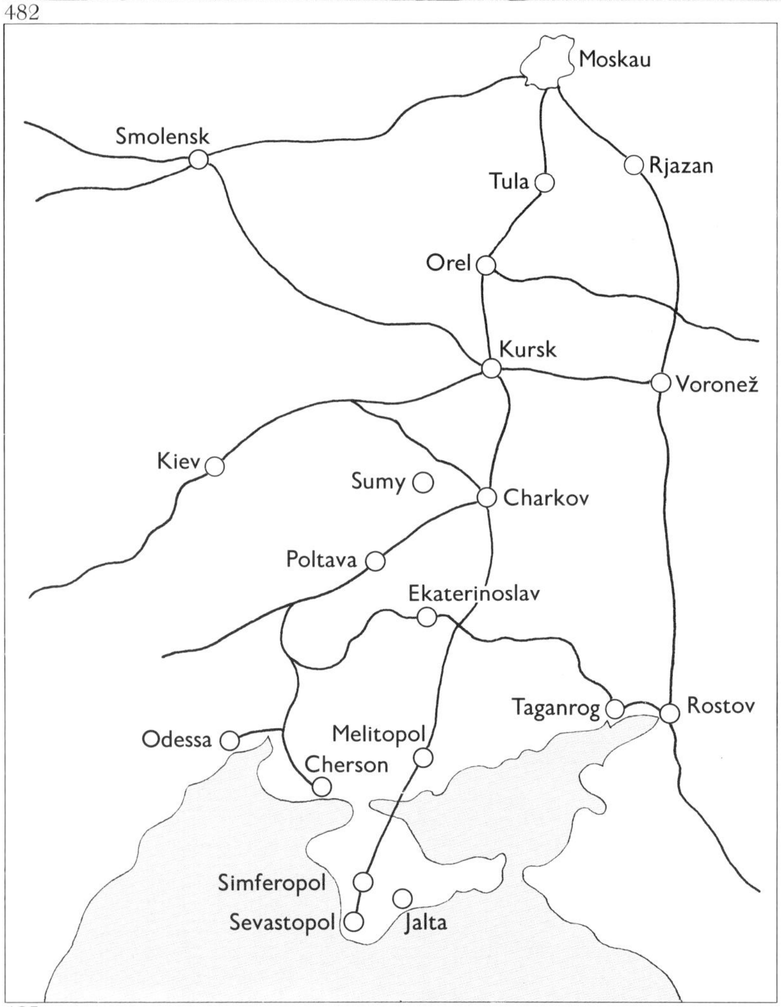

483

484

Jalta um die Jahrhundertwende

482, 485 Panorama der Stadt
483 Verbindungen Jalta–Moskau: per Schiff nach Sevastopol, von dort mit der Bahn – eine Zweitagesreise. Postweg für Briefe: vier bis fünf Tage, für Zeitungen: zwei Tage. Telephon ab September 1899
484 Blick auf die Bucht von Jalta
486 Die Uferpromenade
487 Čechovs Visitenkarte, Jalta

485

486

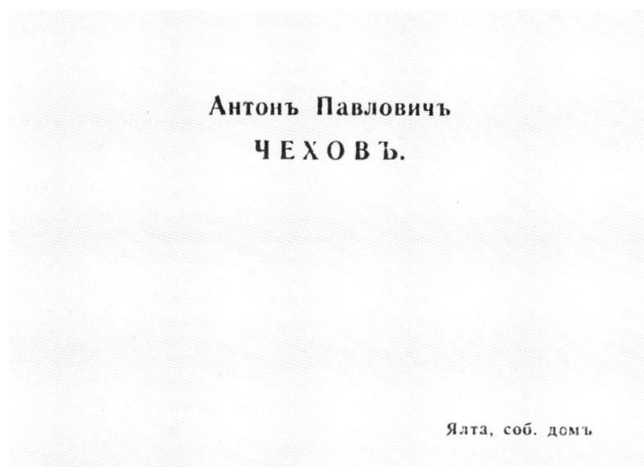

Антонъ Павловичъ
ЧЕХОВЪ.

Ялта, соб. домъ

487

Ich kaufe in Jalta ein Grundstück und werde bauen, um einen festen Platz für den Winter zu haben. Die Aussicht auf die ständige Wanderschaft, mit Hotelzimmern, Portiers, Zufallsküche usw. usf. schreckt meine Phantasie. Mit mir könnte hier auch Mutter überwintern. Einen Winter gibt es hier nicht; es ist Ende Oktober, und die Rosen und andere Blumen blühen um die Wette, die Bäume sind grün, es ist warm. Es gibt hier viel Wasser. Außer einem Haus braucht man nichts, kein Wirtschaftsgebäude; alles unter einem Dach. Im Kellergeschoß Kohle, Holz, die Hausmeisterwohnung, und aus. Die Hühner legen das ganze Jahr über, und sie brauchen keinen eigenen Stall, ein Verschlag genügt. Ganz in der Nähe ein Bäcker, ein Markt. So daß Mutter es sehr warm und sehr bequem haben würde. Nebenbei bemerkt, im Forstrevier kann man den ganzen Herbst über Reizker und Butterpilze sammeln – auch das wird unsere Mutter zerstreuen. Bauen werde ich nicht selbst, das macht alles ein Architekt. Gegen April wird das Haus fertig sein. Das Stück Land ist, nach Gesichtspunkten eines Städters, groß.
Kučukoj taugt nicht als fester Wohnsitz. Das ist ein Sommerhaus, ein sehr liebes, und zu kaufen lohnt es sich nur, weil es hübsch und billig zu haben ist. Was die Heirat betrifft, auf der Du bestehst, – was soll ich Dir sagen? Heiraten ist nur interessant, wenn man es aus Liebe tut; ein Mädchen nur deshalb zu heiraten, weil es sympathisch ist, wäre dasselbe, wie wenn man sich auf dem Markt eine überflüssige Sache kauft, nur weil sie schön ist. Die wichtigste Schraube im Familienleben ist – die Liebe, die sexuelle Neigung, die Einheit des Fleisches, alles andere ist unzuverlässig und langweilig, so klug wir uns das auch immer ausrechnen mögen. Es geht also nicht um ein sympathisches Mädchen, sondern um ein geliebtes; es hängt, wie Du siehst, nur an einer Kleinigkeit.
26. Oktober 1898 an Michail

488

489

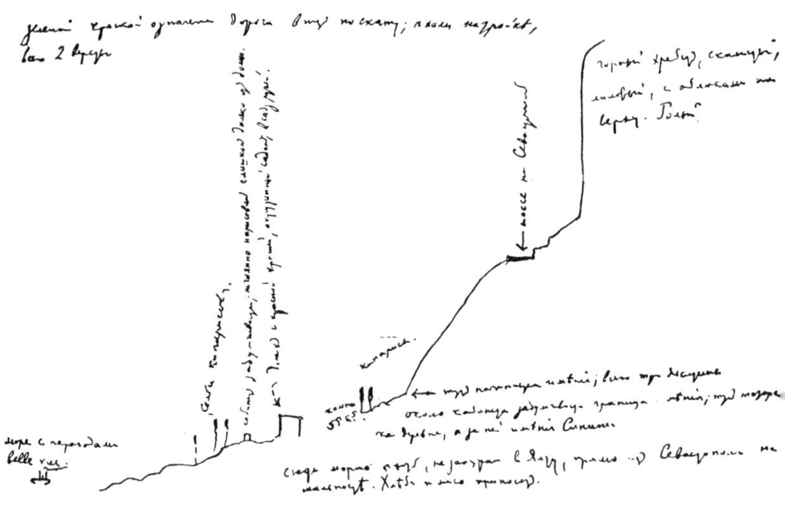

490

488 Auf Grundstücksuche
489 Das Grundstück Kučukoj nahe Jalta, am Fuß der Steilküste, das Čechov aber bald wieder abstieß.
490 Skizze der Lage von Kučukoj, Brief an Maša vom 27. September 1898
491 Der Strand von Jalta bei stürmischem Winterwetter
492 Čechovs Vater in Melichovo

491

492

Mein Vater ist nach qualvoller Krankheit und einer langwierigen Operation gestorben; und dies wäre nicht geschehen, wenn ich zu Hause gewesen wäre. Ich hätte es nicht zum Tode kommen lassen. Wie dem auch sei, meine Stimmung in den letzten Tagen ist alles andere als froh.
17. Oktober 1898 an A. S. Suvorin

Er hatte eine Darmverschlingung; man hat es zu spät festgestellt, hat ihn auf der furchtbaren Straße zur Bahn gefahren, dann in Moskau eine Operation vorgenommen, den Bauch geöffnet. Den Briefen nach zu urteilen war das Ende seines Lebens qualvoll, Maša hat furchtbar gelitten. Und mir ist schwer ums Herz.
24. Oktober 1898 an L. S. Mizinova

№ 748

Художественно-Общедоступный Театръ
(Каретный рядъ „Эрмитажъ“). (Каретный рядъ „Эрмитажъ“).

Въ Четвергъ, 17-го Декабря,
поставлено будетъ въ первый разъ:

ЧАЙКА

Драма въ 4-хъ дѣйствіяхъ, сочин. **Антона Чехова.**

ИСПОЛНЯТЪ РОЛИ: Тригорина—**К. С. Станиславскій,** Треплева—**В. Э. Мейерхольдъ,** Дорна—**А. Л. Вишневскій,** Сорина—**В. В. Лужскій,** Шамраева — **А. Р. Артемъ,** Медвѣденка—**І. А. Тихомировъ,** -кова—**А. Н. Андреевъ,** Повара—**А. Л. Загаровъ,** Аркадиной — **О. Л. Книпперъ,** Зарѣчной—**М. Л. Роксанова,** Маши—**М. П. Лилина,** Полины Андреевны—**Е. М. Раевская,** Горничной—**М. П. Николаева.**

Режиссеры **К. С. Станиславскій** и **Вл. И. Немировичъ-Данченко.**

Парики и прически Я. Иванова. Декоративныя украшенія цвѣтами садоваго заведенія Ѳ. Ноева.

Начало въ 7½ ч. веч., окончаніе около 11½ ч. ночи.

Лица, записавшіяся на первое представленіе драмы „Чайка“, благоволятъ получить билеты до 4-хъ час. Среды, 16-го Декабря, послѣ чего они поступаютъ въ общую продажу.

Въ Пятницу, 18-го Декабря, второе представленіе драмы: **ЧАЙКА.**

ЦѢНА МѢСТАМЪ ОБЫКНОВЕННАЯ.

Касса открыта отъ **10** час. утра до **8** час. вечера.

Главный режиссеръ **К. С. Станиславскій.** Завѣдующій репертуаромъ **Вл. И. Немировичъ-Данченко.**

494

Während ich diese Zeilen schreibe, wird in Moskau die ›Möwe‹ gespielt. Wie es wohl gelaufen ist? Es ist nicht gut, daß Du nicht in der Premiere warst.

17. Dezember 1898 an Maša

Ich sende Ihnen ein großes, riesiges, sechsstöckiges Danke für Ihr liebes Telegramm. Ich werde es zur Erinnerung aufbewahren und es Ihnen in 20 Jahren zeigen.
Aus den Zeitungen habe ich fast nichts verstanden, aber dann kam mein Bruder Ivan nach Jalta, es kam ein Brief von Vladimir Ivanovič, und allmählich begann ich zu begreifen, wie gut Sie tatsächlich gespielt haben, wie gut die Vorstellung überhaupt gewesen und wie unsinnig es im Grunde ist, daß ich nicht in Moskau bin. Wann und wo werde ich die ›Möwe‹ sehen?
Ich drücke Ihnen fest die Hand. Ob Kramsakov wohl je gedacht hat, daß ich einmal Stücke schreiben und daß Sie einmal Schauspieler werden würden?
An alle viele Grüße. 26. Dezember 1898 an A. L. Višnevski

493 Jalta, 1898

494 ›Die Möwe‹, 17. Dezember 1898
im ersten Jahr des Künstlertheaters Moskau.
Das Premieren-Plakat
495 ›Die Möwe‹. II. Akt, Szenenphoto
496 ›Die Möwe‹. Seite aus dem Regiebuch Stanislavskijs mit dem Grundriß des Bilds für den I. Akt

495

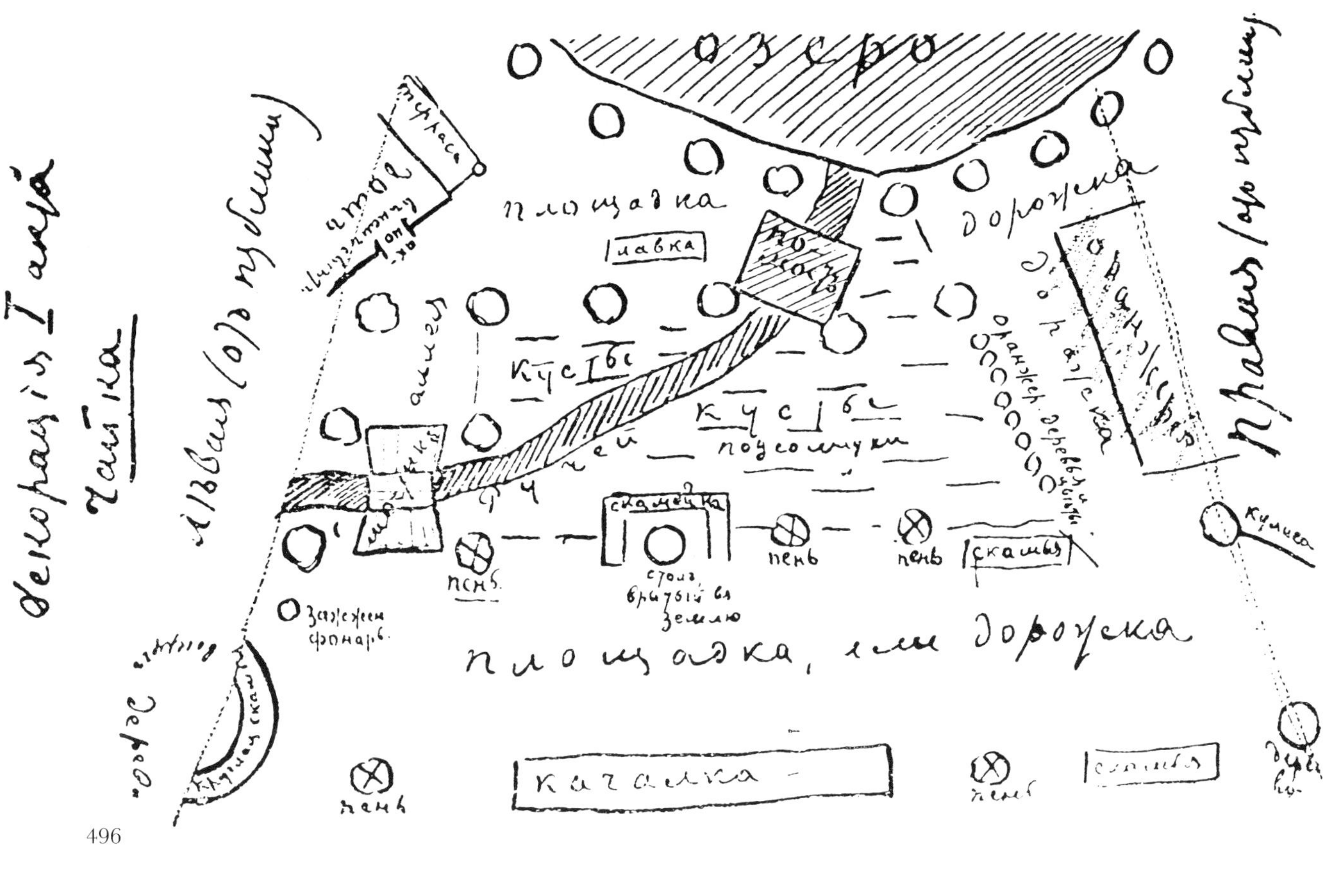
озеро
площадка
лавка
дорожка
кусты
скамейка
пень
пень
пень
пень
качалка
площадка, или дорожка
Чайка

496

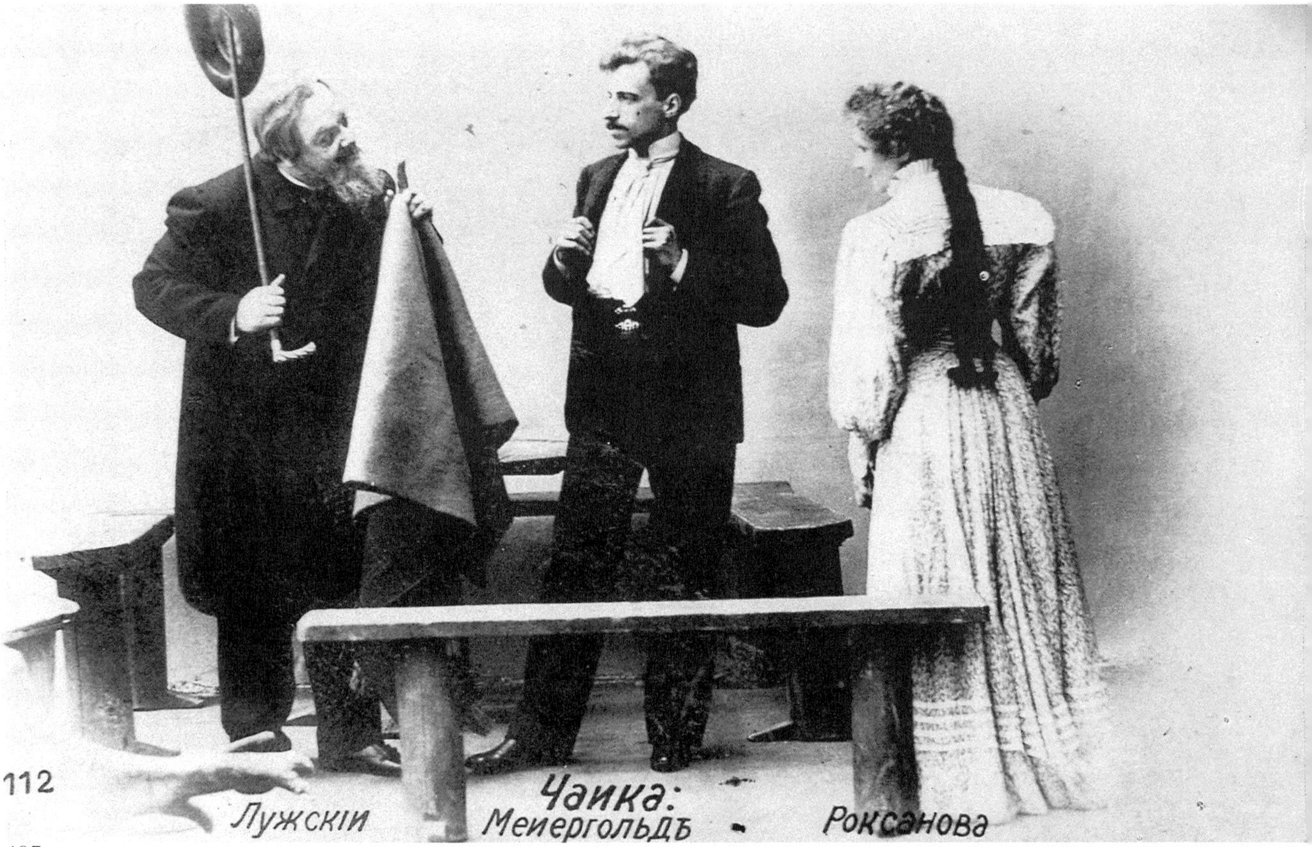

497

498

499

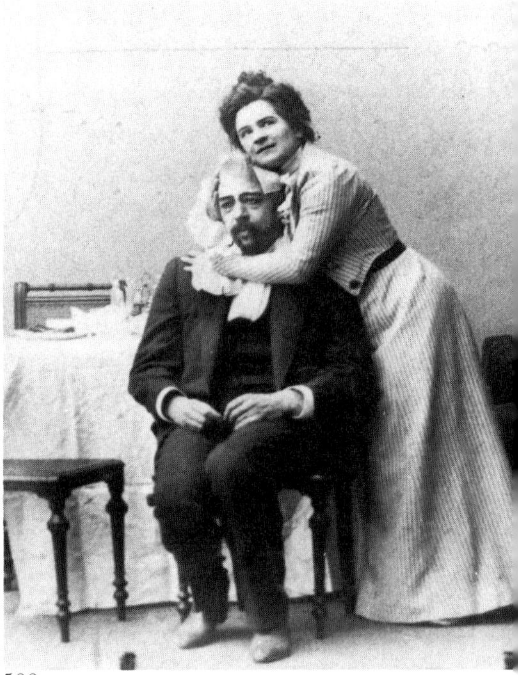

500

›Die Möwe‹ im Moskauer Künstlertheater

497 I. Akt: Sorin – Treplev – Nina
498 II. Akt: Nina – Trigorin
499 II. Akt: Polina Andreevna – Dorn
500 III. Akt: ARKADINA Jetzt gehört er mir!

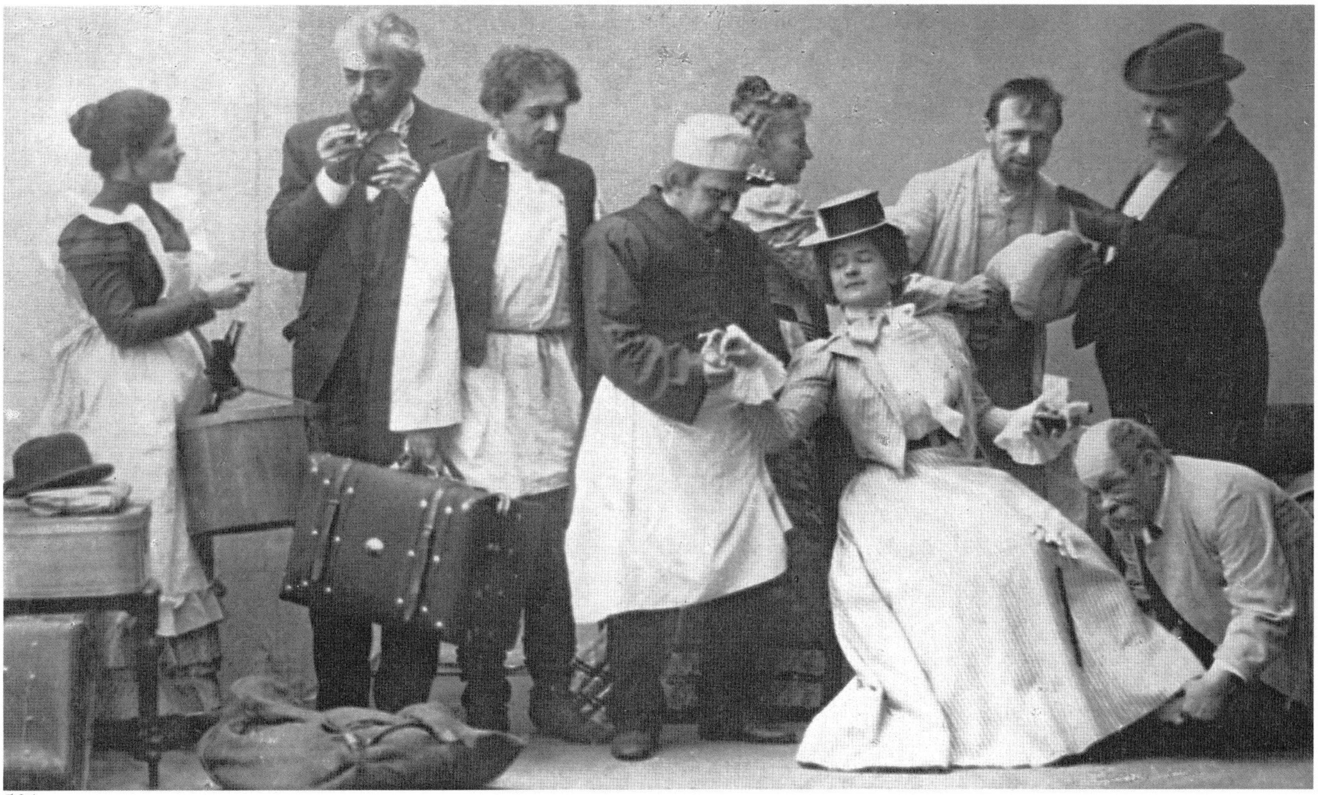

501

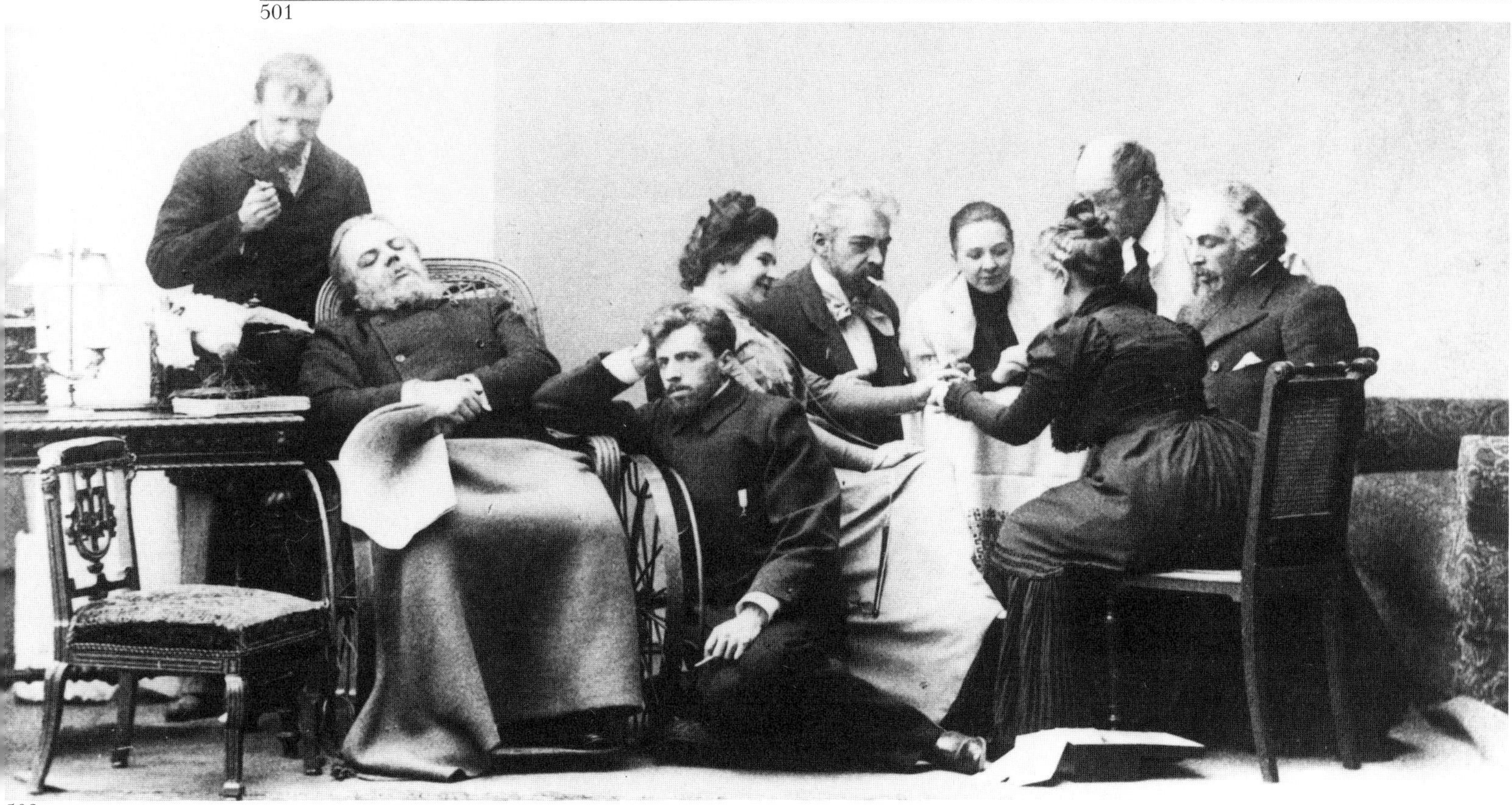

502

501 III. Akt: ARKADINA Hier, ein Rubel – der ist für euch drei.
502 IV. Akt: Ensemblephoto

503

504

In Jalta gibt es zur Zeit keine Menschen – die einen sind abgereist, die anderen fallen einem auf die Nerven, ringsum die Einöde, und ich würde mit Vergnügen nach Moskau kommen, aber man sagt mir, das sei riskant, weil ich seit zwei Jahren den Winter nicht mehr gewohnt bin. Die einzige Zerstreuung, die ich habe, ist der Bau, und auch dort bin ich nur selten, denn auf dem Grundstück ist es morastig, die Galoschen bleiben drin stecken. Bei Schnee und Regen ist es unmöglich zu bauen, und deshalb macht der Bau nur geringe Fortschritte, eigentlich kaum welche. Der Architekt entwirft derweil das Interieur des Arbeitszimmers, den Kamin, die Fenster. Es wird ganz schön.

9. Januar 1899 an Maša

505

506

507

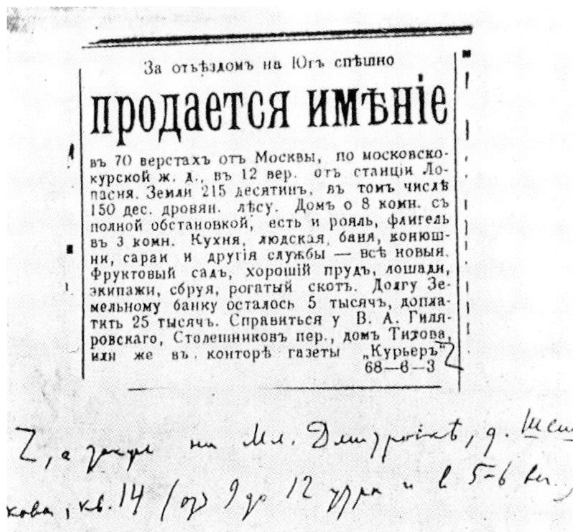

За отъѣздомъ на Югъ спѣшно

продается имѣніе

въ 70 верстахъ отъ Москвы, по московско-курской ж. д., въ 12 вер. отъ станціи Лопасня. Земли 215 десятинъ, въ томъ числѣ 150 дес. дровян. лѣсу. Домъ о 8 комн. съ полной обстановкой, есть и рояль, флигель въ 3 комн. Кухня, людская, баня, конюшни, сараи и другія службы — все новыя. Фруктовый садъ, хорошій прудъ, лошади, экипажи, сбруя, рогатый скотъ. Долгу Земельному банку осталось 5 тысячъ, доплатить 25 тысячъ. Справиться у В. А. Гиляровскаго, Столешниковъ пер., домъ Титова, или же въ конторѣ газеты „Курьеръ"
68—6—3

508

503 Die Bucht von Jalta, von Autka aus gesehen
504 Erdarbeiten auf dem Grundstück in Autka
505 Winter 1898/1899
506 Vor dem Rohbau des Hauses in Autka
507 Mit Maša vor dem Haus
508 Verkaufsanzeige für das Gut Melichovo. Korrekturfahne des ›Moskauer Kurier‹, mit handschriftlichen Ergänzungen Čechovs

509 Blick in die Berge: Aj-Petri im Schnee

510 Autka. Die ›Weiße Villa‹

511 I. I. Levitan: ›Heuschober. Abenddämmerung‹, 1899

Levitan ist bei uns. Auf meinen Kamin hat er eine Mondnacht während der Heuernte gemalt. Eine Wiese, Heuschober, in der Ferne Wald, über allem der Mond. 2. Januar 1900 an O. L. Knipper

512

513

514

515

516

512 Jalta, im Arbeitszimmer, 1900. Links an der Front des Kamins: Levitans Bild
513 Im Arbeitszimmer, neben dem Kamin
514 V. A. Serov: ›Porträt des Malers I. I. Levitan‹, 1900
515 Jalta, 1899, beim Bäumepflanzen
516 Der Garten um die Weiße Villa, 1900

517

518

Wie viele Schwindsüchtige es hier gibt! Welch ein Elend und welche Unruhe um sie! Schwerkranke werden hier weder in den Hotels noch in Privatwohnungen aufgenommen, Sie können sich also vorstellen, welche Geschichten man hier mitansehen muß. Die Leute sterben an Entkräftung, an der Umgebung, an totaler Verwahrlosung – und das im gepriesenen Tauris. Da verliert man jeglichen Appetit auf Sonne und Meer.

10. März 1900 an A. S. Suvorin

519

520

521

Gesellschaft in Jalta

517 Im Familienkreis von V. K. Charkeevič, Direktorin des Mädchengymnasiums in Jalta, Winter 1898/1899
518 Jalta, 12. Januar 1900. Zu Gast bei dem Arzt L. V. Sredin
519 Stadtzentrum Jalta. Die Vinogradnaja
520 Gorkij zu Gast bei Čechov, 5. Mai 1900
521 Mit Gorkij auf dem Weg in die Stadt

522

523

Die Geschwister in Jalta, um 1900

522 Maša
523 Mit Ivan, im Garten von Autka
524 Miša als Familienvater, gezeichnet von Aleksandr, in seinem Brief an Michail vom 15. Februar 1898
525 Miša, Aleksandrs Sohn, 1900
526 Aleksandr, 1901. Kommentar von Hand Aleksandrs, in Anspielung auf ›Drei Schwestern‹: »Die Kraniche fliegen … sie haben sicher auch so manchmal ihre Familienprobleme … Hmja!«

524

525

526

527

528

529

1899 kündigte Čechov die Zusammenarbeit mit A. S. Suvorin. Um »seine Angelegenheiten zu ordnen«, schloß er mit dem Verleger A. F. Marks, St. Petersburg, einen damals üblichen Verkaufsvertrag über die Nutzungsrechte am bisherigen Gesamtwerk – mit dem Ziel einer Gesamtausgabe. Die Verkaufssumme – relativ bescheiden – betrug 75 000 Rubel.

527 St. Petersburg, 11. Juni 1899
528 ›Der Deutsche‹ Adolf Marks
529 Umschlag der Gesamtausgabe im Verlag A. F. Marks, St. Petersburg, 1899–1906
530 Moskau, 1899
531 Abschrift einer frühen Erzählung, die sich Čechov, von Jalta aus, von Freunden und Bekannten in Moskau und St. Petersburg machen ließ, um dem Vertrag mit A. F. Marks zu genügen. Das Kürzel »NB« über dem Titel bedeutete: ›Nicht aufnehmen‹
532 Korrekturfahne der Erzählung ›Einmal im Jahr‹: gekürzt, dann aussortiert

Ivan wird Dir wahrscheinlich bereits erzählt haben von meinen Verhandlungen mit Marks. Ich habe lange gefeilscht, lange und hartnäckig, und heute habe ich schließlich telegraphiert, ich sei einverstanden. Für alle bereits veröffentlichten Werke bekomme ich 75.000 Rub. (fünfundsiebzigtausend), wobei ich für künftige 250 R. pro Bogen bekommen werde, in 5 Jahren 450, und in weiteren fünf Jahren 650 usw., einen Aufschlag von je 200 R. für jede weiteren 5 Jahre. Meine künftigen Werke werden Marks erst dann gehören, nachdem ich sie in Zeitschriften und Zeitungen veröffentlicht und dafür Honorar bekommen habe. Die Einkünfte aus den Stücken gehören mir und danach meinen Erben.
Die Medaille hat zwei Seiten. Und der Verkauf, den ich getätigt habe, hat zweifelsohne auch seine schlechten Seiten. Aber zweifelsohne hat er auch seine guten. 1) werden meine Werke mustergültig ediert werden, 2) werde ich nichts mehr mit Druckerei und Buchhandlung zu tun haben, man wird mich nicht mehr bestehlen und mir keine Gefälligkeiten erweisen, 3) werde ich in Ruhe arbeiten können, ohne Angst vor der Zukunft haben zu müssen, 4) sind meine Einkünfte nicht hoch, aber beständig; wenn man davon ausgeht, daß 25 Tausend für die Rückzahlung der Schulden, für Ausgaben für den Bau, den Kauf eines Klaviers, von Möbeln usw. draufgehen und 50 Tausend sozusagen mein Grundkapital bilden werden, das 4% abwirft, dann ist das Mindeste, was ich jährlich bekommen werde: 9½ Tausend. Immerhin wird Ordnung einkehren – Gott sei Dank. 20. Januar 1899 an Maša

Aber trotzdem ist mir unwohl, als hätte ich eine reiche Frau geheiratet. Mir bleibt jetzt, nach russischer Sitte, Ihnen zu danken. Unter Geschäftsleuten gibt es die Redensart: leb und schlag dich, aber geh in Frieden auseinander. Wir gehen in Frieden auseinander, aber wir haben immer auch in Frieden miteinander gelebt, und ich glaube, solange ich meine Bücher bei Ihnen veröffentlicht habe, hat es zwischen uns kein einziges Mißverständnis gegeben. Dabei haben wir doch große Dinge vollbracht. Und wirklich sollten wir, daß Sie mich veröffentlicht und ich bei Ihnen veröffentlicht habe, beiderseits feierlich begehen. 27. Januar 1899 an A. S. Suvorin

530

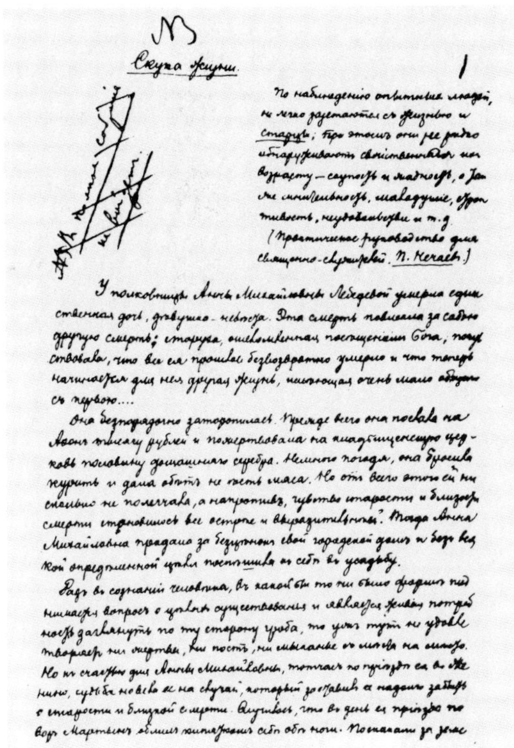

531

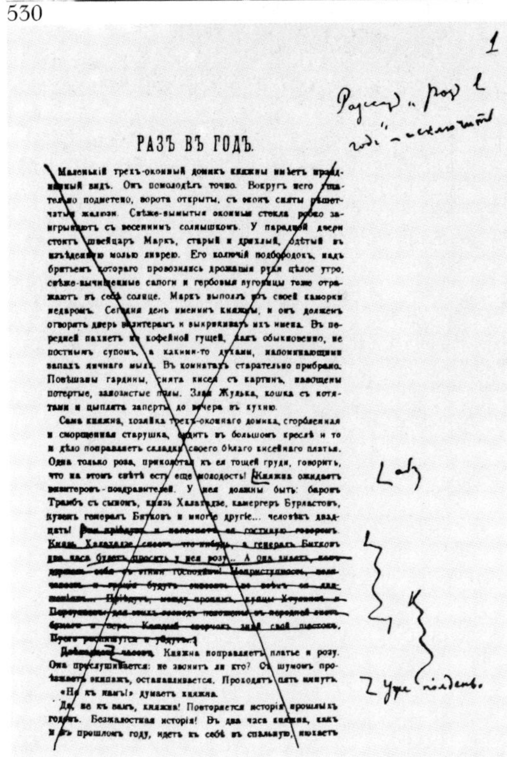

РАЗЪ ВЪ ГОДЪ.

532

1899.

ХУДОЖЕСТВЕННО-ОБЩЕДОСТУПНЫЙ ТЕАТРЪ

(Каретный рядъ, „Эрмитажъ") (Каретный рядъ, „Эрмитажъ").

ВО ВТОРНИКЪ, 26-го ОКТЯБРЯ,

поставлено будетъ въ 1-й разъ:

Дядя Ваня,

сцены изъ деревенской жизни въ 4-хъ дѣйств., соч. Антона Чехова.

Исполнятъ роли: Войницкаго — А. Л. Вишневскій, Астрова — К. С. Станиславскій, Серебрякова — В. В. Лужскій, Телегина — А. Р. Артемъ, Работника — М. Г. Григорьевъ, Серебряковой — О. Л. Книпперъ, Сони — М. П. Лилина, Войницкой — Е. М. Раевская, Марины — М. А. Самарова.

Декорации 1-го и 2-го дѣйствій художника В. А. СИМОВА. Режиссеры: К. С. Станиславскій и Вл. И. Немировичъ-Данченко.

Парики, гримъ и прически Я. И. Иванова.

Начало въ 7½ час. вечера, окончаніе около 11½ час. веч. БИЛЕТЫ ВСѢ ПРОДАНЫ.

533

534

535

536

537

538

›Onkel Vanja‹. Moskauer Künstlertheater am 26. Oktober 1899. Regie: K. S. Stanislavskij und V. I. Nemirovič-Dančenko

533 Das Premieren-Plakat
534 Jalta, 1899
535 Theaterzettel mit dem Porträt Čechovs
536 Vojnickij (Onkel Vanja) – A. L. Višnevskij
537 Elena Andreevna – O. L. Knipper
538 Doktor Astrov – K. S. Stanislavskij
539 Sonja – M. P. Lilina-Alekseeva
540 Serebrjakov – V. V. Lužskij
541 Telegin – A. R. Artëm
542 Marina – M. A. Samarova

539

540

541

542

543

544

›Onkel Vanja‹, der II. Akt

543 ELENA ANDREEVNA Schweig! Du bringst mich zur Verzweiflung!
544 SEREBRJAKOV Alle sind todmüde, können nicht schlafen, ich allein schwimme in Glückseligkeit.
545 ASTROV Allen Städten fällt er mit seinem Podagra auf die Nerven. Ist er nun krank, oder tut er nur so?
546 ELENA ANDREEVNA Sophie! Wie lange wollen Sie mir noch böse sein?
547 ELENA ANDREEVNA Also – du?

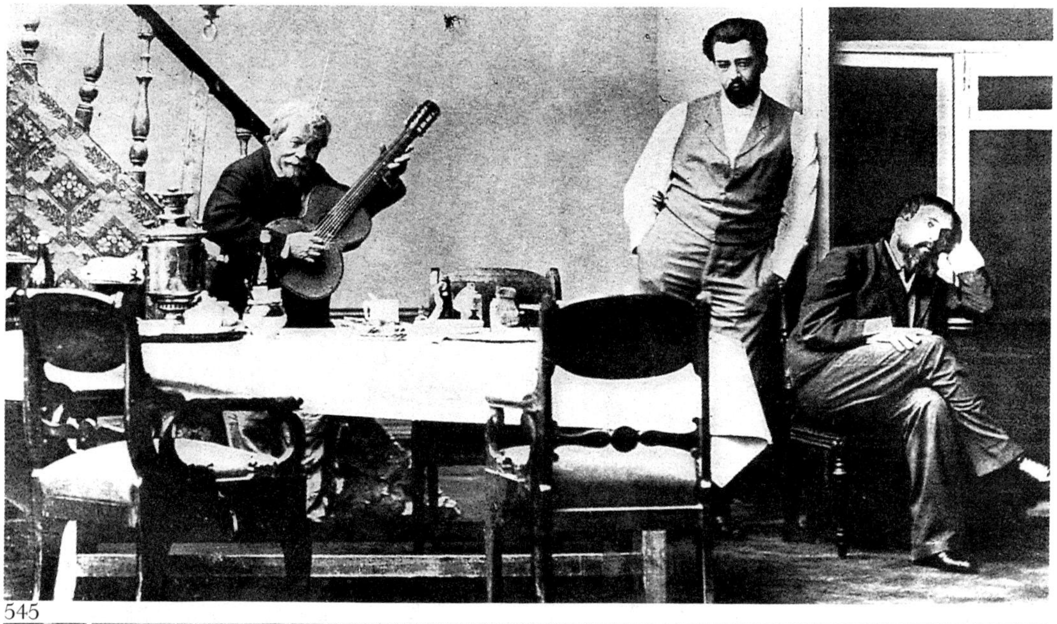
545

546

547

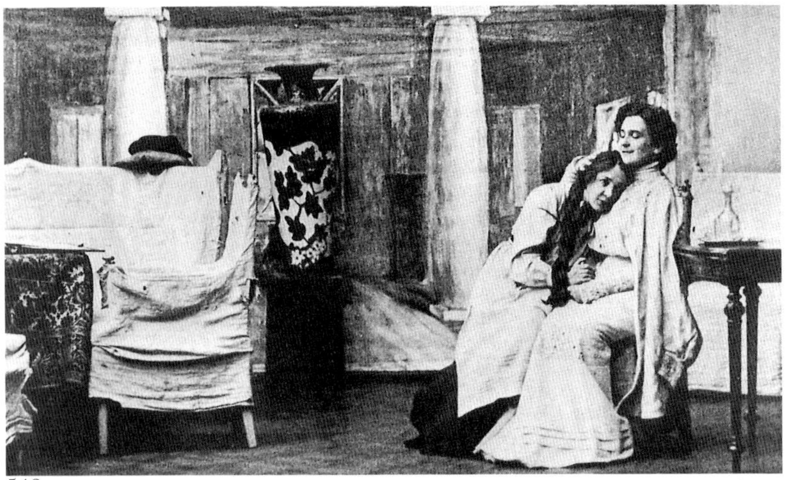
548

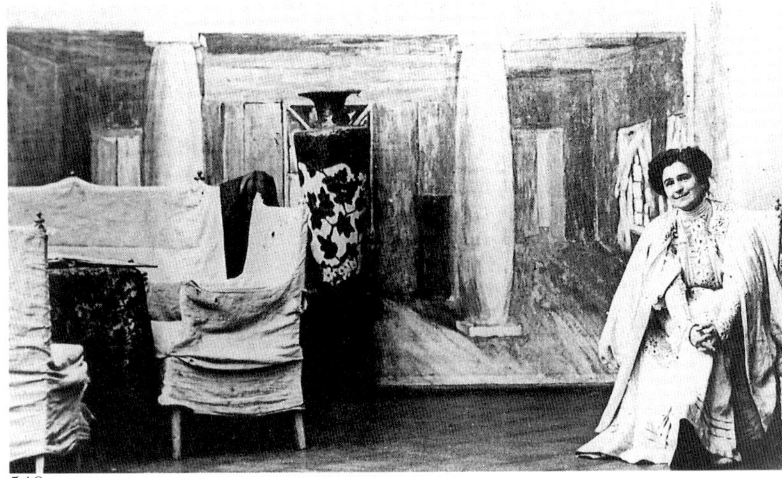
549

552

553

556

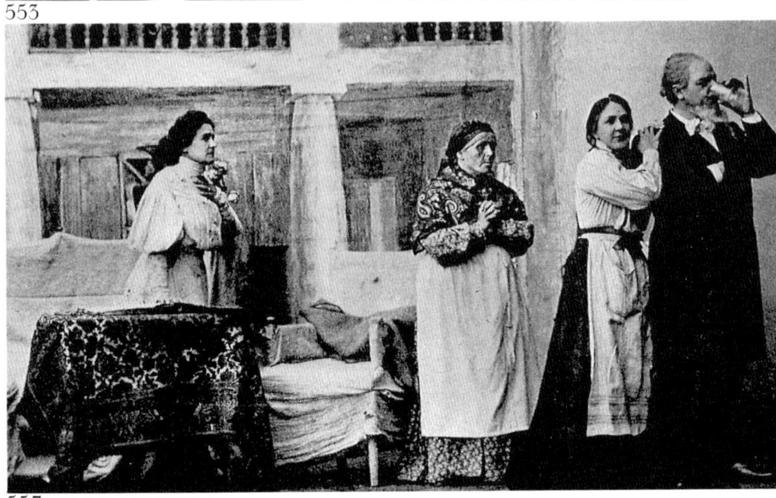
557

550

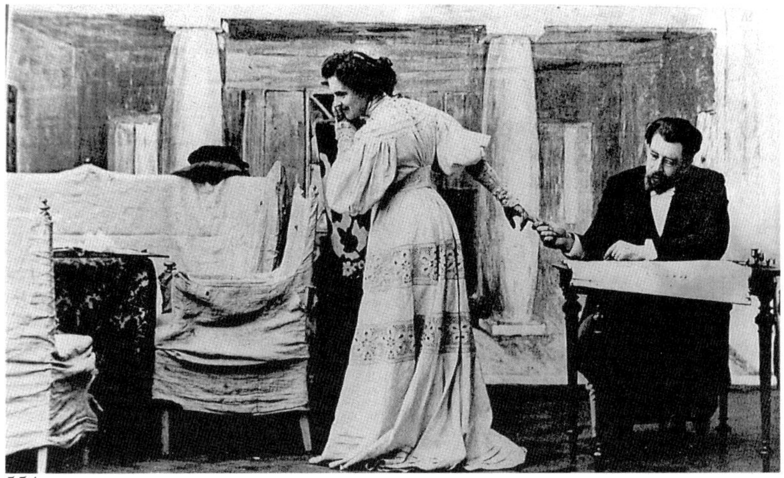

551

554

555

558

›Onkel Vanja‹, der III. Akt

548 ELENA ANDREEVNA Du hast sehr schönes Haar.
549 ELENA ANDREEVNA *allein* Er, der anders ist als alle anderen, schön, interessant, hinreißend …
550 ASTROV Für sie ist das sicher uninteressant.
551 ASTROV Sie sind ganz schön gerissen!
552 ELENA ANDREEVNA Lassen Sie mich … verschonen Sie mich …
553 VOJNICKIJ Hélène, ich habe alles gesehen, alles …
554 SEREBRJAKOV Ich habe Sie hergebeten, meine Herrschaften, um Ihnen mitzuteilen: zu uns kommt ein Revisor.
555 VOJNICKIJ Fünfundzwanzig Jahre habe ich dieses Gut verwaltet, habe gearbeitet, dir Geld geschickt …
556 VOJNICKIJ Du bist mein schlimmster Feind!
557 SONJA Du mußt das verstehen, Papa! Du mußt barmherzig sein!
558 VOJNICKIJ Peng! *Pause.* Nicht getroffen? Wieder daneben?

559

560

562

563

565

566

Sie fragen, ob ich Lampenfieber hätte. Aber daß der ›Onkel Vanja‹ am 26. Premiere hatte, habe ich offiziell doch erst aus Ihrem Brief erfahren, den ich am 27. bekam. Die Telegramme begannen am 27. abends einzutreffen, als ich bereits im Bett war. Sie werden mir telephonisch übermittelt. Ich wachte jedesmal auf und lief im Dunkeln ans Telephon, barfuß, und fror sehr; dann war ich kaum wieder eingeschlafen, als es wieder klingelte und wieder. Das erste Mal, daß mich mein eigener Ruhm nicht schlafen ließ. Am nächsten Tag habe ich mir vor dem Schlafengehen Pantoffeln und Schlafrock ans Bett gelegt, aber da kamen keine Telegramme mehr.

30. Oktober 1899 an O. L. Knipper

561

564

567

›Onkel Vanja‹, IV. Akt

559 VOJNICKIJ Laßt mich wenigstens eine Stunde lang allein. Ich ertrage keine Bevormundung.
560 ASTROV Was heißt hier: neues Leben! Unsere Lage, deine wie meine, ist hoffnungslos.
561 ASTROV Bevor Onkel Vanja mit seinem Blumenstrauß da ist, erlauben Sie mir... Sie zu küssen... Zum Abschied.
562 SEREBRJAKOV Ich nehme deine Entschuldigung gern an und bitte selbst um Entschuldigung.
563 SEREBRJAKOV Ich danke Ihnen für die angenehme Gesellschaft...
564 VOJNICKIJ Leben Sie wohl... Verzeihen Sie mir... Wir werden uns nie wiedersehen.
565 SONJA Wir müssen leben! *Pause.* Wir werden leben, Onkel Vanja!
566 SONJA Ich glaube es, Onkel! Ich glaube es innig, leidenschaftlich!
567 SONJA Wir werden ausruhen!

Антонъ Чеховъ.

ДЯДЯ ВАНЯ.

Сцена изъ деревенской жизни.

Въ четырехъ дѣйствіяхъ.

Цѣна 50 коп.

С.-ПЕТЕРБУРГЪ.
Изданіе А. Ф. Маркса.
1902.

568 ›Onkel Vanja‹, erste Einzelausgabe

569

570

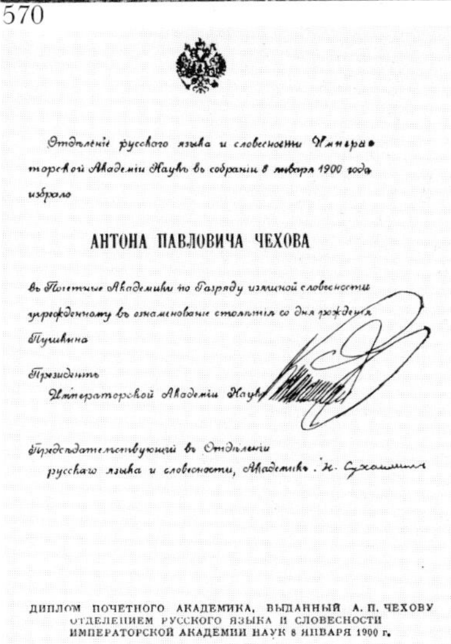

Отдѣленіе русскаго языка и словесности Императорской Академіи Наукъ въ собраніи 8 января 1900 года избрало

АНТОНА ПАВЛОВИЧА ЧЕХОВА

въ Почетные Академики по Разряду изящной словесности учрежденному въ ознаменованіе столѣтія со дня рожденія Пушкина

Президентъ Императорской Академіи Наукъ

Предсѣдательствующій въ Отдѣленіи русскаго языка и словесности, Академикъ Н. Сухомлинъ

ДИПЛОМ ПОЧЕТНОГО АКАДЕМИКА, ВЫДАННЫЙ А. П. ЧЕХОВУ ОТДЕЛЕНИЕМ РУССКОГО ЯЗЫКА И СЛОВЕСНОСТИ ИМПЕРАТОРСКОЙ АКАДЕМИИ НАУК 8 ЯНВАРЯ 1900 г.

571

572

573

Was die Akademie betrifft, so sind Sie nicht ausreichend informiert. Wirkl. Mitglieder der Akademie wird es aus dem Kreis der Literaten nicht *geben. Schriftsteller und Künstler wird man zu Ehrenmitgliedern der Akademie machen, zu Ober-Akademikern, Erz-Akademikern, zu einfachen Akademiemitgliedern dagegen – nie oder noch nicht so bald. Die werden in ihren Heiligenschrein doch keine Menschen einlassen, die sie nicht kennen und zu denen sie kein Vertrauen haben. Sagen Sie: wozu war es notwendig, sich den Titel eines Ehrenmitglieds auszudenken?* 23. Januar 1900 an A. S. Suvorin

569 Čechov, Ehrenmitglied der Akademie der Wissenschaften, Jalta 1900
570 Gurzuf, 20 Verst östlich von Jalta. Čechov kaufte hier ein Häuschen am Meer, um vor den Gästen in Jalta fliehen und sich zum Schreiben zurückzuziehen zu können.
571 Ernennungsurkunde zum Ehrenmitglied der Akademie
572 Maša Čechova: ›Blick auf das Schwarze Meer‹, Gurzuf, um 1900
573 ›Ansicht des Gutes Gurzuf von Pëtr Ionyč Gubonin. Zeichn. A. Čechov‹

574 Moskau, 1899

575 Das Ensemble des Moskauer Künstlertheaters, Photographie für Čechov, mit den Autogrammen aller Mitglieder. Im Zentrum K. S. Stanislavskij und V. I. Nemirovič-Dančenko

576 Scherzphoto: die Herren des Ensembles, angetreten zum Appell vor den Direktoren

575

576

Sie schrieben einmal, für Sie, die kleinen Leute, liege die Zukunft unter dem Schleier des Geheimnisses. Neulich habe ich von Ihrem Chef Vl. Iv. Nemirovič-Dančenko einen Brief bekommen. Er schreibt, die Truppe werde nach Sevastopol, dann nach Jalta kommen – Anfang Mai. In Jalta 5 Vorstellungen, und danach abends Proben. Zu den Proben bleiben nur die wertvollen Vertreter der Truppe, die übrigen können sich erholen, wo es ihnen beliebt. Ich hoffe, Sie sind wertvoll. Für den Direktor sind Sie wertvoll, für den Autor – unbezahlbar. Diesen Scherz zum Nachtisch. Mehr schreiben werde ich nicht, bevor Sie mir nicht Ihr Bild schicken.
Ich küsse Ihr Händchen. Ihr Antonio, academicus
Im Frühjahr kommt die Truppe auch nach Charkov. Ich werde Ihnen entgegenkommen, nur sagen Sie niemandem etwas davon.

10. Februar 1900 an O. L. Knipper

In der Woche nach Ostern wird in Jalta das Moskauer Künstlertheater spielen, es bringt alle Bühnenbilder und Requisiten mit. Die Karten für alle 4 angekündigten Inszenierungen waren binnen eines Tages ausverkauft, ungeachtet der stark erhöhten Preise. Gespielt werden, unter anderem, die ›Einsamen‹ von Hauptmann – ein meiner Meinung nach großartiges Stück. Ich habe es mit großem Vergnügen gelesen, obwohl ich Stücke nicht mag, und inszeniert haben soll es das Künstlertheater wunderbar.

10. März 1900 an A. S. Suvorin

577

578

79

580

Gastspiel des Künstlertheaters
April 1900, Sevastopol und Jalta

577 Sevastopol, April 1900
Mit den Schauspielerinnen
O. L. Knipper und M. G. Savickaja;
verdeckt: A. A. Sanin
578 Das Ensemble 1900 in Jalta.
Stehend, siebenter von rechts:
Čechov, vor ihm – in Weiß –
O. L. Knipper. Ihr zu Füßen:
V. E. Mejerchold
579 Mit V. I. Nemirovič-Dančenko
im Arbeitszimmer in Jalta
580 O. L. Knipper
581 M. P. Alekseeva-Lilina und
ihr Mann, K. S. Stanislavskij, in
Jalta
582 Maksim Gorkij

581

582

583

584

583 Das Ensemble 1900 in Jalta
584 Jalta, das Stadttheater

585 Jalta, 1900

Ich habe Dir lange nicht geschrieben; die Gründe dafür – Krankheiten und Schauspieler. In der Osterwoche kam das Künstlertheater, es spielte die ›Möwe‹ und ›Onkel Vanja‹, und die zwei Wochen vergingen wie im Rausch. Kurz vor Ostern hatte ich starke Blutungen (Hämorrhoiden), die mich bis heute noch nicht wieder haben zu mir kommen lassen. Wir sehen uns bald, ich komme Anfang Mai nach Moskau. Sei nicht böse, mein Lieber, nimm es mir nicht übel; ich fürchte ständig, Du könntest mir böse sein für mein Schweigen. Nun, Gott ist gnädig. 24. April 1900 an V. A. Golcev

586 V. A. Serov: ›Porträt A. P. Čechov‹, 1902

Werke von Anton Tschechoff

Ja, die Frauenzimmer!
Novellen
Deutsch von Korfiz Holm
Umschlagzeichnung von Wilhelm Schulz
Drittes Tausend
Geheftet 1 Mark, gebunden 1.50 Mark
Kleine Bibliothek Langen Band 39

Hamburger Fremdenblatt: ... Es fällt einem schwer, aus der Sammlung die schönste Novelle herauszusuchen Charakteristisch sind sie alle ... Die ganze Roheit, der Aberglaube wie die Formelgläubigkeit, die im Russen steckt, die Steppenpoesie, die furchtbare Schrecklichkeit der Lazarettschiffe mit den schwindsüchtigen und verwundeten Soldaten, alle diese gegensätzlichen Szenerien hat der Dichter mit großem Geschick entworfen.

587

Band XVII:

Anton Tschechoff, Starker Tobak
und andere Novellen.
Autorisierte Übersetzung von **Wladimir Czumikow.**
Umschlagzeichnung von **Th. Th. Heine.**

Anton Tschechoffs Name ist in den letzten Jahren auf das vorteilhafteste bekannt geworden. In seiner Heimat Russland war er es längst, wie die hohen Auflagen seiner Bücher beweisen. Sein Beruf als Arzt hat ihn mit allen Volksklassen in Beruhrung gebracht, und er hat sie alle mit gleicher Liebe, mit dem gleichen feinen Kunstlerauge betrachtet. In Ernst und liebenswurdigstem Scherz weiss er sie uns zu schildern.

Band XVIII:

Guy de Maupassant, Das Brillanthalsband
und andere Novellen.
Umschlagzeichnung von **F. v. Reznicek.**

Die hier in schmuckem Gewand und vorzüglicher Übersetzung dargebotenen Geschichten Maupassants zeigen wiederum alle Vorzuge des Meisters der fein pointierten Novelle.

Überall, in Ernst und Scherz, bewundern wir die Grosse seiner Weltanschauung, die scharf und unerbittlich, wie das Leben selbst, in ihren Bann zieht und uns zwingt, zu folgen, vom ersten bis zum letzten Wort.

Preis des Bandes Mk. 1.—, gebunden Mk. 2.—.

Zu beziehen durch alle Buchhandlungen oder direkt vom Verleger **Albert Langen, München.**

588

589

Čechov in Deutschland

587 Aus dem Katalog des Verlags Albert Langen, München: Werke von Anton Tschechoff
588 ›Kleine Bibliothek Albert Langen‹: Anzeige im ›Simplicissimus‹
589 Umschlag zur deutschen Erstausgabe der Novelle ›Das Duell‹, 1897

590

Anton Tschechoff

Ein bekannter Herr

Humoristische Geschichten. Einzig autorisierte Übersetzung aus dem Russischen von

Wladimir Czumikow

Erstes bis drittes Tausend

Buchschmuck von J. Vrieslander

Verlegt bei Eugen Diederichs in Leipzig 1900

591

592

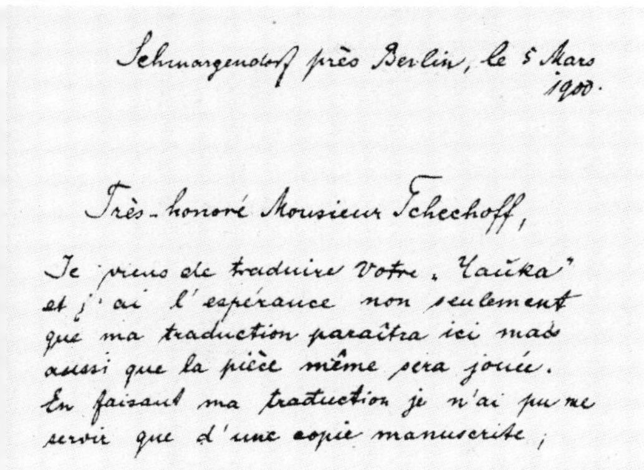

Schmargendorf près Berlin, le 5 Mars 1900.

Très-honoré Monsieur Tschechoff,

Je viens de traduire Votre „Чайка" et j'ai l'espérance non seulement que ma traduction paraîtra ici mais aussi que la pièce même sera jouée. En faisant ma traduction je n'ai pu me servir que d'une copie manuscrite;

593

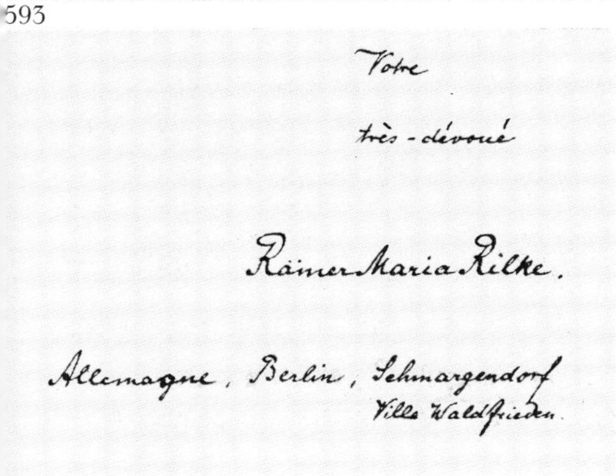

Votre

très-dévoué

Rainer Maria Rilke.

Allemagne, Berlin, Schmargendorf
Villa Waldfrieden.

594

595

590 Th. Th. Heine: Umschlag für den ersten Band mit Kurzgeschichten für den Verlag Albert Langen, 1898
591, 592 Titelblatt bzw. Buchumschlag der ersten beiden Bände der Werkausgabe im Verlag Eugen Diederichs, 1900
593, 594 Brief Rilkes vom 5. März 1900 an Čechov, mit der Mitteilung, er habe soeben die ›Möwe‹ übersetzt, und der Bitte um ein Exemplar der ›Theaterstücke‹, weil er auch den ›Onkel Vanja‹ zu übersetzen gedenke.
595 Eugen Diederichs, 1896

596

597

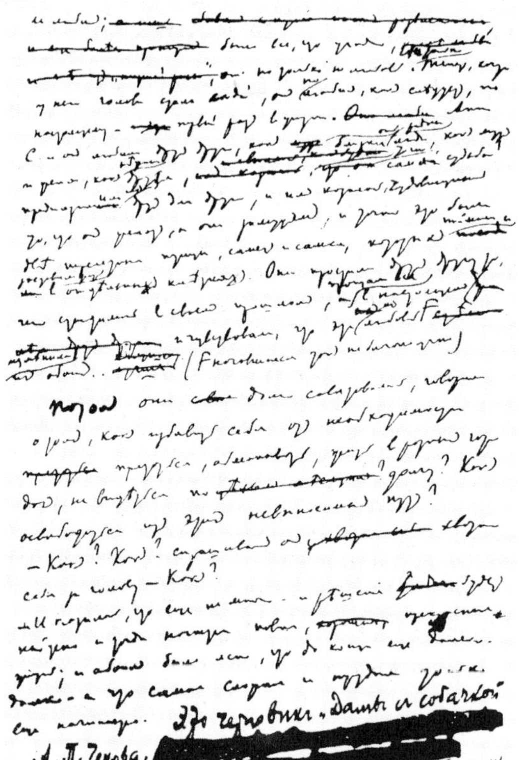

Это черновик „Дамы с собачкой“
А. П. Чехова.
Ив. Бунин

598

596 Olga Knipper, Moskau 1900
597 Jalta, 1900
598 ›Die Dame mit dem Hündchen‹, das Manuskript. Rechts unten, von Hand I. Bunins: »Das ist das Manuskript der ›Dame mit dem Hündchen‹ von A. P. Čechov. Iv. Bunin«
599 Jalta, 1900. Im Oktober 1900 reiste Čechov nach Moskau, zwei Monate später ins Ausland zum zweiten Winter in Nizza – im Reisegepäck die letzten beiden Akte seines neuen Stücks ›Drei Schwestern‹

599

Mit dem Stück hat es eine kleine Verzögerung gegeben, ich habe zehn Tage oder länger nicht daran gearbeitet, denn ich war krank, und es ist mir ein bißchen auf die Nerven gefallen, so daß ich nicht mehr weiß, was ich darüber schreiben soll. Ich hatte Influenza, Halsschmerzen, heftigen Husten; sobald ich das Haus verließ, bekam ich Kopfschmerzen, aber jetzt geht es in Richtung Besserung, ich gehe bereits wieder aus dem Haus. Wie dem auch sei, das Stück werde ich schreiben, aber gespielt werden sollte es in dieser Saison nicht mehr. Überleg, in welchem Hotel oder welcher Pension ich absteigen könnte. Überleg Dir das! Ich möchte ein Zimmer, wo es einem nicht schlecht wird, wenn man über den Korridor geht, wo es nicht riecht. In Moskau werde ich wahrscheinlich mein neues Stück ins reine schreiben. Von Moskau fahre ich nach Paris.

4. Oktober 1900, an O. L. Knipper

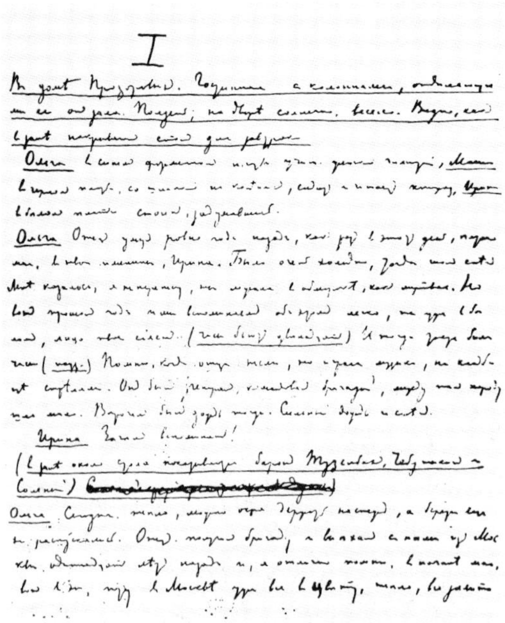

600

601

602

Meine Liebe, so merkwürdig es auch ist, aber ich fühle mich, als wäre ich vom Mond gefallen. Es ist warm, die Sonne scheint, was sie kann, im Mantel ist einem heiß, alle gehen in Sommerkleidern. Die Fenster in meinem Zimmer stehen sperrangelweit offen, und mein Herz steht ebenfalls sperrangelweit offen. Ich schreibe mein Stück ab und staune, wie ich dieses Ding habe schreiben können, und wozu. Ach, mein liebes Herz, warum bist Du nicht hier? Du könntest Dich umsehen, Dich erholen, Dir die Straßensänger und -musikanten anhören, die dauernd in den Hof kommen, und vor allem – Dich sonnen.
Gleich gehe ich ans Meer, ich werde dort sitzen und Zeitungen lesen und dann, wieder zu Hause, mit dem Abschreiben anfangen – und morgen schicke ich Nemirovič schon den III. Akt, und übermorgen den IV. oder beide zusammen.
Dein Antoine. 15. Dezember 1900 an O. L. Knipper

Hier, stell Dir vor, ist es auf einmal kalt geworden wie nie zuvor. Es ist richtiger Frost. In Marseille liegt bergweise der Schnee, und hier sind binnen einer Nacht die Blüten abgefallen, und ich gehe im Herbstmantel! In den Zeitungen Klagen über die ungewöhnliche Kälte. Das ist widerwärtig, ich fürchte, ich verfalle in Maulhenkolie. 26. Dezember 1900 an O. L. Knipper

600 ›Drei Schwestern‹ – I. Akt. Das Manuskript, erste Seite
601 Nizza, Avenue Masséna
602 Jalta, 1899
603 Nizza im Schnee
604 ›Drei Schwestern‹. Couvert, in dem Čechov die Akte III und IV aus Nizza korrigiert an V. I. Nemirovič-Dančenko schickte.
605 ›Drei Schwestern‹. Titel des Zensur-Exemplars

603

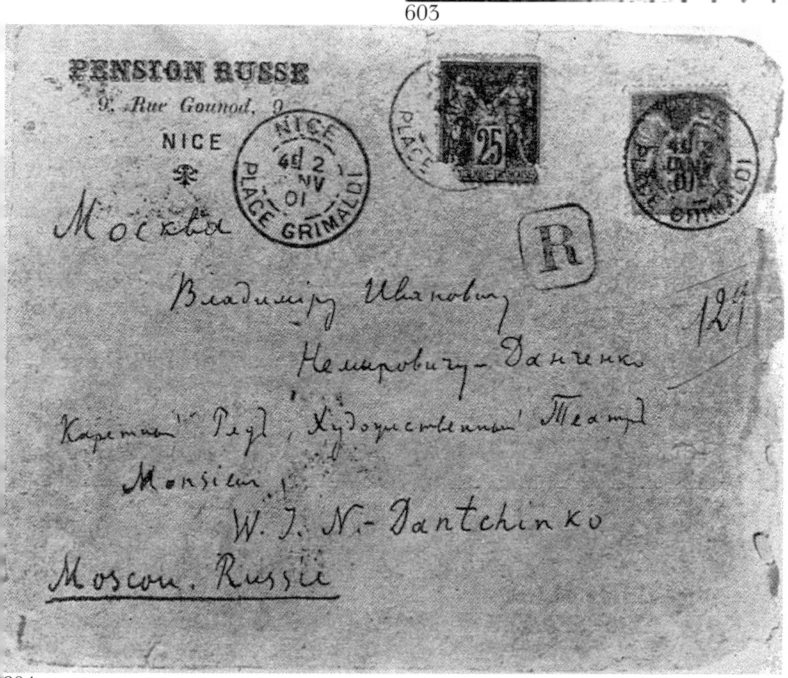

604

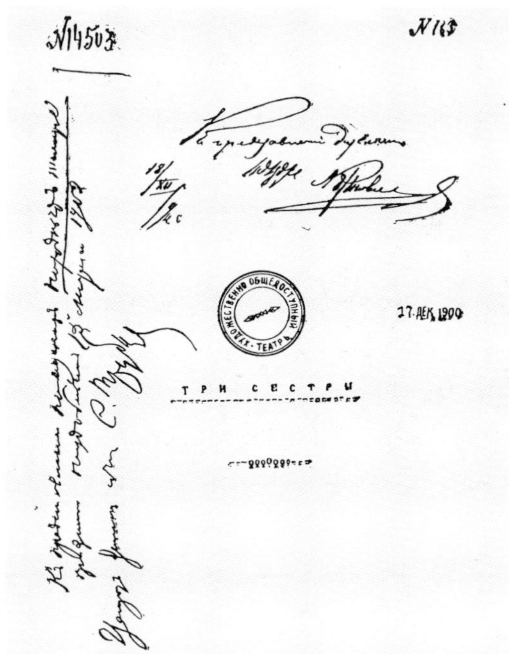

605

›Drei Schwestern‹. Uraufführung, 31. Januar 1901, Künstlertheater, Moskau

606 Buchumschlag der Erstausgabe im Verlag A. F. Marks, 1901
607 Der Theaterzettel
608 ›Das Theaterereignis‹: ›Drei Schwestern‹, präsentiert von den Direktoren des Künstlertheaters
609 Nataša – M. P. Lilina
610 Olga – M. G. Savickaja
611 Maša – O. L. Knipper
612 Irina – M. F. Andreeva
613 Andrej – V. V. Lužskij
614 Kulygin – A. L. Višnevskij
615 Veršinin – K. S. Stanislavskij
616 Tuzenbach – V. L. Kačalov
617 Čebutykin – A. R. Artëm
618 Fedotik und Rodė – A. N. Lavrentjev und I. M. Moskvin
619 Solënyj – M. A. Gromov

606

1901.

Художественно-Общедоступный Театръ

(Каретный рядъ, „ЭРМИТАЖЪ“).

Среда, 7-го Февраля.

Въ 5-й разъ:

ТРИ СЕСТРЫ.

Драма въ 4-хъ дѣйств., соч. А. П. Чехова.

ДѢЙСТВУЮЩІЕ:

Андрей Сергѣевичъ Прозоровъ . . . . . В. В. Лужскій,
Ольга, Маша, Ирина, его сестры . . . . . М. Г. Савицкая, О. Л. Книпперъ, М. Ѳ. Андреева.
Ѳедоръ Ильичъ Кулыгинъ, мужъ Маши . А. Л. Вишневскій,
Наташа . . . . . М. П. Лилина,
Александръ Игнатьевичъ Вершининъ . . К. С. Станиславскій,
Иванъ Романовичъ Чебутыкинъ . . . . А. Р. Артемъ,
Баронъ Тузенбахъ . . . . . В. Э. Мейерхольдъ,
Соленый . . . . . М. А. Громовъ,
Родэ . . . . . И. М. Москвинъ,
Федотикъ . . . . . I. А. Тихомировъ,
Анфиса . . . . . М. В. Кошеверова,
Ферапонтъ . . . . . В. Ѳ. Грибунинъ,
Горничная . . . . . О. П. Алексѣева,
Няня . . . . . Н. С. Бутова *).
Офицеры: А. И. Андреевъ, В. М. Снигиревъ, П. П. Лучининъ и другіе.

Режиссеры: К. С. Станиславскій и В. В. Лужскій.

Декорація художника В. А. Симова.

Парики, гримъ и прически гримера Я. И. Иванова.

Начало въ 7½ ч. веч., оконч. около 12 час. веч.

РЕПЕРТУАРЪ.

Четвергъ, 8-го Февраля, УТРОМЪ (по обыкновен. цѣнамъ), въ 43-й разъ: „Смерть Іоанна Грознаго“, трагедія гр. А. К. Толстого. Начало въ 12½ час. дня.
ВЕЧЕРОМЪ (по обыкновеннымъ цѣнамъ), въ 15-й разъ: „Когда мы, мертвые, пробуждаемся“, др. эпилогъ Г. Ибсена. Начало въ 8 час. вечера.
Пятница, 9-го Февраля, УТРОМЪ (по обыкновен. цѣнамъ), въ 30-й разъ: „Докторъ Штокманъ“, др. Г. Ибсена. Начало въ 12½ час. дня.
ВЕЧЕРОМЪ (по обыкновен. цѣнамъ), въ 6-й разъ: „Три сестры“, др. А. П. Чехова. Начало въ 7½ час. веч.
Суббота, 10-го Февраля, УТРОМЪ (по обыкновен. цѣнамъ), въ 21-й разъ: „Снѣгурочка“, весенняя сказка, А. Н. Островскаго. Начало въ 12½ час. дня.
ВЕЧЕРОМЪ (по обыкновен. цѣнамъ), въ 39-й разъ: „Чайка“, др. А. П. Чехова. Начало въ 7½ час. веч.
Воскресенье, 11-го Февраля, УТРОМЪ (по обыкновен. цѣнамъ), въ 102-й разъ: „Царь Ѳедоръ Іоанновичъ“, трагедія гр. А. К. Толстого. Начало въ 12½ час. дня.
ВЕЧЕРОМЪ (по обыкновеннымъ цѣнамъ), въ 7-й разъ: „Три сестры“, др. А. П. Чехова. Начало въ 7½ час. веч.

Билеты на всѣ объявленные спектакли можно получать въ кассѣ театра, съ 10 часовъ утра до 10 часовъ вечера.

Цѣны мѣстамъ, со включеніемъ благотворительнаго сбора и за храненіе платья, на вечерніе спектакли: Верхній ярусъ—отъ 30 к. до 1 руб. 10 коп.; Бель-этажъ—отъ 40 коп. до 1 руб. 80 коп. Кресла партера—отъ 85 коп. до 4 руб. 30 коп.; Ложи—отъ 5 руб. до 25 руб. На утренніе спектакли: Верхній ярусъ—отъ 20 коп. до 75 коп.; Бель-этажъ—отъ 25 коп. до 1 руб. 25 коп.; Кресла партера—отъ 40 к. до 2 руб.; Ложи—отъ 3 руб. 80 к. до 12 руб.

Главн. режиссеръ К. С. Станиславскій. Завѣд. репертуаромъ Вл. И. Немировичъ-Данченко.

607

608

Schauspielerin, Ausbeuterin meiner Seele, warum hast Du mir ein Telegramm geschickt? Du hättest besser etwas über Dich telegraphiert. Wie gehen die ›Drei Schwestern‹? Den Briefen nach zu urteilen, schwatzt ihr alle einen unerhörten Unsinn zusammen. Im III. Akt Lärm … Warum Lärm? Der Lärm ist nur in der Ferne, hinter der Bühne, es ist ein dumpfer, undeutlicher Lärm, hier auf der Bühne sind alle erschöpft, schlafen beinahe … Wenn ihr den III. Akt verderbt, ist das Stück durchgefallen, und mich wird man auf meine alten Tage auszischen. Dich lobt Alekseev in seinen Briefen sehr, Višnevskij desgleichen. Und ich, obwohl ich es nicht sehe, lobe Dich ebenfalls … Also, ich hoffe auf Dich, mein Herz, Du bist eine gute Schauspielerin. Wenn das Stück durchfällt, fahre ich nach Monte Carlo und verspiele dort Kopf und Kragen.
Mich zieht es bereits fort aus Nizza, ich möchte wegfahren. Aber wohin? Nach Afrika ist es zur Zeit unmöglich, weil das Meer stürmisch ist, und nach Jalta habe ich keine Lust.

20. Januar 1901 an O. L. Knipper

609

610

611

612

613

614

615

616

617

618

619

620

621

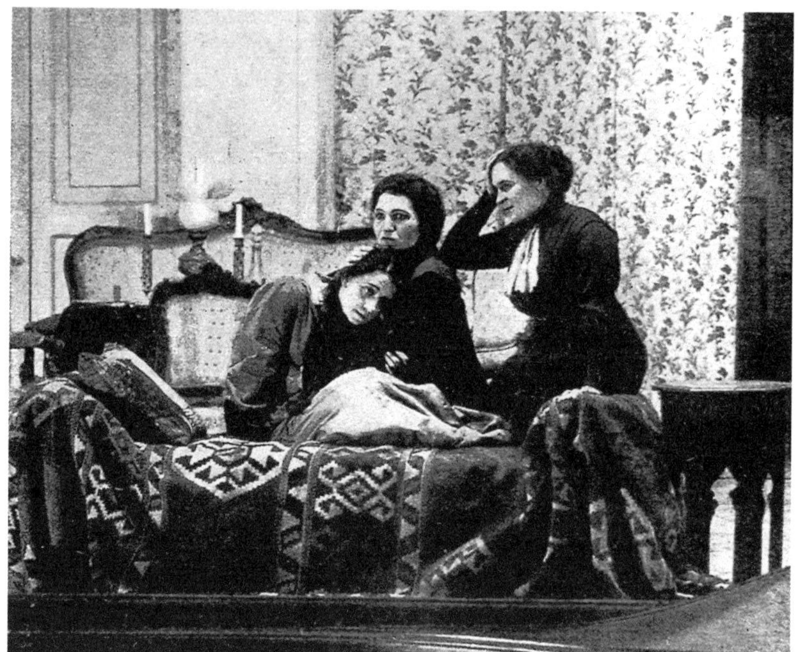

622

623

624

›Drei Schwestern‹, Szenenphotos der Uraufführung

620 I. Akt: IRINA Arbeiten. Nur arbeiten...
621 III. Akt: NATAŠA Verzeih, Olja... Ich habe dich nicht kränken wollen...
622 III. Akt: OLGA Wenn du meinen Rat willst, heirate den Baron.
623 IV. Akt: ČEBUTYKIN Der Baron ist ein lieber Mensch, aber ein Baron mehr oder weniger – ist das nicht egal?
624 IV. Akt: Schlußtableau. Nach dem Duelltod des Barons.

625 M. Ju. Lermontov: ›Duell‹, um 1832

626

626 Sevastopol. Der Hafen
Aus Italien kommend, traf Čechov am 11./12. Februar 1901 hier ein.
627 Die Weiße Villa, Jalta

627

Vierzehn Tage lang war ich unterwegs, bekam keine Briefe, dachte, Du liebtest mich nicht mehr, und auf einmal bricht es über mich herein – aus Moskau, aus Piter, aus dem Ausland. Ich bin deshalb so früh aus Italien abgereist, weil es dort jetzt schneit und kalt ist und weil es auf einmal langweilig wurde ohne Briefe von Dir, und vor Ungewißheit. Über die ›Drei Schwestern‹ habe ich doch erst hier, in Jalta, gehört, nach Italien drang davon kaum etwas, fast nichts. Es sieht nach Mißerfolg aus, weil alle, die Zeitung gelesen haben, kleinlaut werden und weil Maša in ihren Briefen des Lobes voll ist. Nun, ist ja egal. 20. Februar 1901 an O. L. Knipper

Die letzten Jahre

Jalta, Moskau und zurück

1901–1904

628 Moskau, 1901

Ich bin munter und, wie es scheint, gesund, obwohl ich immer noch wie wild huste. Ich arbeite im Garten, wo bereits die Bäume blühen; das Wetter ist wunderbar, so wunderbar wie Deine Briefe, die jetzt aus dem Ausland kommen. Die letzten – aus Neapel. Ach, was bist Du prächtig, was bist Du klug, mein Herz! Ich lese jeden Brief dreimal – das ist das minimum. Also, ich arbeite im Garten, am Schreibtisch geht die Arbeit zäh; ich habe keine Lust etwas zu tun, lese Korrektur und bin froh, daß darüber die Zeit vergeht. In Jalta bin ich selten, es zieht

mich nicht dorthin, dafür sitzen die Jaltaer lange bei mir, so daß ich jedesmal schlechte Laune bekomme und mir zu schwören beginne, wieder wegzufahren oder zu heiraten, damit meine Frau sie, d. h. die Gäste, davonjagt. Sobald ich aus dem Gouv. Ekaterinoslav die Scheidung erhalte, werde ich wieder heiraten. Gestatten Sie mir, um Ihre Hand anzuhalten.
Ich habe Dir aus dem Ausland Parfum mitgebracht, ein sehr gutes. Komm und hol es Dir in der Karwoche. Komm unbedingt, meine Liebe, Gute, Herrliche; wenn Du nicht kommst, würdest Du mich sehr betrüben, mir das Dasein vergiften. Ich habe schon angefangen auf Dich zu warten, ich zähle die Tage und Stunden. Es macht nichts, daß Du Dich in einen anderen verliebt und mich schon betrogen hast, ich verzeihe Dir, nur komm, bitte. Hörst Du, Hund? Ich liebe Dich doch, damit Du es weißt, es fällt mir schon schwer, ohne Dich zu leben. Wenn bei euch im Theater für Ostern irgendwelche Proben angesetzt sind, dann sag Nemirovič, das sei eine Gemeinheit und Schweinerei.
Eben bin ich hinuntergegangen, habe dort Tee getrunken und Kringel gegessen. Ich habe einen Brief aus Petersburg bekommen von dem Akademiemitglied Kondakov. Er war in den ›Drei Schwestern‹ – und ist unbeschreiblich begeistert. Du hast mir nichts geschrieben von den Festessen, die man für euch gegeben hat, schreib mir doch wenigstens jetzt, wenigstens im Namen unserer Freundschaft. Ich bin ein Freund von Dir, ein großer Freund, Du Hund.
Heute habe ich von Solovcov aus Kiev ein langes Telegramm bekommen, darüber, daß in Kiev die ›Drei Schwestern‹ gespielt worden seien, ein riesiger, schrecklicher Erfolg usw. Das nächste Stück, das ich schreiben werde, wird unbedingt komisch, sehr komisch, zumindest im Plan.
Ich küsse Dich achtzehnmal und umarme Dich fest. Denk dran, daß ich Dich erwarte. Denk dran! Dein Mönchspriester Antonij. 7. März 1901 an O. L. Knipper

629 Jalta, Blick auf Autka

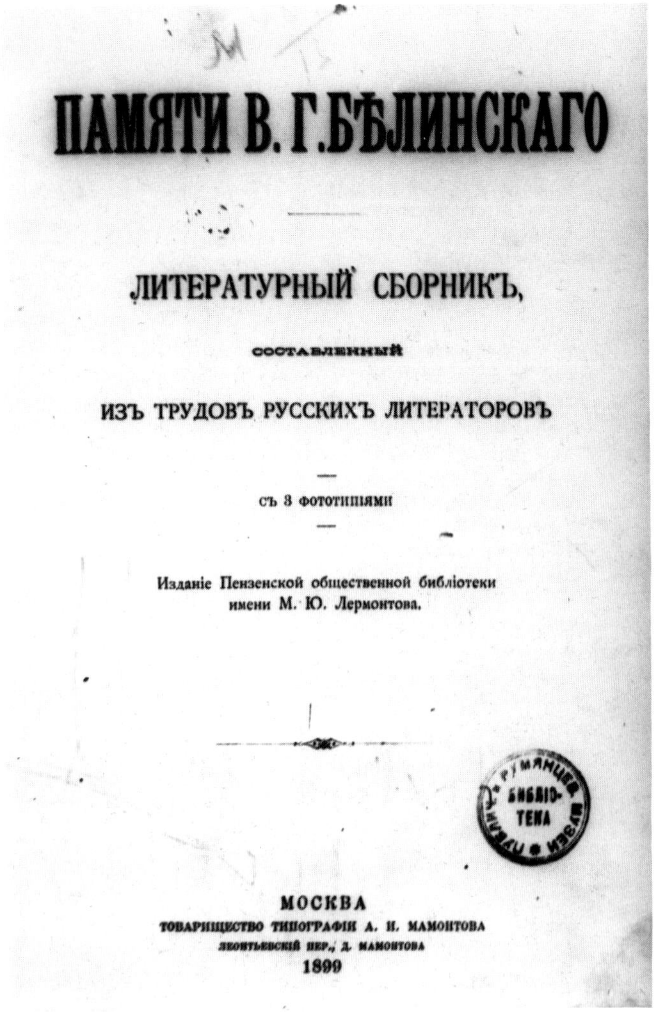

ПАМЯТИ В. Г. БѢЛИНСКАГО

ЛИТЕРАТУРНЫЙ СБОРНИКЪ,

составленный

ИЗЪ ТРУДОВЪ РУССКИХЪ ЛИТЕРАТОРОВЪ

съ 3 фототипіями

Изданіе Пензенской общественной библіотеки имени М. Ю. Лермонтова.

МОСКВА
ТОВАРИЩЕСТВО ТИПОГРАФІИ А. И. МАМОНТОВА
Леонтьевскій пер., д. Мамонтова
1899

630

631

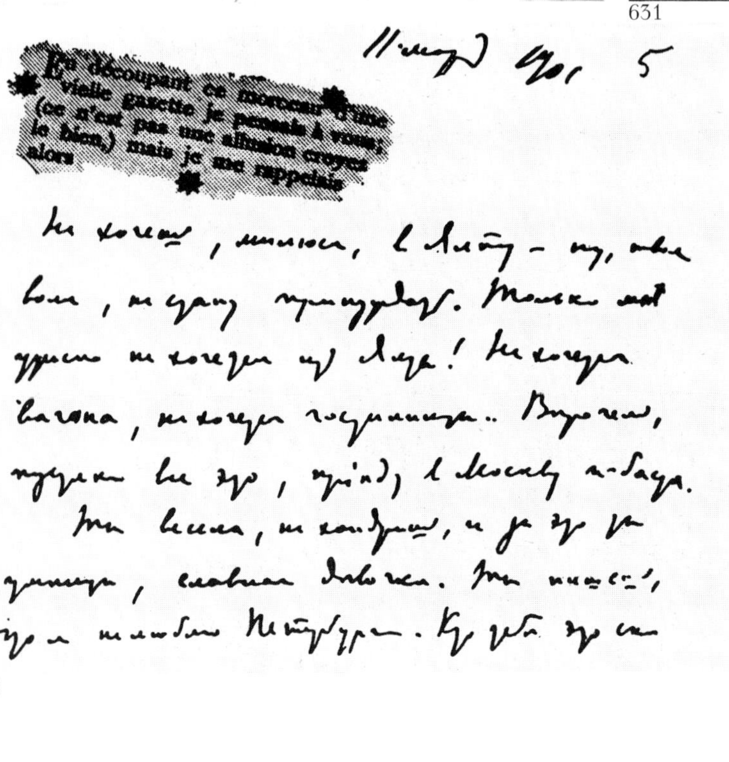

En découpant ce morceau d'une vieille gazette je pensais à vous; (ce n'est pas une allusion croyez le bien,) mais je me rappelais alors

632

630 Der Almanach ›Dem Andenken Belinskijs‹ zum 50. Todestag des Kritikers, zu dem Čechov drei Erzählungen beitrug.
631 Jalta, 1901
632 Brief an Olga Knipper vom 11. März 1901
633 Autka, 1902. Im Garten

633

1901: Tolstoj exkommuniziert!

634 Lev Tolstoj, 1901
Führende Staatsmänner Rußlands, porträtiert von I. E. Repin:
635 ›Porträt K. P. Pobedonoscev‹, der Oberprokuror des hl. Synod und ehemals Erzieher des Zaren, 1903
636 ›Porträt A. P. Ignatjev‹, Mitglied des Staatsrats, 1902

634

635

636

Ich habe Angst vor Tolstojs Tod. Wenn er stürbe, bliebe in meinem Leben ein großer leerer Fleck. Erstens habe ich keinen Menschen so geliebt wie ihn; ich bin ein ungläubiger Mensch, aber von allen Arten des Glaubens halte ich gerade seinen Glauben für den, der mir selbst am nächsten ist und am ehesten liegt. Zweitens ist es, wenn und solange es in der Literatur einen Tolstoj gibt, leicht und angenehm, Literat zu sein; selbst wenn man sich eingestehen muß, daß man nichts getan hat und nichts tut, ist das nicht so schlimm, denn Tolstoj tut es für uns alle. Sein Tun ist die Rechtfertigung all der Hoffnungen und Erwartungen, die in die Literatur gesetzt werden. Drittens steht Tolstoj stark und fest, er hat eine Riesenautorität, und solange er lebt, wird jeder schlechte Geschmack in der Literatur, alle mögliche Trivialität, ob frech oder tränenselig, wird alle struppige, zornentbrannte Eitelkeit weit und tief im Schatten stehen. Allein seine moralische Autorität ist in der Lage, die sogenannten literarischen Stimmungen und Strömungen auf einem gewissen Niveau zu halten. Ohne ihn wäre das eine Herde ohne Hirten oder ein Brei, in dem man sich schwer zurechtfände.

28. Januar 1900 an M. O. Menšikov

Über die Studentenunruhen wird hier, wie überall, viel gesprochen, und es wird beklagt, daß darüber nichts in den Zeitungen steht. Es kommen Briefe aus Petersburg, die Stimmung ist auf seiten der Studenten. Ihre »Briefe« über die Unruhen haben nicht befriedigt, das muß auch so sein, denn es ist unmöglich, in der Presse seine Meinung über die Unruhen zu äußern, wenn es unmöglich ist, die faktische Seite der Sache zu berühren. Der Staat hat Ihnen verboten, zu schreiben, er verbietet, die Wahrheit zu sagen, das ist Willkür, und Sie sprechen angesichts dieser Willkür leichten Herzens von den Rechten und Prärogativen des Staates – und das fügt sich irgendwie im Bewußtsein nicht zusammen. Sie sprechen vom Recht des Staates. Sie stehen aber nicht auf dem Standpunkt des Rechts. Recht und Gerechtigkeit sind für den Staat dasselbe wie für jede andere juristische Person. Wenn mir der Staat unrechtmäßig ein Stück Land wegnimmt, so verklage ich ihn vor Gericht, und dieses Gericht stellt mein Recht wieder her; muß es nicht dasselbe sein, wenn der Staat mich mit der Nagajka schlägt, darf ich im Falle von Gewaltanwendung seitens des Staates nicht auf Rechtsverletzung klagen? Der Staatsbegriff muß auf bestimmten Rechtsverhältnissen beruhen, andernfalls ist er ein Schreckgespenst, ist er leerer Schall, der einem Angstphantasien verursacht.

4. März 1899 an A. S. Suvorin

Die Reaktion und ihr Sprachrohr

637 V. A. Serov: ›Porträt Konstantin Pobedonoscev‹, 1902
638 A. S. Suvorin, Herausgeber der regierungskonformen Tageszeitung ›Novoe vremja‹

637

638

Verlasset Euch nicht auf Fürsten; sie sind Menschen... Und ich erinnere an einen weiteren Ausdruck, der die Menschensöhne betrifft, eben jene, die Ihnen das Leben sauermachen: Söhne des Zeitalters. Nicht der Gouverneur, sondern die gesamte Intelligenz ist schuld, die gesamte, mein Herr. Solange es noch Studenten und Kursschülerinnen sind, ist es ein ehrliches, ein gutes Volk, ist es unsere Hoffnung, ist es die Zukunft Rußlands, aber es reicht, daß die Studenten und Kursschülerinnen ihren Weg gehen, erwachsen werden, und unsere Hoffnung und Rußlands Zukunft verwandeln sich in Rauch, und im Filter zurück bleiben Ärzte, Sommerhausbesitzer, hungernde Beamte, stehlende Ingenieure. Erinnern Sie sich, Katkov, Pobedonoscev, Vyšnegradskij – das sind Zöglinge der Universitäten, sind unsere Professoren, durchaus keine Bourbonen, sondern Professoren, Leuchten der Wissenschaft... Ich glaube nicht an unsere Intelligenz, die heuchlerisch, verlogen, hysterisch, ungezogen und faul ist, ich glaube nicht an sie, selbst wenn sie leidet und sich beklagt, denn ihre Unterdrücker kommen aus ihren eigenen Reihen. Ich glaube an den einzelnen Menschen, ich sehe die Rettung in Einzelpersönlichkeiten, die hier und da über ganz Rußland verstreut sind – gleichgültig, ob Intellektuelle oder Bauern –, in ihnen liegt die Kraft, auch wenn ihrer nur wenige sind.

22. Februar 1899 an I. I. Orlov

639

Wenn Du mir Dein Wort gibst, daß keine Menschenseele in Moskau etwas von unserer Heirat erfährt, bevor sie vollzogen ist, – dann lasse ich mich noch am Tag meiner Ankunft mit Dir trauen. Ich habe aus irgendeinem Grunde schreckliche Angst vor der Trauung und den Glückwünschen, und dem Sekt, den man in der Hand halten und dabei ein unbestimmtes Lächeln aufsetzen muß. Und aus der Kirche nicht nach Hause, sondern direkt nach Zvenigorod. Oder wir lassen uns in Zvenigorod trauen. Überleg es Dir, überlegs Dir, mein Herz! Du bist doch, wie ich gehört habe, ein kluges Kind.
Das Wetter in Jalta ist miserabel. Ein heftiger Wind. Die Rosen blühen, aber noch nicht sehr; sie werden erst noch üppig blühen. Die Schwertlilien sind großartig. Bei mir ist alles in Ordnung, alles, außer einer Lappalie – der Gesundheit.
26. April 1901 an O. L. Knipper

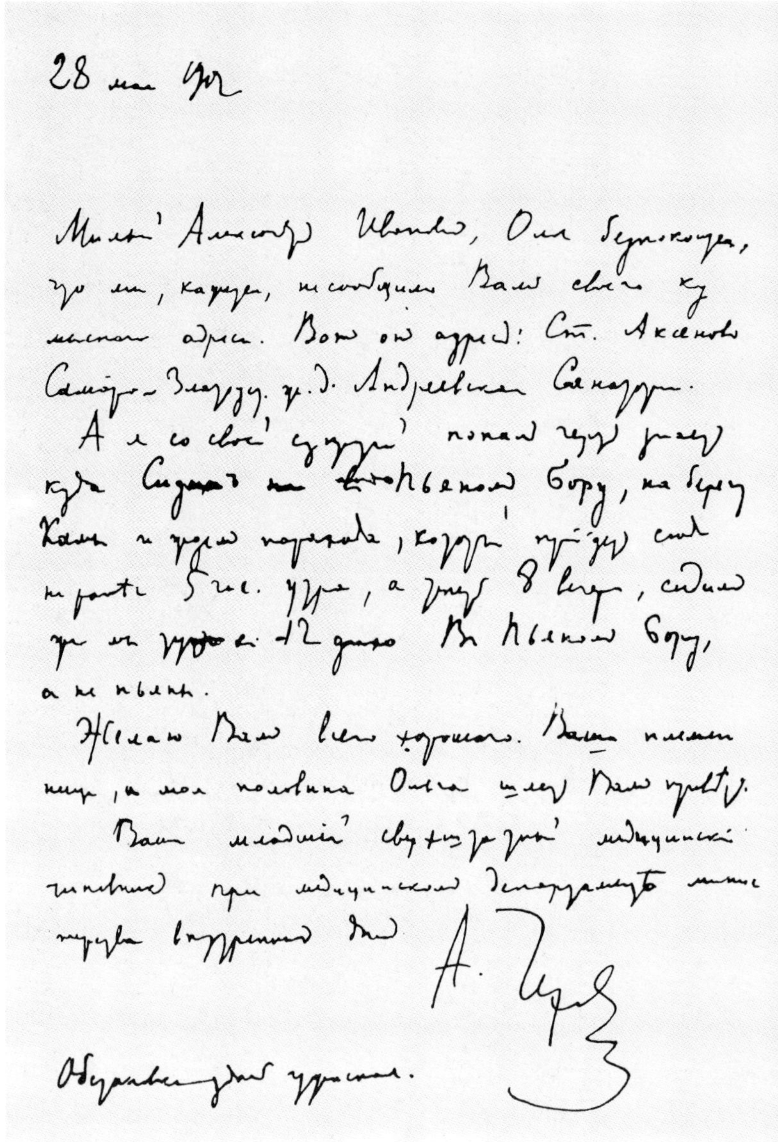

640

Liebe Mama, ich bitte um Ihren Segen, ich heirate. Alles wird beim alten bleiben. Ich fahre zur Kumys-Kur. Adresse: Aksënovo, Samaro-Zlatoustovskaja. Gesundheit besser. Anton.
25. Mai 1901

639 Moskau, 1901. Am 25. Mai heiratete Čechov die Schauspielerin Olga Knipper. Noch am selben Tag reisten Čechov und Frau zu einer Kumys-Kur nach Aksënovo im Gouvernement Ufa an die Volga.
640 Brief Čechovs vom 28. Mai 1901 von der Hochzeitsreise an den Onkel seiner Frau
641 Aksënovo, Ende Mai 1901

641

Daß ich geheiratet habe, weißt Du bereits. Ich glaube, daß dieser Schritt mein Leben und die Umstände, unter denen ich bisher gelebt habe, nicht im mindesten ändern wird. Mutter wird sicherlich schon Gott weiß was reden, aber sag ihr, daß es absolut keine Veränderung geben wird, alles wird beim alten bleiben. Ich werde leben, wie ich bisher gelebt habe, und Mutter ebenfalls. 2. Juni 1901 an Maša

Dein Brief, in dem Du mir abrätst zu heiraten, ist mir aus Moskau nachgeschickt worden. Ich weiß nicht, ob ich einen Fehler begangen habe oder nicht, aber geheiratet habe ich vor allem aus der Überlegung, daß ich erstens über 40 Jahre alt bin, zweitens Olga aus guter Familie ist und daß ich drittens, wenn es nötig werden sollte, mich von ihr zu trennen, mich unverzüglich wieder von ihr trennen werde, als hätte ich nie geheiratet; sie ist doch ein selbständiger Mensch und lebt von ihren eigenen Mitteln. Wichtig ist weiter die Überlegung, daß sich durch diese Heirat weder meine Lebensweise noch die derjenigen, die um mich herum gelebt haben, auch nur im geringsten verändert. Alles, absolut alles bleibt, wie es war, und ich werde wie früher allein in Jalta leben. 4. Juni 1901 an Maša

642

643

642 Mit Olga Knipper, Aksënovo 1901
643 Spazierfahrt in Aksënovo

644 Jalta, 1901

645, 646 Olga Knipper in ihrer Garderobe im Theater

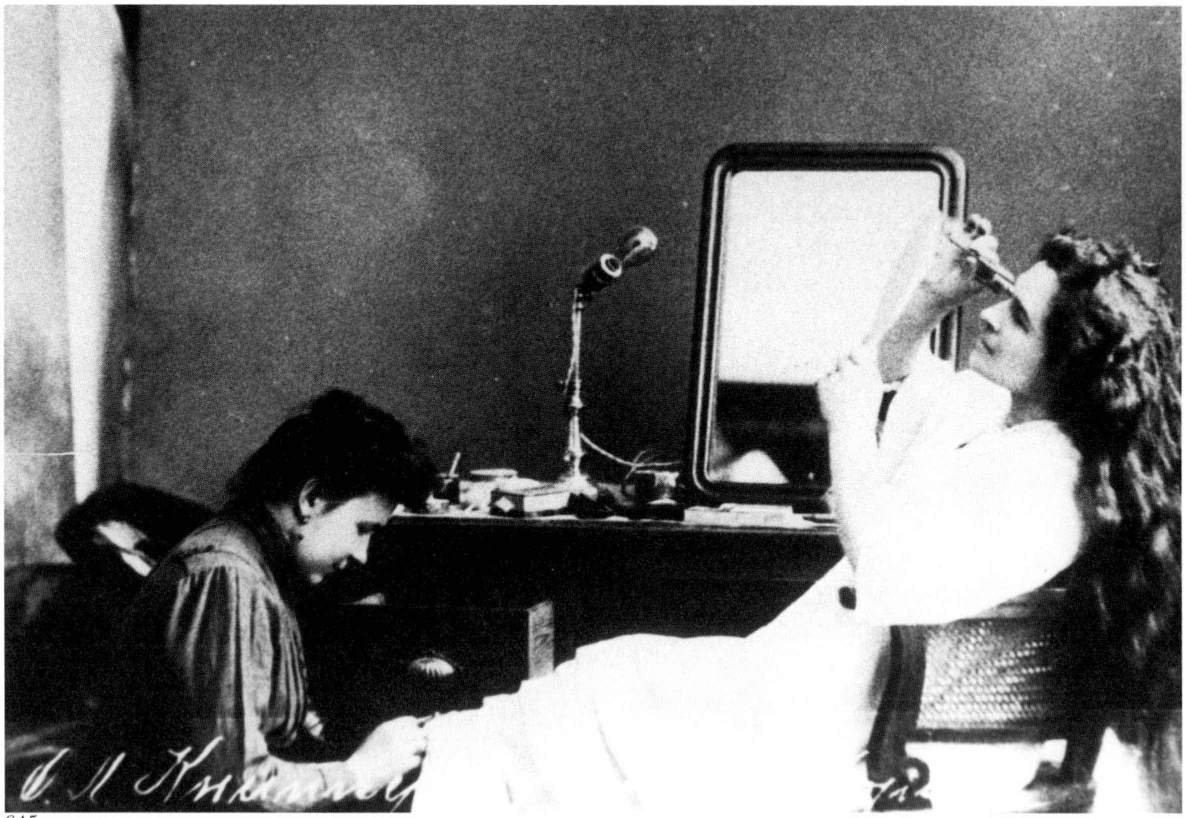

645

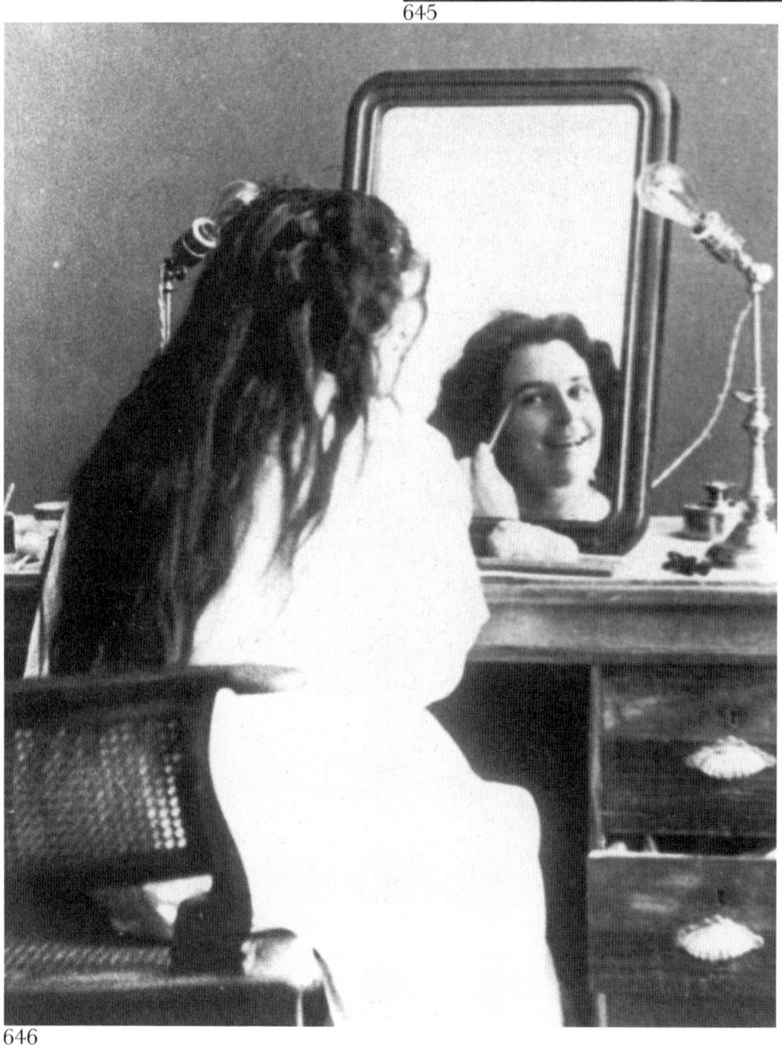

646

Was Du über Deine Eifersucht schreibst, ist vielleicht begründet, aber Du bist eine kluge Frau, Du hast ein so gutes Herz, daß all das, was Du über Deine angebliche Eifersucht schreibst, irgendwie nicht paßt zu Deiner Persönlichkeit. Du schreibst, Maša werde sich nie an Dich gewöhnen usw. usf. Was ist das alles für ein Unsinn! Du übertreibst dauernd, denkst dummes Zeug, und ich habe Angst, Du könntest Dich – das wär was! mit Maša zerstreiten. Und ich sage Dir: hab Geduld und schweige nur ein Jahr, nur ein Jahr, und danach wird alles klar für Dich sein. Was immer man auch zu Dir sagen mag, was immer Du für Eindrücke haben magst, schweig und schweig. Für jemanden, der geheiratet hat, liegen in der ersten Zeit im Verzicht auf Widerstand alle Annehmlichkeiten des Lebens. Hör auf mich, mein Herz, sei klug!

3. September 1901 an O. L. Knipper

Meine Gute, Du schreibst immer wieder, Dich quäle das Gewissen, daß Du nicht mit mir in Jalta, sondern in Moskau lebst. Aber was sollen wir denn machen, Liebste? Überleg Dir das, wie es sich gehört: wenn Du den ganzen Winter mit mir in Jalta lebtest, dann wäre Dein Leben ruiniert, und ich hätte die Gewissensbisse, was wohl kaum besser wäre. Ich habe doch gewußt, daß ich eine Schauspielerin heirate, d. h. ich war mir, als ich heiratete, voll bewußt, daß Du den Winter über in Moskau leben würdest. Nicht im allergeringsten fühle ich mich gekränkt oder hintergangen – im Gegenteil, ich habe den Eindruck, daß alles gut gehe, oder so, wie es gehen muß, und darum, Herzchen, bring mich nicht in Verlegenheit mit Deinen Gewissensbissen. Im März fangen wir wieder an zu leben und werden die jetzige Einsamkeit nicht mehr verspüren. Beruhige Dich, meine Gute.

20. Januar 1903 an O. L. Knipper

647

648

647, 648 Čechov in Moskau zu Besuch im Hause Knipper

Gäste in Jalta

649 Jalta, 1902
650 Mit D. N. Mamin-Sibirjak und Maša, 1900
651 Mit Professor N. P. Kondakov und dessen Sohn, 1900

649

650

651

652 Mit dem Sibirienforscher S. V. Maksimov

653

653 Zu Gast bei Tolstoj, Gaspra auf der Krim, 12. September 1901
654 Auf der Veranda des Hauses in Gaspra. In der Mitte Tolstojs Frau Sofija.
655 Lev Tolstoj, 1899. Widmung an Čechov: »Dem lieben Anton Pavlovič Čechov. Lev Tolstoj, 1903, 18. Mai«

654

655

656

Ich bin mit Dir einer Meinung, über Gorkij zu urteilen ist schwierig, man muß sich erst zurechtfinden in der Masse dessen, was über ihn geschrieben und gesagt wird. Sein Stück ›Nachtasyl‹ habe ich nicht gesehen und kenne es zu wenig, aber schon allein Erzählungen wie z. B. ›Mein Weggefährte‹ oder ›Čelkaš‹ genügen mir durchaus, um ihn für einen nicht unbedeutenden Schriftsteller zu halten. ›Foma Gordeev‹ und ›Drei‹ kann man nicht lesen, das sind schlechte Sachen, und die ›Kleinbürger‹ sind, meiner Ansicht nach, eine Gymnasiastenarbeit, aber das Verdienst Gorkijs besteht ja nicht darin, daß er gefällt, sondern darin, daß er als erster in Rußland und überhaupt auf der Welt mit Verachtung und Ekel vom Kleinbürgertum gesprochen hat, und das genau zu dem Zeitpunkt, in dem die Gesellschaft vorbereitet war für diesen Protest. Sowohl vom christlichen als auch vom ökonomischen, von jedem beliebigen Standpunkt ist das Kleinbürgertum ein großes Übel, es hat, wie ein Wehr in einem Fluß, immer nur dem Stillstand gedient, und da kommen auf einmal die Bosjaki, sie sind zwar nicht gerade elegant, sie sind zwar betrunken, aber dennoch sind sie ein zuverlässiges Mittel, zumindest haben sie sich als solches erwiesen, und das Wehr hat, wenn es auch nicht gebrochen ist, so doch ein mächtiges und gefährliches Leck bekommen.

26. Februar 1903 an A. I. Sumbatov

Die Generation der Jüngeren

656 Gruppenphoto des Autorenkreises ›Sreda‹, 1902. Stehend, von links: Skitalec, Gorkij; sitzend: Leonid Andreev, der Sänger Šaljapin, Ivan Bunin, N. D. Telešov, E. N. Čirikov
657 Jalta, am Schreibtisch, um 1900
658 Ivan Bunin
659 Aleksandr Kuprin
660 Leonid Sredin

657

658

659

660

661

662

663

661 Jalta, 1902
662 Mit Olga Knipper
663 Mit Olga und Maša
664 Mit Mutter, Maša und Olga

664

665 Jalta, 1901

666 Jalta, 1903, photographiert von V. A. Giljarovskij

667

Am 10. März 1902 wurde die Zuwahl Gorkijs in die Akademie der Wissenschaften auf Geheiß des Zaren für nichtig erklärt. Čechov reagierte hierauf mit der Bitte, »mich vom Titel eines Ehrenmitglieds der Akademie zu entbinden«.

667 Maksim Gorkij, 1902
668 Karikatur auf Gorkijs Wahl in die Akademie
669 Čechovs Brief vom 25. August 1902 an den Präsidenten der Akademie

668

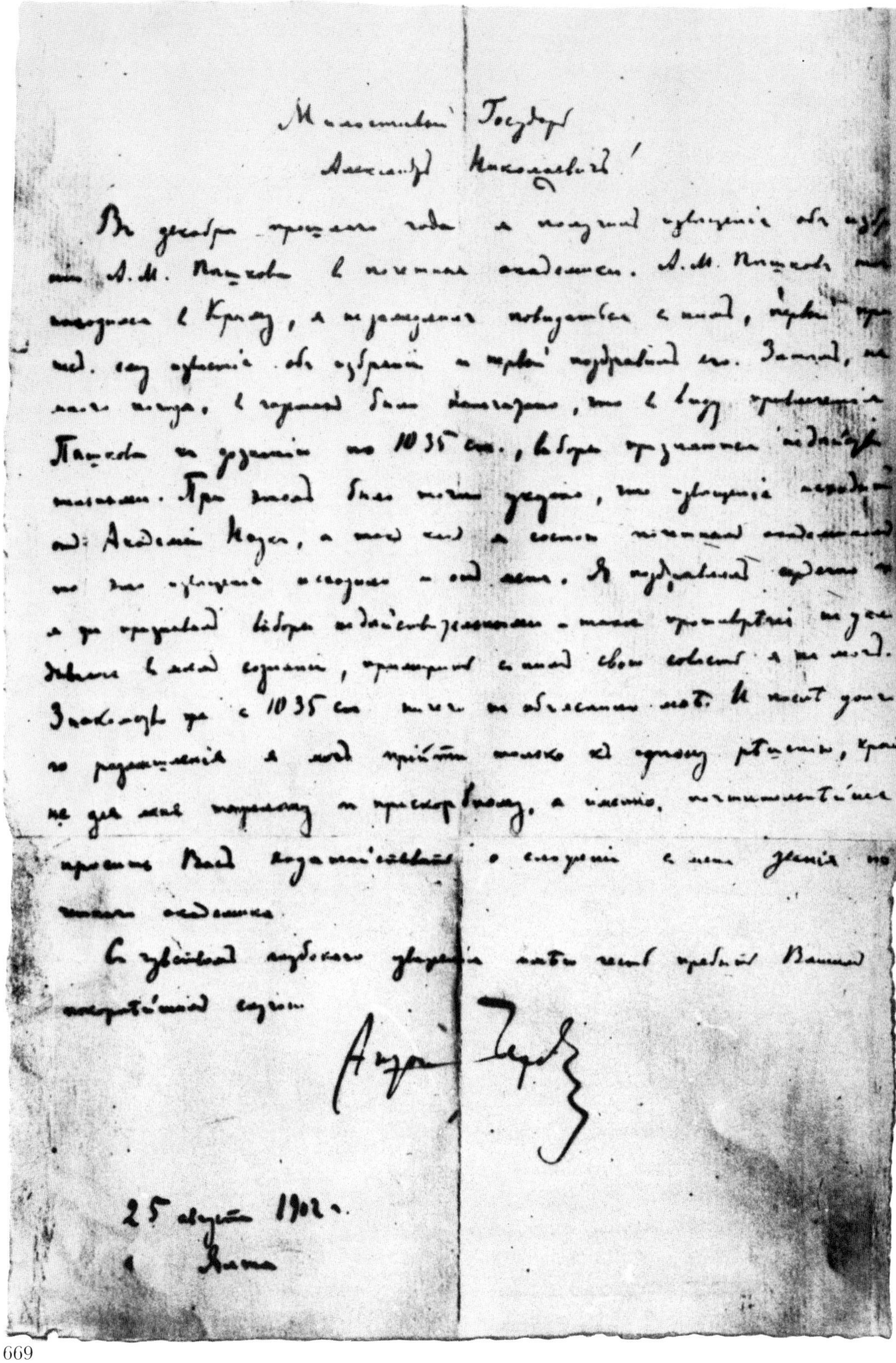

Милостивый Государь
Александр Николаевич!

В декабре прошлого года я получил извещение об избрании А. М. Пешкова в почетные академики. А. М. Пешков тогда находился в Крыму, я не замедлил повидаться с ним, первый принес ему известие об избрании и первый поздравил его. Затем, немного погодя, в газетах было напечатано, что в виду привлечения Пешкова к дознанию по 1035 ст., выборы признаются недействительными. При этом было точно указано, что извещение исходит от Академии Наук, а так как я состою почетным академиком, то это извещение частью исходило и от меня. Я поздравлял сердечно и я же признавал выборы недействительными — такое противоречие не укладывалось в моем сознании, примирить с ним свою совесть я не мог. Знакомство с 1035 ст. ничего не объяснило мне. И после долгого размышления я мог прийти только к одному решению, крайне для меня тяжелому и прискорбному, а именно, почтительнейше просить Вас ходатайствовать о сложении с меня звания почетного академика.

С чувством глубокого уважения имею честь пребыть Вашим покорнейшим слугою

Антон Чехов

25 августа 1902 г.
Ялта

669

670 Jalta, 1901

Euer Kaiserliche Hoheit: Im Dezember vergangenen Jahres erhielt ich die Mitteilung von der Wahl A. M. Peškovs [d. i. Gorkij] zum Ehrenmitglied der Akademie; und ich zögerte nicht, A. M. Peškov aufzusuchen, der sich damals auf der Krim befand, ich habe ihm als erster die Nachricht von seiner Wahl überbracht und habe ihm als erster gratuliert. Einige Zeit später wurde in den Zeitungen veröffentlicht, daß angesichts des Untersuchungsverfahrens gegen Peškov gemäß § 1035 die Wahlen für ungültig erklärt worden seien; wobei eigens darauf hingewiesen wurde, daß diese Mitteilung von der Akademie der Wissenschaften ausgehe, und da ich Ehrenmitglied der Akademie bin, ist diese Mitteilung zum Teil auch von mir ausgegangen. Ich habe herzlich gratuliert und habe die Wahl für ungültig erklärt – dieser Widerspruch wollte sich in meinem Bewußtsein nicht zusammenfügen, ich habe ihn mit meinem Gewissen nicht vereinbaren können. Die Kenntnis des § 1035 hat mir keinerlei Klarheit gebracht. So bin ich nach reiflicher Überlegung zu dem mir äußerst schweren und betrüblichen Entschluß gelangt, nämlich E. K. H. ergebenst zu bitten, mich vom Titel eines Ehrenmitglieds der Akademie zu entbinden. Jalta, 25. August 1902

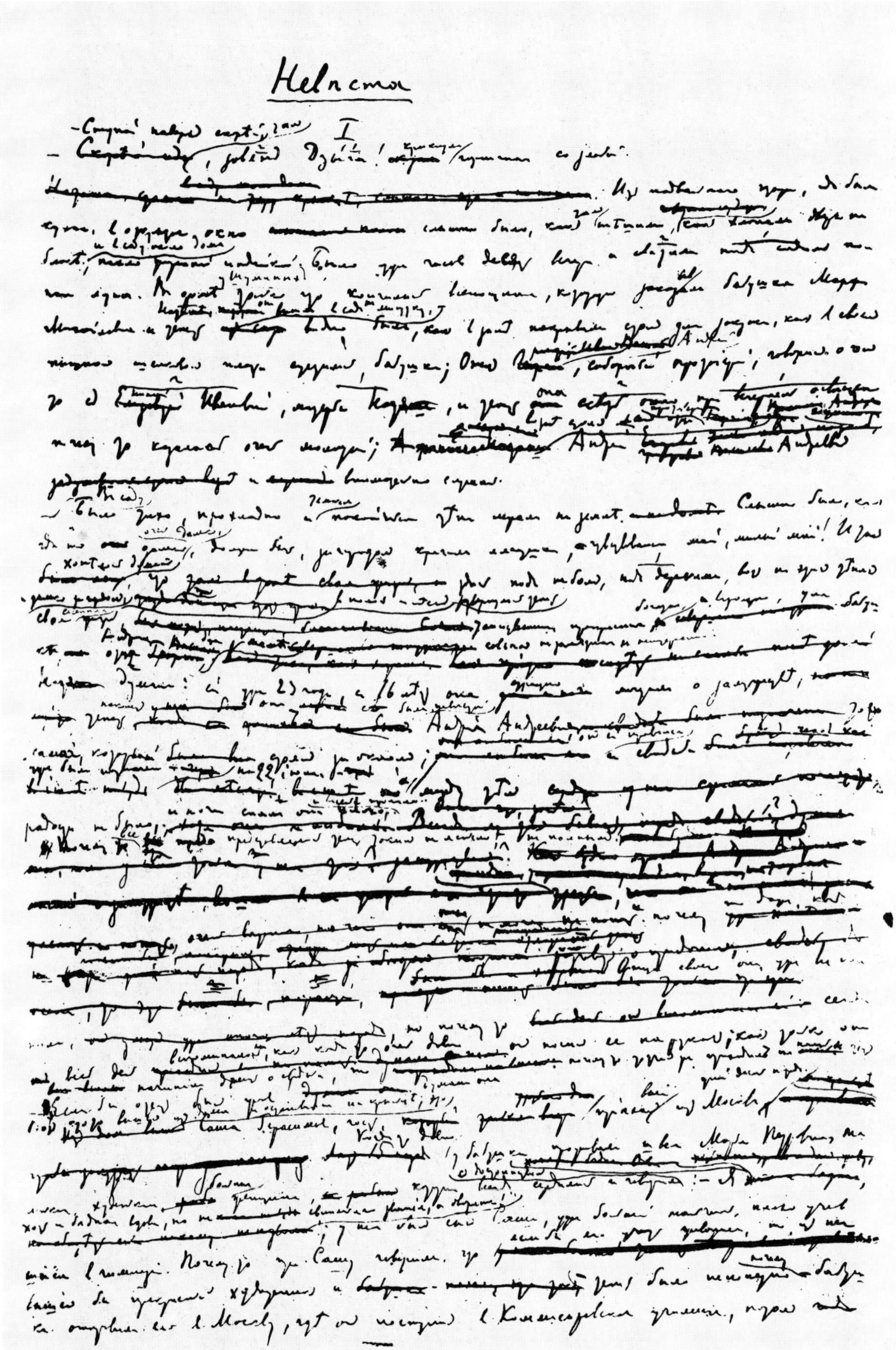
Невеста

I

671

671 ›Die Braut‹, 1903, Čechovs letzte Erzählung. Erste Seite des Manuskripts
672 Jalta, Arbeitszimmer, 1903, photographiert von A. I. Kuprin

672

14 Авг. 1903 г. Наро

Весь день сидѣлъ я до купаль-ней.
На поплавокъ смотря въ упоръ,
А мысль неслася въ городъ дальний,
Гдѣ Вы живете до сихъ поръ.
Я позабылъ, что только Тина
Могла крючекъ мой досягать
И думалъ выудить дельфина
Который смелъ Васъ напугать...

Целую Вашу ручку
Серж Мамонтовъ

673

674

675

Liebe Maša, ich bin immer noch in Moskau. Heute war ich bei Prof. Ostroumov, er hat mich lange abgehorcht, abgeklopft, abgetastet, und schließlich und endlich hat sich herausgestellt, daß meine rechte Lunge ganz schlecht ist, daß ich eine Lungenerweiterung habe (ein Emphysem) und Darmkatarrh usw. usf. Er hat mir fünf Rezepte verschrieben, aber vor allem – hat er mir verboten, den Winter über in Jalta zu leben, weil er findet, daß der Jaltaer Winter überhaupt miserabel sei, und hat mir verordnet, den Winter irgendwo in der Umgebung von Moskau zu verbringen, auf dem Lande. Da soll nun einer draus schlau werden! Wie dem auch sei, ich werde mir jetzt eine Zuflucht für den Winter suchen müssen.

24. Mai 1903 an Maša

Sommerferien 1903 in Naro-Fominskoe, zu Gast bei der Malerin M. F. Jakunčikova

673 Brief von S. Mamontov vom 13. August, aufgeklebt ein Gruppenphoto mit Čechov
674 Prof. Dr. A. A. Ostroumov, Direktor der Therapeutischen Universitätsklinik Moskau
675 Naro-Fominskoe, Juni 1903. Von links: Čechov, M. F. Jakunčikova, O. L. Knipper, K. S. Stanislavskij, S. S. Mamontov

676

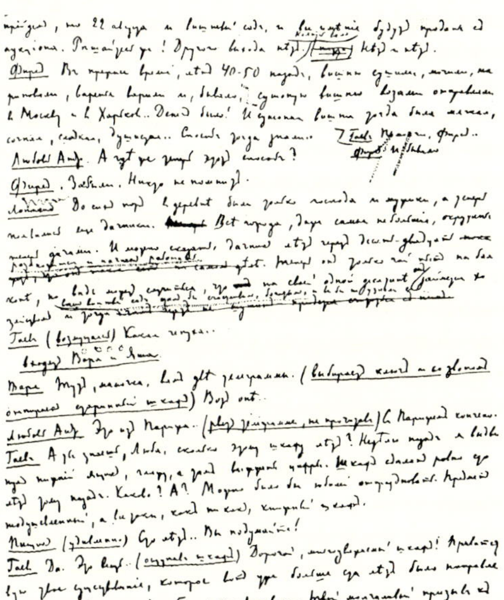

677

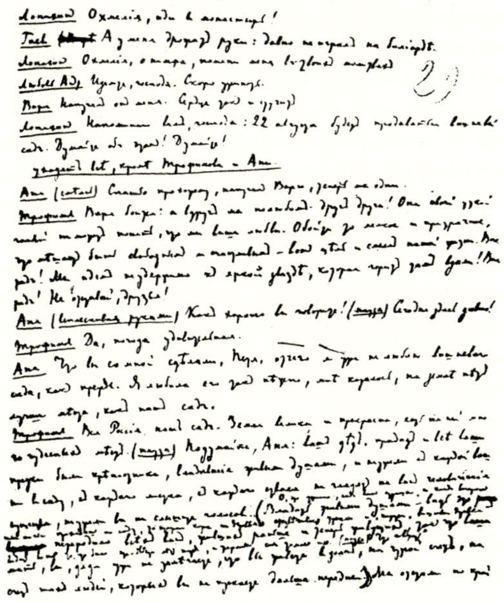

678

›Der Kirschgarten‹, 1903/1904

676 Das neue Gebäude des Künstlertheaters, Moskau, Kammerherrengasse, erneuert nach Plänen des Architekten F. O. Šechtel, 1902
677, 678 Manuskript des ›Kirschgarten‹. Blatt 1 aus dem I. Akt, Blatt 2: II. Akt mit einem der von der Zensur beanstandeten Sätze des Studenten Trofimov

679

680

21. September 1903: Heute fühle ich mich besser, offenbar erreiche ich wieder die Norm; ich schaue nicht mehr zornig auf mein Manuskript, schreibe schon, und wenn ich fertig bin, teile ich es Dir sofort telegraphisch mit. Der letzte Akt wird lustig, das ganze Stück ist ja auch lustig, leichtsinnig: Sanin wird es nicht gefallen, er wird sagen, ich sei flach geworden.
23. September: Der vierte Akt wird, verglichen mit den anderen, karg an Inhalt, aber effektvoll. Der Schluß Deiner Rolle ist, glaube ich, nicht übel, überhaupt, verlier nicht den Mut, alles steht bestens.
25. September: Der vierte Akt schreibt sich leicht, irgendwie harmonisch, und wenn ich ihn so lange nicht abgeschlossen habe, dann nur, weil ich immer noch krank bin. Ich glaube, mein Stück, so langweilig es auch sein mag, hat etwas Neues. Im ganzen Stück fällt kein einziger Schuß, nebenbei bemerkt.
27. September: Pferdchen, ich habe Dir bereits telegraphiert, daß das Stück fertig ist, daß alle vier Akte geschrieben sind. Ich bin bereits beim Abschreiben.
29. September: Das Stück ist bereits abgeschlossen, aber ich schreibe es langsam ab, denn ich muß es noch überarbeiten, überdenken; zwei, drei Stellen werde ich deshalb unfertig schicken, ich verschiebe sie auf später.
9. Oktober: Ich versichere Dich, jeder weitere Tag ist nur von Nutzen, denn mein Stück wird immer besser und besser, und die Personen sind bereits klar. Nur fürchte ich, es hat Stellen, die die Zensur streichen könnte, das wäre entsetzlich.
12. Oktober: Es lebe meine und eure Geduld! Das Stück ist bereits abgeschlossen, endgültig abgeschlossen, und wird morgen abend oder, spätestens, am 14. morgens nach Moskau geschickt. Gleichzeitig werde ich Dir einige Anmerkungen schicken. Wenn Änderungen nötig sein sollten, dann, wie mir scheint, nur sehr geringfügige. Das Schlechteste an dem Stück ist, daß ich es nicht in einem Zug, sondern daß ich lange, sehr lange daran geschrieben habe, so daß eine gewisse Zähigkeit zu spüren sein wird. Nun, wir werden sehen.

1903 an O. L. Knipper

681

682

›Der Kirschgarten‹. Uraufführung 17. Januar 1904 am Moskauer Künstlertheater, Regie: K. S. Stanislavskij und V. I. Nemirovič-Dančenko

679 Moskau, 1904
680 Das Uraufführungsplakat
681 K. A. Simov: Bühnenbildentwurf für den Zweiten Akt, für den Čechov »eine für die Bühne ungewöhnliche Weite« verlangt hatte.
682 II. Akt, Szenenphoto

683

684

685

686

687

688

689

690

691

683 Ranevskaja – O. L. Knipper
684 Trofimov – V. I. Kačalov
685 Gaev – K. S. Stanislavskij
686 Firs – A. R. Artëm
687 Jaša – N. G. Aleksandrov
688 Šarlotta – E. P. Muratova
689 Epichodov – L. M. Moskvin
690 Varja – Anja – Gaev, im 1. Akt
Varja – M. G. Savickaja, Anja – M. P. Lilina
691 Trofimov – V. I. Kačalov

692

693

III. Akt

692 LOPACHIN Ich. *Pause.* Ich habe ihn gekauft.
693 LOPACHIN *vorwurfsvoll* Warum nur, warum haben Sie nicht auf mich gehört?

694

Der letzte Akt

694 Gaev und Andreevna, allein
695 Das Schlußtableau

695

696 Mit dem zahmen Kranich

Jalta, 1904. Die letzten Aufnahmen photographiert von S. Linden

697 Mit den Hunden Šnap und Šarik

698 Der Dampfer nach Sevastopol. Čechov verließ Jalta am 1. Mai 1904

Du fragst, was ist das Leben? Das ist, als wollte man fragen: was ist eine Mohrrübe? Eine Mohrrübe ist eine Mohrrübe, mehr ist dazu nicht zu sagen. 20. April 1904 an O. L. Knipper

Tod in Badenweiler

1904

699

700

Badenweiler ist ein sehr origineller Kurort, aber worin seine Originalität besteht, ist mir noch nicht klargeworden. Eine Menge Grün, der Eindruck der Berge, es ist sehr warm, die Häuschen und Hotels, die als Villen im Grünen stehen. Ich wohne in einer kleinen Villen-Pension, mit viel Sonne (bis 7 Uhr abends) und einem großartigen Garten, wir zahlen 16 Mark pro Tag für beide (Zimmer, Mittagessen, Abendessen, Kaffee). Wir werden gewissenhaft verpflegt, sehr sogar. Aber ich kann mir vorstellen, welche Langeweile hier im allgemeinen herrscht! Heute übrigens regnet es seit dem frühen Morgen, ich sitze im Zimmer und höre zu, wie unter und über dem Dach der Wind pfeift.

Die Deutschen haben entweder den Geschmack verloren, oder sie haben nie welchen besessen: die deutschen Damen kleiden sich nicht geschmacklos, sondern geradezu scheußlich, die Männer ebenfalls, in ganz Berlin gibt es keine einzige schöne Frau, die nicht durch ihren Aufputz verunstaltet wäre. Dafür sind sie auf wirtschaftlichem Sektor Prachtkerle, sie haben Höhen erreicht, die für uns unerreichbar sind. 12. Juni 1904 an V. M. Sobolevskij

699 Jalta, 18. April 1904
700 Badenweiler, um 1900

701

702

701 Hotel Sommer, die letzte Unterkunft Čechovs in Badenweiler
702 Die Wochen-Karte für Frau Tschechow vom 21.–29. Juni 1904

Liebe Maša, heute habe ich die erste Postkarte von Dir bekommen, danke sehr. Ich lebe unter den Deutschen, habe mich bereits an mein Zimmer und die Lebensweise gewöhnt, kann mich aber an die deutsche Stille und Ruhe einfach nicht gewöhnen. Im Haus und außer Haus hört man keinen Ton, nur um 7 Uhr abends und mittags spielt im Park Musik, reich, aber sehr unbegabt. Man verspürt keinen Funken Talent, in nichts, keinen Funken Geschmack, aber dafür Ordnung und Ehrlichkeit im Überfluß. Unser russisches Leben hat weit mehr Talent, ganz zu schweigen vom italienischen oder französischen.

Meine Gesundheit hat sich gebessert, wenn ich gehe, merke ich nicht mehr, daß ich krank bin, ich gehe, wie es sich gehört, das Asthma hat abgenommen, nichts tut mir weh, nur ist von der Krankheit eine sehr starke Magerkeit zurückgeblieben; meine Beine sind dünn wie noch nie. Die deutschen Ärzte haben mein ganzes Leben auf den Kopf gestellt. Um 7 Uhr morgens trinke ich im Bett Tee, aus irgendeinem Grunde unbedingt im Bett, um 7½ kommt ein Deutscher, so etwas wie ein Masseur und reibt mich am ganzen Körper mit Wasser ab, und das ist, wie sich herausstellt, nicht übel, dann muß ich ein wenig liegen, aufstehen und um 8 Uhr Eichelkakao trinken und dabei eine Riesenmenge Butter essen. Um 10 Uhr Haferschleim, durchgeseiht, außergewöhnlich schmackhaft und aromatisch, nicht zu vergleichen mit unserem russischen. Frische Luft, an die Sonne. Zeitunglesen. Um ein Uhr Mittagessen, wobei ich nicht alle Gerichte esse, sondern nur diejenigen, die auf Anordnung des deutschen Arztes Olga für mich aussucht. Um 4 Uhr wieder Kakao. Um 7 Uhr Abendessen. Vor dem Einschlafen eine Tasse Erdbeertee – das ist für den Schlaf. In alledem steckt viel Scharlatanerie, aber vieles ist auch tatsächlich gut, nützlich, zum Beispiel der Haferschleim. Ich werde Haferflocken von hier mitbringen. Olga ist eben in die Schweiz gefahren, nach Basel, um sich die Zähne machen zu lassen. Um 5 Uhr abends kommt sie wieder nach Hause.

Mich zieht es mit Macht nach Italien.

16. Juni 1904 an Maša

703 ›Cur-Orchester Badenweiler‹
704 Hotel Sommer, Südseite
705, 706 Hotel Sommer, der Speisesaal und die Halle

703

704

705

706

707 Der Wintergarten des Hotels
708 Badenweiler. Das Wohnhaus des behandelnden Arztes Dr. Josef Schwoerer
709 Badearzt Dr. Schwoerer mit seiner russischen Ehefrau, Elizaveta Vasiljevna Živago
710 ›Verordnungen für Herrn Tschechoff, Moskau‹

707

708

709

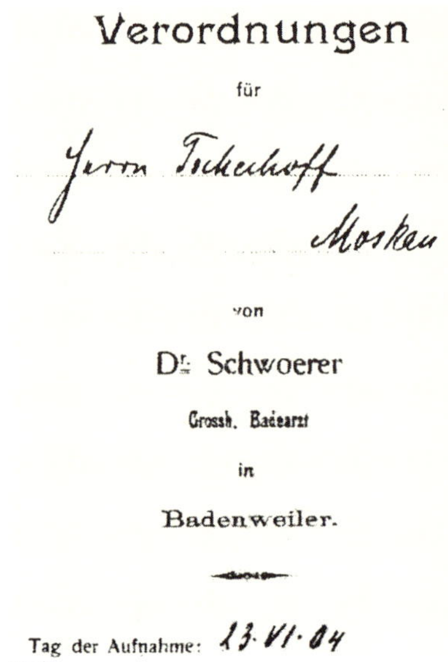

Verordnungen

für

Herrn Tschechoff

Moskau

von

Dr. Schwoerer

Grossh. Badearzt

in

Badenweiler.

Tag der Aufnahme: 23.VI.04

710

711 Zimmer im Hotel Sommer
712, 713 Der Streit zweier Verlage um die erste Buch-Publikation des ›Kirschgarten‹ verfolgte Čechov bis nach Badenweiler: Titelblätter der konkurrierenden Ausgaben, 1904

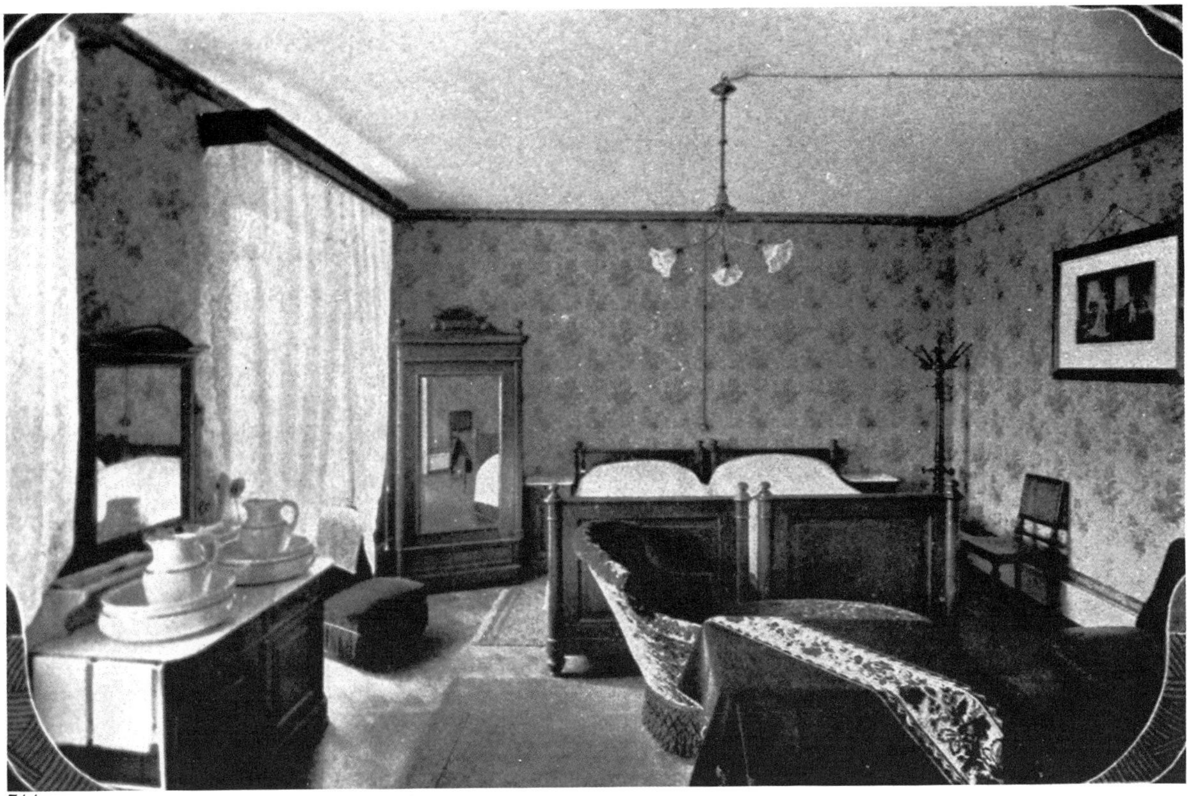

711

Антонъ Чеховъ.

ВИШНЕВЫЙ САДЪ.

КОМЕДІЯ

въ четырехъ дѣйствіяхъ

Цѣна 40 коп.

С.-ПЕТЕРБУРГЪ.
Изданіе А. Ф. Маркса.

712

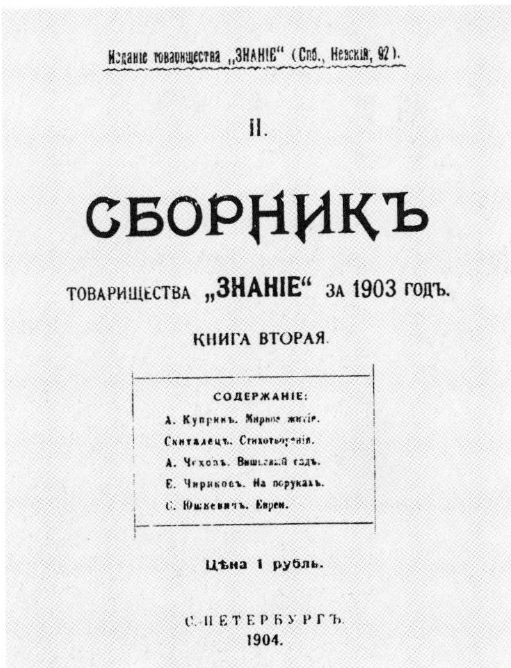

Изданіе товарищества „ЗНАНІЕ" (Спб., Невскій, 92).

II.

СБОРНИКЪ

ТОВАРИЩЕСТВА „ЗНАНІЕ" ЗА 1903 ГОДЪ.

КНИГА ВТОРАЯ.

СОДЕРЖАНІЕ:
А. Купринъ. Мирное житіе.
Скиталецъ. Стихотворенія.
А. Чеховъ. Вишневый садъ.
Е. Чириковъ. На порукахъ.
С. Юшкевичъ. Евреи.

Цѣна 1 рубль.

С.-ПЕТЕРБУРГЪ.
1904.

713

Offenbar ist mein Magen hoffnungslos kaputt, und wiederherzustellen ist er wohl durch nichts anderes als durch Fasten, d. h. nichts zu essen – und basta. Und gegen Asthma ist die einzige Arznei, sich nicht zu bewegen.
Keine einzige anständig gekleidete deutsche Frau, eine Geschmacklosigkeit, die einen trübsinnig macht.
Also, bleib gesund und fröhlich, einen Gruß an Mamaša, Vanja, George, Babuška und alle anderen. Schreib. Ich küsse Dich, drücke Dir die Hand. Dein A.

28. Juni 1904 an Maša

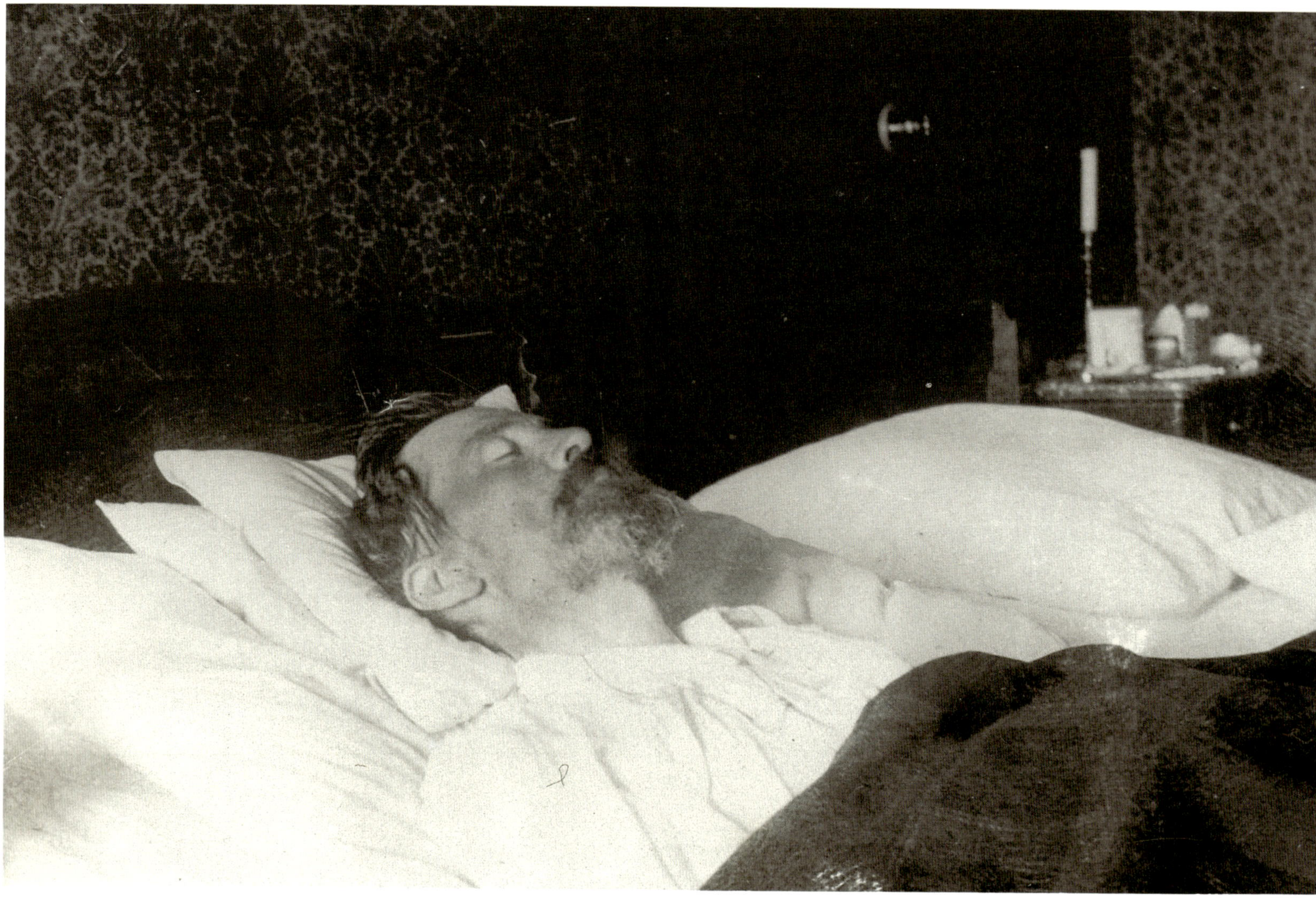

714 Badenweiler, 2. Juli 1904

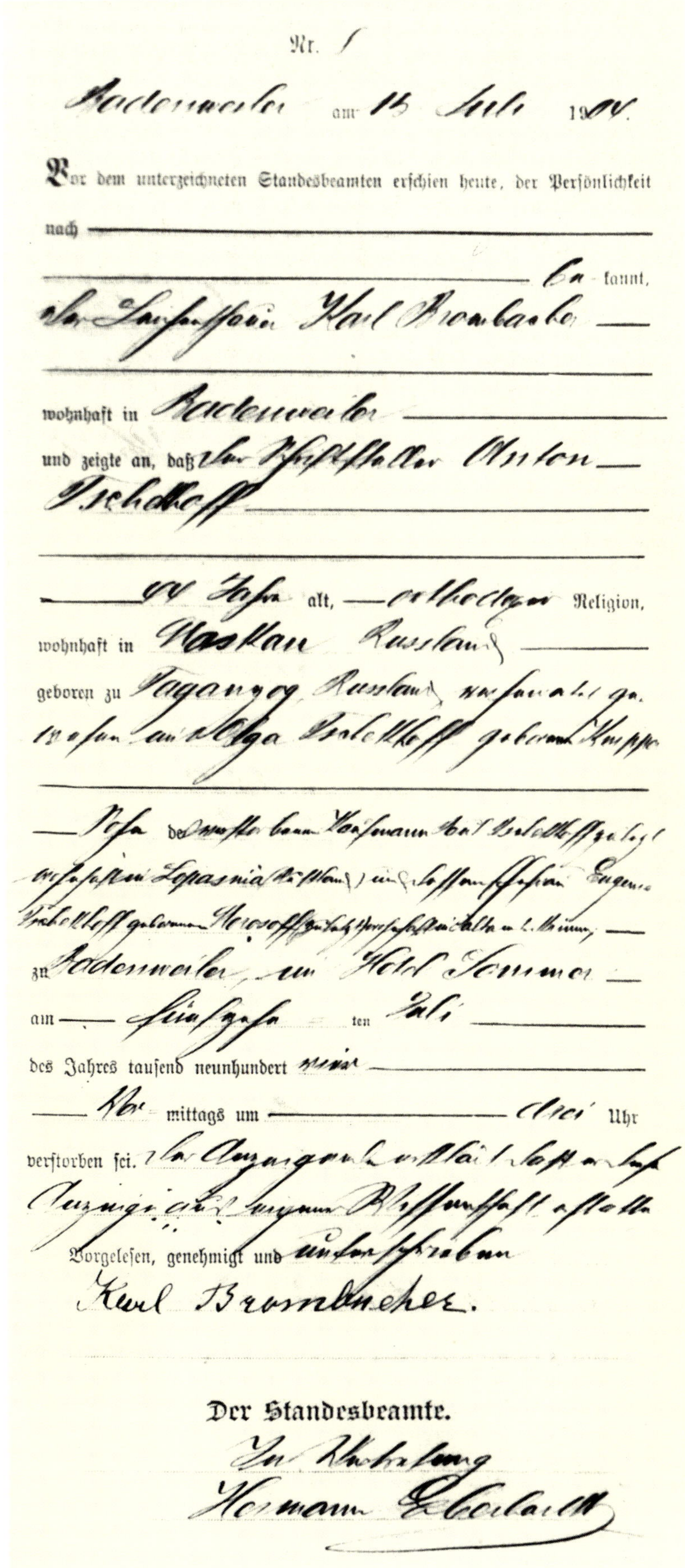

Nr. 1

Badenweiler am 15 Juli 1904.

Vor dem unterzeichneten Standesbeamten erschien heute, der Persönlichkeit nach bekannt, der Kaufmann Karl Brombacher

wohnhaft in Badenweiler

und zeigte an, daß der Schriftsteller Anton Tschechoff

44 Jahre alt, orthodoxer Religion,

wohnhaft in Moskau Russland

geboren zu Taganrog Russland verheiratet gewesen mit Olga Tschechoff geborene Knipper

[illegible]

zu Badenweiler im Hotel Sommer

am fünfzehnten Juli

des Jahres tausend neunhundert vier

Vormittags um drei Uhr

verstorben sei. [illegible]

Vorgelesen, genehmigt und unterschrieben

Karl Brombacher.

Der Standesbeamte.

In Vertretung

Hermann [illegible]

715 Die Sterbeurkunde

Das Testament

Liebe Maša, ich vermache Dir zur lebenslänglichen Nutzung mein Haus in Jalta, das Geld und die Einkünfte aus den dramatischen Werken, meiner Frau Olga Leonardovna das Haus in Gurzuf und fünftausend Rubel. Die Immobilien kannst Du, wenn Du es wünschst, verkaufen. Gib unserem Bruder Aleksandr dreitausend, Ivan – fünftausend und Michail – dreitausend, Aleksej Dolženko eintausend und Elena Čechova (Lelja), wenn sie heiratet, eintausend Rubel. Nach Deinem und Mutters Tod geht alles, was vorhanden ist, mit Ausnahme der Einkünfte aus den Stücken, in die Verfügungsgewalt der Stadtverwaltung Taganrog zu Zwecken der Volksbildung über, die Einkünfte aus den Stücken an unseren Bruder Ivan, und nach seinem, Ivans, Tod an die Stadtverwaltung Taganrog zu ebendiesen Zwecken der Volksbildung. Ich habe den Bauern des Dorfes Melichovo einhundert Rubel versprochen – zur Bezahlung der Chaussee; ebenfalls versprochen habe ich Gavriil Alekseevič Charčenko (Charkov, Moskalevka, eigenes Haus), für seine älteste Tochter das Gymnasium zu bezahlen, bis sie vom Schulgeld befreit wird. Hilf den Armen. Sorge für Mutter. Lebt in Frieden.

Anton Čechov

An Marija Pavlovna Čechova 3. August 1901

716

717

718

719

720

716–720 Juli 1904, Überführung des Sarges nach Moskau und Letztes Geleit
721 Das Grab, auf dem Friedhof des Jungfernklosters in Moskau

721

Anhang

Zeittafel

1860 17. Januar: Geburt in Taganrog

1868 Ende August: Eintritt in das Knabengymnasium der Stadt Taganrog

1876 Bankrott des Vaters, Übersiedelung der Familie nach Moskau; Čechov bleibt allein in Taganrog

1879 15. Juni: Abitur in Taganrog; Übersiedelung nach Moskau, Immatrikulation zum Studium der Medizin

1880 9. März: erste Veröffentlichung in der humoristischen Zeitschrift ›Strekoza‹

1882 Erster Versuch, einen Erzählungsband zu veröffentlichen; Beginn der Mitarbeit an der St. Petersburger Zeitschrift ›Oskolki‹, in der in den folgenden Jahren zwischen 60 und 100 Beiträge jährlich erscheinen. Pseudonyme Čechovs: Antoša Čechonte, Bruder meines Bruders, Arzt ohne Patienten, Mann ohne Milz u.a.

1884 Erster Erzählungsband ›Märchen der Melpomene‹; Abschluß des Studiums mit dem Titel des Kreisarztes

1885 Dezember: erste St.-Petersburg-Reise, Begegnung mit dem Verleger A. S. Suvorin

1886 ›Bunte Erzählungen‹, der erste von der Kritik beachtete Erzählungsband; Beginn der Mitarbeit an Suvorins Zeitung ›Novoe vremja‹; in Moskau Umzug ins Haus Korneev

1887 ›In der Dämmerung‹, erste Erzählungssammlung im Verlag A. S. Suvorin; Reise nach Taganrog

19. November: ›Ivanov‹, Uraufführung am Theater F. A. Korš, Moskau

1888 Puškin-Preis der Akademie der Wissenschaften für den Band ›In der Dämmerung‹; ›Erzählungen‹ im Verlag Suvorin; ›Die Steppe‹ in der Zeitschrift ›Severnyj vestnik‹

28. Oktober: ›Der Bär‹, Uraufführung am Theater F. A. Korš, Moskau

1889 31. Januar: ›Ivanov‹, Premiere einer überarbeiteten Fassung des Stückes am Alexandra-Theater, St. Petersburg; im Verlag Suvorin: ›Kinder‹

17. Juni: Tod seines Bruders Nikolaj in Luka, Sumy

27. Dezember: ›Der Waldschrat‹, Uraufführung am Theater M. M. Abramova, Moskau

1890 Die Reise auf die Sträflingsinsel Sachalin, vom 21. April bis 8. Dezember; Reisenotizen ›Aus Sibirien‹ im ›Novoe vremja‹; ›Gusev‹; im Verlag Suvorin der Erzählungsband ›Mürrische Menschen‹

1891 Die erste Reise ins westliche Ausland, nach Österreich, Italien, Frankreich; ›Das Duell‹ im ›Novoe vremja‹, gleichzeitig als Buchausgabe

1892 Übersiedelung nach Melichovo, dort als Arzt bei der Cholerabekämpfung engagiert; ›Krankenzimmer Nr. 6‹ in der Zeitschrift ›Russkaja mysl‹; ›Nachbarn‹

1893 ›Erzählung eines Unbekannten‹; in der Zeitschrift ›Russkaja mysl‹ die ersten Kapitel der ›Insel Sachalin‹

1894 ›Weiberreich‹; ›Der schwarze Mönch‹; ›Der Literaturlehrer‹; Abschluß der Fortsetzungsveröffentlichung der ›Insel Sachalin‹, die Buchausgabe folgt 1895

September: zweite Auslandsreise

1895 ›Drei Jahre‹; ›Der Mord‹; ›Ariadna‹

8./9. August: Erste Begegnung mit Lev Tolstoj in Jasnaja Poljana

1896 Bau der ersten Dorfschule im Kreis Melichovo, im Dorf Talež

›Mein Leben‹

17. Oktober: ›Die Möwe‹, Uraufführung am Alexandra-Theater, St. Petersburg

1897 Beteiligung an der Volkszählung im Januar; Bau einer zweiten Dorfschule in Novoselki; erster schwerer Blutsturz und Einlieferung in die Klinik

›Die Bauern‹

1. September: Reise ins Ausland, nach Biarritz und von dort nach Nizza

1898 Rückkehr nach Rußland im Mai, Entschluß, nach Jalta zu übersiedeln; in Moskau Gründung des Künstlertheaters durch K. S. Stanislavskij und V. I. Nemirovič-Dančenko, ›Der Mensch im Futteral‹; ›Stachelbeeren‹; ›Von der Liebe‹; ›Ionyč‹

17. Dezember: ›Die Möwe‹, Premiere am Moskauer Künstlertheater

1899 Kauf eines Grundstücks in Jalta und der Entschluß, zu bauen

Vertrag mit dem Verleger A. F. Marks in St. Petersburg über eine Edition des Gesamtwerks, die in den Jahren 1899 bis 1902 – in zehn Bänden – erfolgt

›In der Schlucht‹; ›Die Dame mit dem Hündchen‹

26. Oktober: ›Onkel Vanja‹, Premiere und eigentliche Uraufführung am Moskauer Künstlertheater

1900 Wahl zum Ehrenmitglied der Akademie der Wissenschaften, gemeinsam mit Lev Tolstoj, V. G. Korolenko u.a.

›Drei Schwestern‹

Dezember: zweite Reise nach Nizza

1901 31. Januar: ›Drei Schwestern‹, Uraufführung am Moskauer Künstlertheater, dritte Premiere in Abwesenheit des Autors

25. Mai: Trauung mit Olga Knipper, einer Schauspielerin des Künstlertheaters, in Moskau. Čechov lebt weiterhin in Jalta, seine Frau in Moskau.

1902 Griboedov-Preis für ›Drei Schwestern‹

Austritt aus der Akademie der Wissenschaften wegen Annullierung der Zuwahl Gorkijs in die Akademie

›Der Bischof‹

1903 Čechovs Gesamtwerk, 2. Auflage in 16 Bänden, als Gratisprämie für Abonnenten der Zeitschrift ›Niva‹, Verlag A. F. Marks, in einer Auflage von ca. einer Viertelmillion

Dezember: ›Die Braut‹, Čechovs letzte Erzählung, erscheint in der Zeitschrift ›Für alle‹

1904 17. Januar: ›Der Kirschgarten‹, Uraufführung am Moskauer Künstlertheater nebst öffentlicher Ehrung am 25. Jubiläum schriftstellerischer Tätigkeit

1. Mai: Abreise nach Moskau, mit dem Ziel Badenweiler

2. Juli: Tod in Badenweiler

9. Juli: Beisetzung auf dem Friedhof des Jungfernklosters in Moskau

Alle Daten nach dem alten russischen, dem Julianischen Kalender, an den sich Čechov auch während seiner Aufenthalte in Westeuropa immer gehalten hat; er ist gegenüber dem im Westen üblichen Gregorianischen Kalender sozusagen ›verspätet‹ und weist eine Differenz von 13 Tagen auf.

Zu den Abbildungen

1 Melichovo, 1892, photographiert von Aleksandr am selben Tag wie die Abb. Nr. 338 und 339, in Čechovs Arbeitszimmer. Ausschnitt aus dem nachstehenden Photo (gleiche Besetzung wie Abb. Nr. 339):

2 Taganrog, 1879. Čechov am 15. Juni, dem Tag des Abiturzeugnisses. Photo: S. S. Isakovič.

3 Taganrog. Aus einer Postkarten-Serie Ende des 19. Jahrhunderts. Links oben: ›Taganrog. Nr. 24‹, darunter: ›Gesamtansicht.‹
Taganrog ist von drei Seiten vom Wasser umgeben, daher der (tatarische) Name ›Wasserhorn‹ – tagani rog.
Karl Baedekers ›Rußland. Handbuch für Reisende‹, Leipzig 1912, über Taganrog: »Taganrog (Bahnrest.; Gasth.: Jewrópa, Bes. O. Hawich, Petrowskaja 57, 40 Z. zu 1.20 – 5½ R.; M., 1–6 Uhr, ¾ – 1¼ R.; Iswoschtschik vom Bahnhof in die Stadt 40, zum Hafen 60 Kop.), freundliche Hafenstadt am Asowschen Meer, mit 66000 Einwohnern. Vom Bahnhof l., dann r. durch die Petrowskaja, die Hauptstraße der Stadt. An ihr l. der Stadtgarten; vor dem (12 Min.) Eingang ein Bronzestandbild Peters d. Gr., von Antokolskij (1903). Weiterhin l. das Tschechow-Museum (der Schriftsteller A. P. Tschechow, 1860–1904, stammte aus Taganrog). An dem rechts abzweigenden Warwazijewskij Pereulok l. das griech. Kloster; gegenüber das Bronzestandbild Alexanders I., von Martos (1830). An der Petrowskaja folgt l. das Bezirksgericht; an der nächsten l. Querstraße, dem Dworzowy Per., l. das (20 Min. vom Peterdenkmal) kaiserliche Schloß, in dem das Sterbezimmer Alexanders I. (1825) gezeigt wird. 8 Min. südl. vom Schloß ein Leuchtturm und, unterhalb, der Hafen.«

4 Das Geburtshaus, photographiert von Ramin Molai für den Film ›Anton Čechov – ein Leben‹ von Sohrab Shahid Saless, 1983. Das Häuschen bestand, auf einer Gesamtfläche von 35 Quadratmetern, aus Flur, Küche und vier winzigen Räumen (Salon – 9m², Eßzimmer, Kinderzimmer und Schlafzimmer der Eltern) und wurde 1933 Museum; die Ausstellungsstücke – Stickarbeiten der Mutter, Ikonen, gemalt von Čechovs Vater – sind z. T. Geschenke von Maša Čechova.

5 Uspenskij Sobor. Nach einem zeitgenössischen Photo, heute Ausstellungsstück im Geburtshaus.

8 Die Familie väterlicherseits. Stehend, von links: Evgenija Jakovlevna – die Mutter, Pavel Egorovič – der Vater, sein Bruder Mitrofan Egorovič; sitzend: die Großmutter Efrosinja Emeljanovna, der Großvater Egor Michajlovič und Ljudmila Pavlovna, Frau von M. E. Čechov. Taganrog, frühe 1870er Jahre.

11 Erstes Familienphoto, aufgenommen von S. S. Isakovič, Taganrog 1874.

12 Aus einer Postkarten-Serie vom Ende des 19. Jahrhunderts über die Stadt Taganrog, vgl. das nachstehende Photo kurz nach Vollendung des Baus.

13 Nach einer zeitgenössischen Photographie, heute Ausstellungsstück im Geburtshaus, Taganrog.

14 ›Die Kirgisen‹, Schulaufsatz Čechovs und eines der ersten erhaltenen Autographen vom Winter 1875/1876. Der Text:
»Die Kirgisen. Selten kann man unter Kirgisen einen schönen Menschen antreffen; ihre Gesichter sind meist rund, mit vorstehenden Jochbeinen, schmalen geschlitzten Augen, fast ohne Brauen; die Nase platt, die Gesichtsfarbe stark sonnengebräunt. Alle Kirgisen sind von kräftigem Körperbau, was natürlich der wilden Erziehung in der Steppe zuzuschreiben ist; sie sind von mittlerem Wuchs. Die Kirgisen sind ein Nomadenvolk; sie verbringen ihr ganzes Leben zu Pferde, zu Fuß können sie fast nicht gehen. Ihre tragbaren Behausungen, untrennbar verbunden mit all ihren Ritten und Geldzügen, heißen *Jurten*. Die Jurten werden gewöhnlich aus einigen in die Erde gerammten Pfählen gebaut, die oben zu einem Punkt zusammengeführt und mit Filz bedeckt werden. Die Reichen und Angesehenen statten sie mit großer Bequemlichkeit aus.«

15, 16 Das Stadttheater, Postkarte vom Ende des 19. Jahrhunderts, für die älteren Jahrgänge der Gymnasiasten ein magischer Anziehungspunkt. Čechov sah hier die gesamte Palette des Programms: Klassiker, Vaudevilles, Operetten (›Schöne Helena‹) und lernte hier den späteren Regisseur und Schauspieler N. N. Solovcov kennen, dem ›Der Bär‹ gewidmet ist.

17 Die städtische Bibliothek, Photo Ende des 19. Jahrhunderts. Čechov entlieh anfangs Reisebeschreibungen, die ›Fregatte Pallas‹ von Gončarov z. B., die er noch viele Jahre später als geeignete Lektüre für Kinder und Jugendliche empfahl; Harriet Beecher-Stowe, Cervantes, Turgenev; die antiken Klassiker las er, wie aus Unterlagen der Bibliothek hervorgeht, in russischer Übersetzung.
In den 1890er Jahren nahm Čechov sehr regen Anteil am Ausbau der Bibliotheksbestände von Taganrog. Sein Briefwechsel mit P. F. Iordanov, dem späteren Bürgermeister der Stadt, dreht sich nahezu ausschließlich um Anschaffungen für die städtische Bibliothek.

18–25 Autoren des klassischen Kanons der Weltliteratur, die im Unterricht am Gymnasium – mit den Sprachen Griechisch, Latein, Deutsch und Französisch – behandelt wurden, deren Werk Čechov jedoch auch später begleitete. Die ›Bücher der Gedanken über mich selbst‹ des Marc Aurel las Čechov in der russischen Übersetzung von L. Urusov, erschienen Tula 1882; in seinem Exemplar finden sich zahlreiche Bleistiftanstreichungen. Vgl. auch die ›Langweilige Geschichte‹, in der der alte Professor über das Niveau der jüngeren Generationen räsoniert: »Sie erliegen gern dem

Einfluß der modernen Schriftsteller, und nicht einmal der besten, aber sie verhalten sich völlig gleichgültig zu den Klassikern wie: Shakespeare, Marc Aurel, Epiktet oder Pascal, und in diesem Unvermögen, das Große vom Unbedeutenden zu unterscheiden, drückt sich ihre mangelnde Lebenserfahrung aus.«

26 Aleksandr Sergeevič Puškin. Porträt von V. A. Tropinin, 1827. Öl auf Leinen, Tretjakov-Galerie, Moskau.

27 Lev Nikolaevič Tolstoj. Porträt von N. N. Ge, 1884. Öl auf Leinen, 95 × 71. Tretjakov-Galerie, Moskau.

28 Nikolaj Vasiljevič Gogol. Porträt von F. Moller, 1841. Öl auf Leinen.

29 Ivan Sergeevič Turgenev. Porträt von I. E. Repin, 1874. Öl auf Leinen. Tretjakov-Galerie, Moskau.

30 Michail Jurjevič Lermontov. Porträt von P. Zabolotskij, um 1840. Öl auf Leinen.

31 Ivan Aleksandrovič Gončarov. Porträt von I. N. Kramskoj, 1874. Öl auf Leinen, 114 × 94, Tretjakov-Galerie, Moskau.

32 Dmitrij Vasiljevič Grigorovič. Nach einer Photographie, Mitte der 1880er Jahre.

33 Nikolaj Semënovič Leskov. Porträt von V. A. Serov, 1894. Öl auf Leinen, 64 × 53, Tretjakov-Galerie, Moskau.

39 ›Gruß aus Moskau‹, zeitgenössische Postkarte mit den Sehenswürdigkeiten der Stadt: Kreml, Roter Platz und Car Puška, die größte Kanone der Welt, aus der nie ein einziger Schuß abgegeben wurde.

40 Das ehemalige Vaterhaus, Taganrog, in der Kontorskaja ulica. Photo aus späterer Zeit, vermutlich 1930er Jahre.

41 Zusatz von Hand Čechovs unter einen Brief von Nikolaj an Aleksandr, Juli 1875. Russisch: »Wünsche«, weiter lateinisch: »Dir das Beste und Größte.«

42 Das Reifezeugnis vom 15. Juni 1879. Die Noten nach russischem Stil (Fünf – die beste Note), in der ersten Spalte der Jahresdurchschnitt, in der zweiten das Ergebnis der Abiturprüfungen. Hier nur die Prüfungsnoten:

Religion	Sehr gut (5)
Russische Sprache und Literatur	Gut (4)
Logik	Gut (4)
Latein	Genügend (3)
Griechisch	Gut (4)
Mathematik	Genügend (3)
Physik und mathematische Geographie	Genügend (3)
Naturkunde	Genügend (3)
Geschichte	Gut (4)
Geographie	Gut (4)
Deutsch	Gut (4)
Französisch	Gut (4)

43 Moskau, 1882. Photo: N. Puškarëv, Moskau. Ausschnitt, vgl. Abb. Nr. 70.

44 Moskau. Der Kreml mit dem Moskva-Ufer. Photo um die Jahrhundertwende, Album des Verlags I. P. Gavrilov, Moskau 1899.

45, 46, 47 Privatphotos, um 1900, aus dem Familienalbum des Buchhändlers und Verlegers M. O. Wolff.

48 Das Puškin-Denkmal, Moskau, Tverskoj Boulevard, »auf einem Granitsockel das Bronzestandbild des Dichters, nach Opekuschins Modell, 1880 enthüllt« (Baedeker). Photographie der 1880er Jahre.

49 Die Tverskaja, »die über 3 Werst lange, eine der Hauptstraßen Moskaus, mit z. T. glänzenden Läden« (Baedeker). Postkarten-Serie, Ende 19. Jahrhundert.

50, 51 Trubnaja ploščad auf dem Ring der Moskauer Boulevards, zwischen Petrovskij und Roždestvenskij Boulevard. Čechov hat diesen Platz in seinen frühen Humoresken mehrmals beschrieben. Abb. Nr. 51: Blick über den Platz auf den Cvetnoj Boulevard, auf dem der Blumenmarkt stattfand; links im Vordergrund das Restaurant Eremitage, weiter hinten, ebenfalls links: der Zirkus Solomonskij.

55 Der Vater, Pavel Egorovič, in Moskau eine Zeitlang arbeitslos, ehe er bei dem Kaufmann I. E. Gavrilov – bei dem auch sein Neffe M. M. Čechov arbeitete – als Kontorist eine Anstellung fand. Als Čechov nach Moskau kam, lebte der Vater nicht mehr bei der Familie, sondern im Stadtteil Zamoskvorečje bei seinem Arbeitgeber.

56 Die Mutter. Photo V. Čechovskij, Moskau, 1890er Jahre.

57 Moskau, 1881/1882. Photo: M. Nastjukov.

60 Čechov und seine Kommilitonen, alle drei Absolventen des Gymnasiums Taganrog und während ihrer Studienjahre eine Zeitlang Pensionsgäste im Hause Čechov. Von links: D. T. Saveljev, Anton Čechov, V. I. Zembulatov und N. I. Korobov – dem der frühe Kleine Roman ›Späte Blumen‹ gewidmet ist. Datierung des Photos von Hand Čechovs: ›1883‹.

63 Der Studentenausweis. Text: »Billet zur Berechtigung des Hörens von Vorlesungen an der Kaiserlichen Universität Moskau für den Studenten der Medizinischen Fakultät des 2ten Kurses Anton Čechov für die 1. Hälfte des Jahres 1880–81. Ausgegeben 1880 (Unterschrift). Inspektor (Unterschrift). Nr. 21.« Darunter Čechovs Unterschrift.

64 Moskau, 1881–1882. Photo: M. Nastjukov. Aufnahme vom selben Tag wie Abb. Nr. 57 und Nr. 79.

65 Die erste Veröffentlichung. Reproduktion der gesamten Seite der ›Strekoza‹ vom 9. März 1880, mit der Rubrik ›Archiv der »Strekoza«‹, in dem der ›Brief‹ erschien. In derselben Ausgabe der ›Strekoza‹ erschien auch die Humoreske ›Was einem am häufigsten in Romanen, Novellen etc. begegnet‹ – jene ›Bagatelle von 10–15 Zeilen‹, auf die sich Čechov in seinem Brief vom 19. Januar 1904 bezieht.

66 Nach Empfang des ersten Honorars, in Moskau 1880. Photographie: N. Nazimov.

67 ›Der Gutsbesitzer Stepan Vladimirovič N.‹ beim Abfassen des Briefs. Illustration Nikolajs, frühe 1880er Jahre.

68 Antoša Čechonte und Nikolaj Čechov, in Moskau 1881/1882. Photo: R. Tile. Zu Füßen des Malers die Mappe mit den Initialen: ›N. Č.‹

69 ›Redaktionstag im »Budilnik«‹, etwa 1882, von M. M. Čemodanov-Lilin.
Der zweite von links, stehend: Čechov, rechts, zur Tür eintretend: Čechovs Freund ›Giljaj‹, der Feuilletonist V. A. Giljarovskij.
Zu diesem Blatt – ›Die Autoren‹ – existiert das Pendant ›Die Zeichner‹ von T. Simov – vgl. die nachstehende Abbildung: am Tisch, mit Blick auf die Staffelei, Nikolaj Čechov; rechts daneben, die Arme aufgestützt: M. M. Čemodanov-Lilin.

70 Moskau, 1882. Photo: N. Puškarëv.

71 ›Künstlergattinnen‹. Gestaltung der Seite: Nikolaj. Seite aus dem bereits gesetzten Buch,

das im Čechov-Museum Moskau aufbewahrt wird.

72 Text: »Druckerei N. Kodi. Gesuch. Habe die Ehre, das Moskauer Zensur-Komitee ergebenst zu bitten, das in Korrekturbögen vorgelegte Buch ›Schelmenstreich‹ von A. Čechonte mit Zeichnungen von N. P. Čechov zu genehmigen und das Billet auszustellen, ein Buch, in dessen Bestand Aufsätze eingehen, die bereits zu verschiedenem Zeitpunkt in der Zensur unterliegenden Publikationen gedruckt wurden. Aufsätze, die noch nicht gedruckt sind, werden im Manuskript vorgelegt. Das Buch wird einen Umfang von 5–7 Druckbögen haben.
Für Hrn. Kodi – N. Jachontov 30. Juni 1882.«

73 Tätigkeit des Moskauer Zensurkomitees, Blatt vom 30. Juni 1882. Der Čechov betreffende Passus findet sich unter 2):
»Gesuch der Druckerei Kodi um Genehmigung für das Buch ›Schelmenstreich‹ von A. Čechonte, mit Zeichnungen, vorgelegt in Korrekturbögen. Entschieden: genehmigen und Billet ausstellen auf Zensor Fëdorov.«

74 ›Die Ballkönigin‹, Illustration von Nikolaj zu dem Band ›Schelmenstreich‹ von 1882.

75 ›Der Tatjanentag in Moskau‹ 1882, im ›Budilnik‹, Januar 1882. Dieser Tag – der 12. Januar – ist der Gründungstag der Moskauer Universität und wurde von den Moskauer Akademikern gebührend begangen; Signatur unten links: N. Čechov, daneben (in Druckbuchstaben): In der Eremitage.

76 ›Porträt Anton Čechov‹. Frühe 1880er Jahre, Öl auf Leinen. Heute Čechov-Museum Moskau.

77 Anton und Nikolaj. Moskau 1884. Frühes Beispiel russischer Retuschierkunst, wohl noch zu Lebzeiten Čechovs: wer der Dritte (links) war, ist nicht mehr zu ermitteln.

78 N. A. Lejkin, Herausgeber der ›Oskolki‹, Petersburg. Titelblatt der ›Oskolki‹ Nr. 16 vom 14. April 1890. Zeichnung M. M. Dalkevič, Titel: ›Im Arbeitszimmer des Redakteurs‹. Text:
DER REDAKTEUR N. A. LEJKIN: Sie wünschen?
BESUCHER (in gekränktem Ton): Dürfte ich erfahren, auf Grund wovon Sie sich erdreisten konnten, mich in einer Karikatur darzustellen?
N. A. LEJKIN: Was ist daran kränkend? Sie sollten mir dankbar sein ... wenn es anginge, würde ich sogar eine Karikatur von mir selbst ins Blatt setzen ... Aber Sie entschuldigen, ich habe keine Zeit: ich muß noch eine Erzählung für die morgige Nummer schreiben, sonst stehen die Maschinen ganz still ...

79 Moskau, 1881–1882. Photo: N. Nastjukov, vom selben Tag wie Abb. Nr. 57 und 64.

84 Brief N. A. Lejkins vom 16. November 1885. Text des ›P. S.‹: »Der Zensor hat Ihre Erzählung ›Der Oberstaatsaufseher‹ nicht für den Druck genehmigt. Was er daran liberal fand – ich verstehe es nicht. Wir haben die Erzählung in zweiter Instanz eingereicht beim Zens.-Komitee. Wenn sie sie auch dort nicht zum Druck genehmigen, schicke ich Ihnen die Erzählung in den Korrekturfahnen zurück ...« Der ›Oberstaatsaufseher‹ war der erste Titel der Erzählung ›Unteroffizier Prišibeev‹.

85 Die Humoreske ›Salon de variétés‹ wurde, mit Nikolajs Zeichnung, am 4. Oktober 1881 in der Moskauer Zeitschrift ›Zritel‹ veröffentlicht.

87 ›Armut‹, Öl auf Leinen, Ausschnitt. Čechovs Neffe Michail, Sohn Aleksandrs, erinnert sich, wie er sich einmal, während eines Besuchs bei seinem Onkel in Jalta, in dessen Schlafzimmer schlich, als dieser nicht im Hause war: »Über seinem Bett hing ein großes Bild, in Ölfarben gemalt von seinem Bruder, dem Maler Nikolaj. Das Bild stellte eine arme Näherin mit einem gequälten, erschöpften Gesicht dar, die die Hände auf die Knie hatte sinken lassen. Das, was sie genäht hatte, war zu Boden gerutscht ... In ihrem traurigen, beinahe weinenden Gesicht erkannte ich meine Mutter wieder.«

89 Das Arztdiplom. Übersetzung: »Zeugnis. Der Rat der KAISERLICHEN Universität von Moskau überreicht dem Arzt Anton Čechov dieses Zeugnis zur Bestätigung, daß er, nach Ablegung der Prüfungen der Medizinische Fakultät, durch Bestimmung des Universitätsrates vom 15. September dieses Jahres in den Rang eines *Kreisarztes* erhoben worden ist. Gegeben in Moskau.« 15. November 1884. Unterschriften

90 An der geplanten – und nicht beendeten – Dissertation hat Čechov hart gearbeitet; sie sollte eine Geschichte des Medizinalwesens in Rußland werden. Auf seine umfangreichen Vorarbeiten kam er Anfang 1890, bei der Vorbereitung seiner Reise nach Sachalin, zurück. Das Titelblatt, mit den beiden Jahreszahlen, von Hand Čechovs.

91 Moskau, 1884. Photographie: G. Trunov, Vgl. Abb. Nr. 88.

92 ›Märchen der Melpomene‹, Moskau 1884, gedruckt bei A. A. Levenson, Petrovka, Rachmalovskij per[eulok]., e[igenes]. H[aus]. Auflage 1200 Exemplare.

93 Text der Widmung: »Meinem verehrten Kollegen, der nicht nur einmal der Schwäche der Autorschaft erlegen, Pavel Grigorjevič Rozanov, zur guten Erinnerung vom Autor A. Čechov. 84, VII, 18.«

94 Die Stadt Voskresensk, heute Istra, im Gouvernement Moskau, Kreis Zvenigorod, etwa 60 km nordwestlich von Moskau gelegen, »mit (1893) 1724 Einw., war ursprünglich ein Dorf, welches der Patriarch Nikon (dessen Grab sich hier befindet) wegen seiner schönen Lage für das Woskressenskische [lies: Auferstehungs-] Kloster kaufte, das er 1656 nach dem Plane des Heiligen Grabes zu Jerusalem erbauen ließ, und das von vielen Wallfahrern besucht wird. Hier ließ Peter d. Gr. 20. Juni 1698 durch Gordon die Strelitzen vernichten« (Meyers Konversations-Lexikon, 1897).
In Voskresensk arbeitete Čechovs Bruder Ivan seit Dezember 1879 als Volksschullehrer, verbrachte die Familie einige Jahre lang die Sommerferien, praktizierte Čechov 1881–1884 im Zemstvo-Krankenhaus der Stadt, das von Dr. P. A. Archangelskij – vgl. Abb. Nr. 96 – geleitet wurde.

95 Dr. S. P. Uspenskij, leitender Arzt des Zemstvo-Krankenhauses der Stadt Zvenigorod, den Čechov im Sommer 1884 für eine Zeitlang vertrat. Photo 1880er Jahre.

97 Zeitgenössisches Photo, Sammlung Roger Viollet, Paris.

98 Moskau, Theaterplatz.
»Das Kaiserliche Große Theater (Imperatorskij Bolschoj Teatr), am Theaterplatz, 1824 eröffnet, besitzt die größte Bühne der Welt (Länge der Avant-Scene 21 Meter). Der Größe nach wird es nur vom Theater San Carlo in Neapel übertroffen; hat Raum für 4000 Zuschauer. Oper und Ballet. (Keine Schauspiele.) Großartige Säle. Schöner Kronleuchter. Da die kaiserliche Prosceniumsloge und die des Generalgouverneurs auf der linken Seite sich befinden, in Folge dessen die Schauspieler ihr Gesicht möglichst dorthin wenden, und die lauttönenden Instrumente, wie Pauken, Trompeten, Trombone etc. auf der rechten placiert sind, so suche man Logen baignores und Lehnstühle stets auf der linken Seite zu bekommen: Logen von Nr. 4 an, Lehnstühle nicht weiter zurück als bis zur 7–8. Reihe.
Das Kaiserliche Kleine Theater (Imperatorskij Malyj Teatr), gegenüber dem Großen Theater. Faßt gegen 1000 Zuschauer. Dramatische Schauspiele in russ. Sprache. Zählt die besten Schauspieler Rußlands zu seinen Mitgliedern. Da die Akustik sehr schlecht, so halte man sich an die beiden ersten Reihen Lehnstühle; Logen so nahe als möglich.«
(Führer durch Moskau und Umgebungen, Moskau 1882).

99 N. M. Ermolova, 1880 in der Rolle der Evlalija in Aleksandr Ostrovskijs Stück ›Sklavinnen‹. Ihr, die am Kleinen Theater sämtliche großen Rollen spielte (Jeanne d'Arc, Maria Stuart, Ophelia, Lady Macbeth), hatte Čechov seinen dramatischen Erstling ›Platonov‹ zu lesen gegeben, und die große Tragödin hatte das Stück abgelehnt, wie sich Čechovs Bruder Michail erinnert.

100 ›Platonov‹, ›Das Stück ohne Titel‹ oder ›Vaterlosigkeit‹ – dies der Titel, auf den sich die Čechovforschung heute geeinigt hat –, der erste große dramatische Entwurf, dessen erste Niederschrift noch in die Zeit in Taganrog fällt und an dem Čechov in den frühen 1880er Jahren in mehreren Anläufen gearbeitet hat, um das dramaturgisch ungefüge Werk, das ein normales abendfüllendes Theaterstück um etwa das Doppelte an Länge übertraf, auf die Spieldauer eines Theaterabends zu reduzieren. Nach Ablehnung des Stücks durch N. M. Ermolova gab Čechov die weitere Arbeit daran auf.

101 I. I. Levitan: ›Porträt A. Čechov‹, frühe 1880er Jahre, Öl auf Papier. Čechov-Museum, Moskau.
Eine der sehr seltenen Porträtstudien von Isaak Levitan, dem größten Landschaftsmaler des ausgehenden 19. Jahrhunderts. Čechov lernte ihn durch Nikolaj Anfang der 1880er Jahre in Moskau kennen; bis zu Levitans Tod im Jahre 1900 verband beide Künstler eine intensive Freundschaft.
Čechov 1891 aus Paris an die Familie: »Ich war in einer Gemäldeausstellung (Salon) und habe die Hälfte nicht gesehen wegen meiner Kurzsichtigkeit. Apropos, die russischen Maler sind weitaus ernsthafter als die französischen. Im Vergleich zu den hiesigen Landschaftsmalern, die ich gestern gesehen habe, ist Levitan ein König.«
Levitan im Juni 1891 an Čechov: »In den vergangenen trüben Tagen, als man gern zu Hause saß, habe ich noch einmal Deine ›Bunten Erzählungen‹ und ›In der Dämmerung‹ aufmerksam gelesen, und Du hast mich als Landschaftsmaler verblüfft. Ich spreche nicht von der Menge sehr interessanter Gedanken, aber die Landschaften in ihnen sind der Gipfel an Vollendung, zum Beispiel in der Erzählung ›Das Glück‹ die Bilder der Steppe, der Hügel, der Schafe sind verblüffend. Ich habe diese Erzählung gestern S. P. und Lika vorgelesen, und beide waren sie entzückt. Siehst Du, wie großmütig ich bin, lese Deine Erzählungen Lika vor und verfalle in Entzücken! Da kannst Du sehen, wo die wahre Tugend ist!«

102 Moskau, 1885. Photo: E. Ovčarenko. Widmungsphoto an I. I. Levitan.

104 Nikolaj Čechov: ›Babkino‹, um 1885. Aquarell, Čechov-Museum Jalta.

106 N. P. Čechov, ›Mädchen auf dem Weg zum Rendezvous‹, um 1885.

107 M. V. Kiselëva, Photo D. M. Asikritov, Moskau, 1880er Jahre.

108 ›Porträt des Autors‹ am Schluß des handgeschriebenen, 16seitigen Kinderbuches für Saša und Serëža Kiselëv; dieses ›Porträt‹, dem man eine gewisse Ähnlichkeit mit dem Čechov späterer Jahre nicht absprechen kann, ist oft als ›Selbstporträt Čechovs‹ reproduziert worden. In Wirklichkeit handelt es sich dabei, wie auch bei allen anderen Illustrationen des Büchleins, um Ausschnitte aus Zeitungen und humoristischen Journalen jener Jahre, die sogar die genaue Datierung des Buches ermöglichen: zwischen 9. und 16. Oktober 1886. Am 9. Oktober erschien die letzte zur Illustration benützte Ausgabe der Zeitschrift ›Sverčok‹, vom 16. Oktober 1886 datiert der Dankesbrief von A. S. Kiselëv an Čechov, in dem das Geschenk erwähnt wird. Das ›Porträt des Autors‹ entstammt derselben Nummer des ›Sverčok‹ vom 9. Oktober und ist eine Karikatur des Großschriftstellers P. D. Boborykin – aus der Serie ›Galerie berühmter Zeitgenossen‹; von Hand Čechovs stammt lediglich die Unterschrift dazu.

110 I. I. Levitan: ›Am Fluß. Angler im Boot‹, frühe oder Mitte der 1880er Jahre, Zeichnung, Bleistift auf Papier.

112 I. I. Levitan: ›Der Fluß Istra‹, 1885–1886. Öl auf Leinen, 15,2 × 24,2, Skizze zum gleichnamigen, größerformatigen Bild, das Levitan Čechov schenkte und das zeitlebens in Čechovs Arbeitszimmer hing – sowohl in Moskau und in Melichovo (vgl. Abb. Nr. 339, oben) als später auch in Jalta, wo es heute zu den Ausstellungsstücken des Museums gehört und als solches nicht zu reproduzieren war.
Zu dem Brief: ›Ma-Pa‹ – Maša Čechova; ›der Falschmünzer‹ – Hund der Familie Kiselëv.

115 St. Petersburg, 1889. Photographie: Vezenberg & Co.

116 L. O. Pasternak: ›Blick auf die Peter-und-Pauls-Festung‹, Radierung aus den 1890er Jahren. Reproduktion nach einer von Pasternak illustrierten Ausgabe von L. N. Tolstojs Roman ›Auferstehung‹, Berlin, Verlag Neva, o. J. [frühe 1920er Jahre].
Leonid Pasternak fertigte 1889 eine Zeichnung zu Čechovs Einakter ›Schwanengesang (Kalchas)‹ an, die im selben Jahr in der Zeitschrift ›Artist‹ erschien.

117–134 Anton Čechov, 1879–1890
117 Taganrog, 1879, vgl. Abb. Nr. 2
118–120 Moskau, 1881/1882, vgl. Abb. Nr. 57, 64, 79
121 Moskau, 1881/1882, vgl. Abb. Nr. 68
122 Vgl. Abb. Nr. 101
123 Moskau, 1884, vgl. Abb. Nr. 77
124 Vgl. Abb. Nr. 215
125 Moskau, 1884, vgl. Abb. Nr. 91
126 Moskau, 1885, vgl. Abb. Nr. 102
127 Petersburg, 1888, vgl. Abb. Nr. 159
128 Feodosija, 1888, vgl. Abb. Nr. 173
129 Petersburg, 1889, vgl. Abb. Nr. 115
130 Moskau, 1888, vgl. Abb. Nr. 186
131 Petersburg, 1889, vgl. Abb. Nr. 204
132 Petersburg, 1889, vgl. Abb. Nr. 223
133 Moskau, 1890, vgl. Abb. Nr. 225
134 Sachalin, 1890, vgl. Abb. Nr. 277

135 St. Petersburg, der Nevskij Prospekt, die Hauptgeschäfts- und Prachtstraße der alten Hauptstadt, 35 m breit und 4,5 km lang. Nach einer Postkarte um 1910.
Karl Baedeker – 1912 – über das Petersburger Straßenleben: Es »kann sich an Lebhaftigkeit mit dem der übrigen europäischen Hauptstädte nicht messen, nur an Sonn- und Feiertagen herrscht etwas mehr Bewegung. Auffallend sind besonders die rasch dahinrollenden Wagen, die der vornehmen Welt mit prächtigen Trabern bespannt; die Hofkutschen sind an den Dienern in scharlachroter Livree kenntlich. Fast ein Zehntel der männlichen Bevölkerung St. Petersburgs trägt Uniform, nicht nur die zahlreichen Militärs, sondern auch alle Zivilbeamten, außerdem Studenten, Gymnasiasten und viele andere.
Unter dem weiblichen Geschlecht sind auffallend die Ammen in ihren bunten und reichen Volkstrachten; die Hauptfarben sind blau (für Jungen) und rosa (für Mädchen). Sie tragen gewöhnlich einen mit silbernen Troddeln reich verzierten weißen Überwurf; der kleidsame diademartige Kopfschmuck, in derselben Farbe, ist mit unechten Perlen und Silber verziert.«
Zum sozialen Klima und Erscheinungsbild Petersburgs vgl. am besten Čechovs ›Erzählung eines Unbekannten‹.

136 St. Petersburg, Restaurant Palkin, am Nevskij Prospekt. Photo um 1900.

137 I. E. Repin: ›Auf dem Nevskij‹, 1887. Bleistift auf Papier, aquarelliert, 29,6 × 41. Russisches Museum, Leningrad.

138 V. V. Vasnecov: ›Beim Verlassen des Dominique‹, 1874. Bleistift auf Papier, 38,8 × 28, Tretjakov-Galerie, Moskau.
Das Dominique: Restaurant in St. Petersburg, am Nevskij Prospekt, »gegenüber der Kasanschen Kathedrale, besuchtes Frühstückslocal« (K. Baedeker, West- und Mittel-Russland, Leipzig 1883).

139 I. E. Repin: ›Im Dominique‹, 1887. Bleistift, Papier, 29,8 × 41. Russisches Museum, Leningrad.

140 Jakov Polonskij, Porträt 1875 von I. N. Kramskoj, Öl auf Leinen, 73,8 × 69,2. Tretjakov-Galerie, Moskau.

141 Dmitrij Grigorovič, Porträt 1876 von I. N. Kramskoj, Öl auf Leinen, 86 × 69. Tretjakov-Galerie, Moskau.

142 Viktor Burenin. Photographie um 1890.

143 Aleksej Suvorin, Porträt 1881 von I. N. Kramskoj, Öl auf Leinen, 138 × 88. Russisches Museum, Leningrad.

144 F. O. Šechtel, Umschlagentwurf für den Humoreskenband ›Bunte Erzählungen‹. Text: ›A. Čechonte · Bunte Erzählungen.‹
Die Edition dieses Bandes – im Verlag der ›Oskolki‹ – hatte Čechov während seines ersten Besuchs in St. Petersburg mit N. A. Lejkin abgesprochen und zugesagt, was er in seinem Brief vom 28. Januar 1886 nochmals bekräftigte: »Den Buchumschlag nehme ich deshalb auf mich, weil der Moskauer Vignettenzeichner, mein Freund und Patient Šechtel, der zur Zeit in Piter ist, mich mit einer Vignette beglücken möchte. Šechtel wird zu Ihnen in die Redaktion kommen.«
Am 5. Februar 1886 schreibt Čechov an den Druckereibesitzer R. Golike: »Franc Osipovič Šechtel, bei dem ich gerade sitze, ist böse. Er verlangt von mir das Format meines künftigen Buches, denn er behauptet, ohne das Format zu kennen könne man kaum eine Vignette machen. Schon früher hatte er mir gesagt, Sie hätten versprochen, an mich ein Muster zu schicken ...«
Am 8./9. Februar 1886 an F. O. Šechtel: »Vive le roi! Von Golike bekommen das Muster sowie einen Brief, den ich beilege und bitte, für die Nachwelt aufzubewahren. Titel des Buches ist ›Bunte Erzählungen. A. Čechonte‹. Nicht mehr, nicht weniger.«
Am 20. Februar 1886 an R. Golike: »Vielen Dank für Ihren liebenswürdigen Brief, den ich zusammen mit dem Muster bekommen habe. F. O. Šechtel, der gerade bei mir sitzt, versichert mir, es werde keine Vignette von ihm geben. Das ist schade ... Und alles nur, weil ich mich weigere, morgen zum Bliny-Essen zu ihm zu kommen. Wenn seine Versicherung keine leere Drohung ist, wird das Büchlein also ohne Vignette gedruckt werden.
Ihr Anton Čechov.
Übrigens, Hurra: ... F. O. hat sich erbarmt und mir die Vignette gezeigt. Eine hinreißende Vignette. Du schaust sie an und besäufst dich, wie ein bekannter Maler immer sagt.«

145 Entwurf der Antwort an D. V. Grigorovič vom 28. März 1886.
Der Aufforderung, das Pseudonym abzulegen, widerspricht Čechov vorsichtig: »Meinen richtigen Namen auf das Buch setzen kann ich nicht, denn es ist bereits zu spät: die Vignette ist fertig und das Buch gedruckt«, bat Lejkin dann dennoch um die entsprechende Korrektur, die zumindest auf dem Titelblatt des Bandes vorgenommen wurde und auf einem Teil des Schutzumschlages mit der Šechtel-Vignette, die Lejkin mißfiel. Auf Čechovs Bitte hatte Lejkin am 4. April geantwortet, daß man, um noch den Namenszug Čechovs einzufügen, das Klischee zerstören müsse, nur so sei in kleiner Schrift die Korrektur zu bewerkstelligen. Darauf Čechov an Lejkin am 6. April: »Jetzt zur Vignette ... Ist sie wirklich so schlecht? Ich glaube, Buchstaben einzusetzen wäre nicht sehr geschickt, und außerdem wäre der Künstler beleidigt ... Wäre es nicht besser, damit die Wölfe satt und die Schafe am Leben bleiben, 1000 Expl. mit Vignette und 1000 ohne zu drucken? Alles, was an die Bahnhöfe und Anlegestellen geht, ohne Vignette, und die Subskribenten bekommen es mit Vignette ... Man könnte mit Vignette auch keine 1000, sondern nur 500 drucken. Buchstaben sind in jedem Fall von Übel.«
N. A. Lejkin folgte offenbar diesem Vorschlag Čechovs: die überwiegende Mehrzahl der erhalten gebliebenen Exemplare des Bandes enthält die Šechtelsche Vignette auf dem Umschlag nicht.

147 ›Bunte Erzählungen‹, das Titelblatt. Oben der Name ›A. Čechonte‹, unter dem Čechov in den ›Oskolki‹ publizierte und bekannt war, in Klammern dahinter: ›An. P. Čechov‹ – ›An.‹ zur Unterscheidung von Aleksandr, der zwar ebenfalls unter Pseudonym (A. Sedoj, Agafopod Edinicyn u. a.), zuweilen aber auch unter ›A. Čechov‹ veröffentlichte.
›Verlag der Zeitschrift Oskolki.
S.-Petersburg. Druckerei R. Golike, Troickij per. 18–20, 1886.‹
Widmung an Čechovs Vetter A. A. Dolženko: »Dem lieben Bruder Alëša Dolženko – vom Autor A. Čechov. 86, IX, 21.«

147 V. V. Bilibin, Lektor des Buchs, mit dem Čechov zu Beginn des Jahres 1886 eine rege Korrespondenz führte. Photo Mitte der 1880er Jahre.

150 Anzeige des Bandes in den ›Oskolki‹ – erstmals in der Ausgabe vom 17. Mai 1886, sie erschien dort wöchentlich bis weit in das Jahr 1887.
Text der Anzeige: »In den Verkauf in den Buchhandlungen des ›Novoe vremja‹, M. O. Wolff u. a. gelangte das neue Buch von A. Čechonte (An. P. Čechov) BUNTE ERZÄHLUNGEN. Großband in engem Satz, mit 375 Seiten. S.-Pb. 1886. Verlag der Zeitschrift Oskolki. Preis 2 R. ohne Versand. Bestellungen an das Kontor der Zeitschrift Oskolki (S.-Petersburg, Troickij per., Hs. Nr. 18) sind von Versandkosten frei.«

151 Umschlag des Bandes ›Unschuldige Worte‹ von Nikolaj Čechov. Signatur rechts unten, innerhalb des Rahmens: ›N. P. Čechov 87‹.
Čechov hat diesen Band, der Oktober 1887 erschien – zu einer Zeit also, als er bereits in Suvorins ›Novoe vremja‹ publizierte und streng trennte zwischen Humoresken für die ›Oskolki‹ und den ernsthafteren Arbeiten für das ›Novoe vremja‹ –, gern verleugnet. Am 29. Oktober 1887 schrieb er an Aleksandr, der inzwischen bei A. S. Suvorin in der Redaktion des ›Novoe vremja‹ eine Anstellung gefunden hatte:
»Eine Neuigkeit. Vor gar nicht langer Zeit, als ich ohne einen Groschen dasaß, kamen die Gebr. Verner zu mir und haben mir, in Ausnützung meiner Armut, für 150 Rub. 15 Erzählungen abgekauft. Selbstverständlich habe ich für sie die allerübelsten ausgewählt. Jetzt lese ich, daß sie ein Buch daraus gemacht haben, ›Unschuldige Worte von A. P. Čechov‹. Eine Luxusausgabe, aber die Erzählungen sind so schlecht und abgeschmackt, daß Du berechtigt bist, mir ins Gesicht zu schlagen, ungeachtet Deiner Talentlosigkeit. Die Gebr. Verner werden das Buch natürlich auch ans ›Nov. vremja‹ schicken in der Hoffnung, daß man mir dort als einem der Mitarbeiter eine Rezension bester Art schreiben wird; nun, und ich hoffe, das ›Nov. vremja‹ wird mir verzeihen, daß ich einen Teil meiner Seele dem Satan verkauft habe, und nicht darüber berichten. Das Schweigen darüber würde ich als einen großen Gefallen ansehen.«

152 Das Titelblatt: ›Unschuldige Worte von A. Čechonte (A. P. Čechov). Verlag der Zeitschrift Sverčok. Moskau. Druckerei Gebr. Verner, Arbat, Hs. Karinskaja. 1887.‹

153 I. I. Levitan, 1885. Photo: T. Mitreuter, Widmung aus dem Jahr 1887

154 Die Sadovaja im damaligen Moskauer Stadtteil Kudrino, Photographie: 1880er Jahre. Hier stand das Haus des Mediziners Ja. A. Korneev, das Čechov mietete. Čechov am 20. August 1886 an N. A. Lejkin: »Ich habe eine Wohnung für mich gefunden (650 R. im Jahr) in Kudrino an der Sadovaja – Haus Korneev.« Aus den Sommerferien in Babkino zurück, zog Čechov mit der Familie in dieses Haus um und wohnte dort bis zu seiner Abreise zur Insel Sachalin im April 1890.

155 Die Visitenkarte Čechovs, rechts unten die ab September 1886 gültige Adresse: ›Moskau, Kudrino, Haus Korneev.‹

156 Michail Čechov: ›Das Haus Korneev‹, kolorierte Bleistiftzeichnung in einem Brief M. P. Čechovs an seinen Vetter G. M. Čechov vom 20. Februar 1889.

157, 158 Michail Čechov, kolorierte Bleistiftzeichnungen im Brief vom 12. März 1889 an den selben Adressaten.

159 St. Petersburg, 1888. Photo: A. Pasetti. Widmung an die Schauspielerin K. A. Koratygina vom Sommer 1889, als Čechov, nach dem Tode Nikolajs in den Süden gereist, in Odessa das Ensemble des Kleinen Theaters auf Gastspielreise antraf und danach weiter nach Jalta reiste:
»Für Kleopatra Aleksandrovna Koratygina, zur Erinnerung an Zimmer Nr. 48 des Hotel du Nord, vom Odessaer Gastspielreisenden A. Čechov.«

162 Taganrog. Von hier trat Čechov im April 1887 die langgeplante Reise durch die Steppe an, die er am 10. Februar 1887 in einem Brief an A. S. Suvorin andeutete:
»Verzeihen Sie, daß ich so wenig fleißig für Sie arbeite. Den ganzen Januar über war ich krank, faul und habe nur Lappalien geschrieben. Die täglichen angespannten Sorgen um die ›häuslichen Umstände‹ haben mir alle Energie genommen; um nicht ganz auszutrocknen, fahre ich Ende März in den Süden, ins Dongebiet, ins Gouv. Voronež usw., wo ich den Frühling begehen und das im Gedächtnis auffrischen will, was bereits zu dunklen beginnt. Dann, glaube ich, wird es mit der Arbeit flotter gehen.«

163 I. I. Levitan: ›Vor dem Gewitter‹, Mitte der 1890er Jahre, Skizze. Öl auf Leinen, 26,2 × 36. Heimatkundliches Museum, Smolensk.

164 Brief vom 11. April 1887 an F. O. Šechtel. Kopfzeile. Wortlaut des Briefes: »Liebster Maestro! Ich bin im Süden!!! Übrigens folgt daraus nicht, daß mir warm wäre. Schon den 6ten Tag weht in Taganrog ein kalter Wind, der einen zwingt, sich in einen warmen Mantel zu hüllen. Mir ist langweilig und mies. Ich habe Durchfall. Wenig Geld. Unbestimmte Zukunft. Die Kleinbürger sind mir zuwider. Das Essen schlecht. Die Straßen schmutzig. Schlafe nicht zur rechten Zeit.
Wenn der Wind aufhört, fahre ich weiter.
Meine Adresse: g. Taganrog, Hs. M. E. Čechov. Von hier werden mir alle Briefe nachgeschickt. Wenn die Nazarovs nicht nur zu Vergewaltigungen fähig sind, sondern auch zu großen Heldentaten, so schicken Sie mir die Rückfahrkarte nicht anders als eingeschrieben. Sie können es auch bleibenlassen, weil es deshalb kein Erdbeben und keine Sintflut geben wird. Taganrog ist eine sehr schöne Stadt. Wenn ich ein so talentierter Architekt wäre wie Sie, ich würde sie abreißen.
Ich bekomme von Ihnen ›Prutzente‹: ich spiele den Makler bei meinem Onkel, um Sie von den Engeln zu erlösen. Ihnen stehen die bösen Geister besser als die guten.
Ich fahre gleich zu einer Dame. Werde bei ihr ›schreiben‹.
Leben Sie wohl. Meiden Sie Weiber und Wein.«

166 ›Die Steppe‹, erste Seite des Erstdrucks in der Nr. 3 der Zeitschrift ›Severnyj vestnik‹ März 1888.
›Die Steppe‹ war, nach langen Jahren eiserner Disziplin in der kleinen Form und seit dem Erscheinen des Romans ›Das Drama auf der Jagd‹, 1884, der erste Versuch, die schon von Grigorovič geforderte große Form zu bewältigen. Über die Arbeit daran klagte er in seinem Brief vom 9. Januar 1888 dem Schriftsteller V. G. Korolenko: »Unglücklicherweise verfalle ich, da ich nicht gewohnt bin, lange Dinge zu schreiben, aus Angst, Überflüssiges zu schreiben, ins Extrem: jede Seite wird kompakt wie eine kleine Erzählung, die Bilder häufen, bedrängen sich und verderben ... den Gesamteindruck. Als Resultat ergibt das kein Bild, in dem alle Einzelheiten wie die Sterne am Himmel zu einem gemeinsamen Ganzen verfließen, sondern einen Konspekt, ein trockenes Verzeichnis von Einzelheiten.«

167 ›In der Dämmerung‹, Čechovs erster Erzählungsband im Verlag A. S. Suvorin. Anzeige analog zu Abb. Nr. 150; im Unterschied zur Anzeige der ›Bunten Erzählungen‹ erschien diese Anzeige in den ›Oskolki‹ jedoch nur ein einziges Mal, nämlich in Nr. 37/1887.

168 I. E. Repin: ›Porträt V. M. Garšin‹, 1883, Öl auf Leinen, 40 × 48. Tretjakov-Galerie, Moskau.
Bei dem Porträt des Schriftstellers, der 1888 Selbstmord beging, handelt es sich um eine Vorstudie zu einem der berühmtesten Bilder Repins: ›Ivan der Schreckliche und sein Sohn Ivan am 16. November 1581‹ – dem Tag, an dem Ivan der Schreckliche seinen Sohn erschlug – aus dem Jahr 1885.

169 ›In der Dämmerung‹. Text der Widmung: »Für Michail Michajlovič Djukovskij zur guten Erinnerung und für einen Rubel in Silber vom Autor-Freund A. Čechov.«

170 Streit der Verleger um das Erbe Puškins: Karikatur ohne Titel von M. M. Dalkevič, ›Oskolki‹ vom 31. Januar 1887.
Zum 50. Todestag Puškins erschienen zeitgleich zwei Puškin-Gesamtausgaben, beide als preiswerte Volksausgaben – eine im Verlag Suvorin, die andere im Verlag der Zeitung ›Novosti‹.
Text der Karikatur:
BEIDE SEITEN *gleichzeitig:* Er ist unser, unser, zieht ihn rüber!
PASSANT: Vorsicht, Herrschaften, werfen Sie ihn nicht um!

171 Die ›Oskolki‹ zum 31. Januar 1887, Titelblatt. Lithographie von M. M. Dalkevič unter Verwendung eines der berühmtesten Puškin-Porträts, nämlich dessen von Orest Kiprenskij, 1827.
Unten rechts das Todesdatum (29. Januar 1837), rings um das Porträt gruppiert die Helden Puškinscher Werke: Ruslan aus der Verserzählung ›Ruslan und Ljudmila‹, Evgenij Onegin, Tatjana usw.

172 ›In der Dämmerung‹ 1887. Umschlag des Bandes, für den Čechov 1888 den Puškin-Preis der Akademie der Wissenschaften zugesprochen erhielt. Die Entscheidung der Jury, in der auch D. V. Grigorovič saß, fiel einstimmig; die Preissumme betrug 500 Rubel.

173 1888. Photographie: C. Babaev, Feodosija am Schwarzen Meer, aufgenommen Juli 1888 während Čechovs Besuch bei A. S. Suvorin.

174 N. M. Ermolova in der Rolle der Maria Stuart, Kleines Theater Moskau, 1886.

176 A. I. Sumbatov-Južin, Kleines Theater Moskau, als Karl v. in ›Hernani‹ von Victor Hugo.

177 K. A. Varlamov, Schauspieler, Alexandra-Theater, St. Petersburg.
Photographie: ›Lorens, St. Pétersbourg‹, um 1890.

178 ›Ivanov‹, 1887. Titelblatt des Textbuchs oder Bühnenmanuskripts, vervielfältigt in einer Auflage von 200 Expl. in der Theaterbibliothek von E. N. Rassochina, Moskau, Tverskaja ulica – Georgievskij pereulok (Vermerk unten). Oben: ›Von der Zensur genehmigt. S.-Pb., 10. Dezember 1887.‹
In diesem Exemplar von Hand, vermutlich durch Überkleben korrigiert: ›Drama‹: in der ursprünglichen Fassung lautete Čechovs Untertitel: ›Komödie in 4 Akten und 5 Bildern.‹
Der zum Titel querstehende Vermerk mit dem Datum ›8. Jan. 1889‹ verweist auf die Bearbeitung des Stücks für die zweite Premiere am Alexandra-Theater zu St. Petersburg, 1889.

179 V. N. Davydov, Schauspieler des Petersburger Alexandra-Theaters, in der Spielzeit 1887/1888 engagiert am Privattheater F. A. Korš in Moskau, Photographie 1888.

180 Das Theater F. A. Korš, Moskau, an dem der ›Ivanov‹ uraufgeführt wurde.
Der Theaterunternehmer F. A. Korš gründete 1882 in Moskau das erste private Theater, das er bis 1917 leitete. Auf Initiative von Korš entstand, wie Čechov in seinem Brief vom 10. Oktober 1887 an Aleksandr berichtet, der ›Ivanov‹; schon zu Spielzeitbeginn 1886 war Čechov »bei Korš eingeladen, *geschäftlich*«. (An F. O. Šechtel am 12./16. September 1886).

181 Das Uraufführungsplakat zum ›Ivanov‹: ›Theater Korš‹, unter dem Grundriß des Zuschauerraums: ›Petrovka. Bogoslovskij per.‹ »Am Donnerstag, 19. November Benefiz für N. V. SVETLOV zum ersten Mal das neue Stück IVANOV. Komödie in 4 Akten und 5 Bildern von ANTON ČECHOV. Es spielen die Damen Rybčinskaja, Glama-Meščerskaja, Koševa, Borozdina, Krasovskaja u. a.; die Herren Svetlov, Davydov, Kiselevskij, Gradov-Sokolov, Solonin, Vjazovskij, Valentinov u. a.
DER FRISIERSALON (Salon pour la coupe des cheveux). Russisch-französisch-deutsches Vaudeville in 1 Akt von N. Grigorjev. Die Rollen spielen: Der Franzose – Hr. Roščin-Insarov. Der Deutsche – Hr. Šmidtgof. Der Russe – Hr. Solovcov.
Beginn um 7 Uhr abends. Regisseur N. N. Solovcov.«
Die Reaktion des Moskauer Publikums faßte im ›Novoe vremja‹ der Theaterkritiker A. D. Kurepin zusammen: »Mit solch einem Gemisch aus Lob und Protest hat noch kein einziger Autor in letzter Zeit debütiert... Gespielt wurde das Stück von Hrn. Čechov sehr gut. Der junge Autor kann zufrieden sein: er hat mit einem Schlag das Interesse des Theaterpublikums auf sich gezogen.«
Aus Petersburg berichtete Čechov an die Familie nach Moskau:
»Piter ist großartig. Ich fühle mich wie im siebten Himmel. Die Straßen, Droschken, das Essen – das alles ist ausgezeichnet, und kluge und anständige Menschen so viele, daß man wählen kann. Jeden Tag neue Bekanntschaften. Gestern zum Beispiel saß ich von 10½ Uhr morgens bis drei bei Michajlovskij (der mich im ›Severnyj vestnik‹ kritisiert hat) in Gesellschaft von Gleb Uspenskij und Korolenko: wir aßen, tranken und plauderten wie Freunde. Ich sehe täglich Suvorin, Burenin u. a. Alle laden mich unablässig ein und beweihräuchern mich. Von meinem Stück sind absolut alle begeistert, obwohl man mir Nachlässigkeit vorwirft. Mein einziges Exemplar wandert von Hand zu Hand, ich kann es einfach nicht erwischen, um es zur Zensur zu bringen. Suvorin ist böse darüber, daß ich mein Stück Korš gegeben habe; seiner Meinung nach können weder die Korš-Truppe noch das Moskauer Publikum(?) ›Ivanov‹ begreifen. Die Moskauer Rezensionen rufen hier Gelächter hervor. Alle warten darauf, wann ich das Stück in Piter aufführen lasse, und sind von seinem Erfolg überzeugt...«

182 Die Rolle der Babakina wurde von der Schauspielerin B. E. Koševa gespielt; Zeichnung von Hand Čechovs aus einem Brief an A. S. Kiselëv.

184 Am 25. Dezember 1887 erschien im ›Novoe vremja‹ Čechovs Erzählung ›In gelehrter Gesellschaft‹, die Urfassung der Erzählung ›Kaštanka‹.
Eine illustrierte Ausgabe dieser Erzählung besprach Čechov noch während eines Besuchs in Petersburg im März 1888, deren Erscheinen sich jedoch immer wieder verzögerte, weil Čechov die Illustrationen wegen miserabler Qualität ablehnte. Ein Kommentar zur Ausgabe von 1903 ist nicht überliefert.

186 Moskau, 1888 (möglicherweise 1889). Photo: M. Dankevič.

187 ›Gruß aus der Ukraine‹, zeitgenössische Postkarte.
Čechovs Antwort auf die Frage A. S. Kiselëvs, ob die Familie auch den Sommer 1888 in Babkino zu verbringen gedenke: »Meine ganze Familie möchte in den Süden. An fünf Orten wird bereits für uns gesucht: in Slavjansk, in Sumy, am Azovschen Meer usw. Sehr gut möglich ist, daß unsere Suche von Mißerfolg und Schande gekrönt und wir im Norden bleiben werden, – ich bin davon beinahe überzeugt, – aber schon allein dieses Schwanken gibt uns kein Recht, auf Babkino zu rechnen. Ich werde im Frühling reisen, für mich macht es keinen Unterschied, wo meine Familie leben wird; im Süden freut einen nur der Frühling, den Sommer würde ich lieber in Babkino verleben. Ma-Pa [Maša] und Finik [Michail] zieht es spürbar nach Babkino. Aber Mutter und Väterchen träumen, wie die Kinder, von ›ihrer‹ Ukraine.« (15. Februar 1888.)
Michail wurde schließlich vorgeschickt, das Gut Luka zu erkunden, und befand es für gut.

188 Den Kreis Sumy beschreibt Meyers Konversations-Lexikon 1897: »Kreisstadt im russ. Gouv. Charkow, am Psiol und der Eisenbahn Charkow–Nikolajew, hat 9 Kirchen, ein Gymnasium, eine Realschule, ein Mädchengymnasium, 5 Banken, bedeutende Zuckerfabrikation und (1893) 22764 Einw. An der Grenze von Groß- und Kleinrußland gelegen, bildet Sumy einen wichtigen Verkehrspunkt für die Ukraine und treibt namentlich Handel mit Pferden, Getreide und Sandzucker.«
Den Landsitz der Familie Lintvarëv in Luka bei Sumy beschreibt Čechov ausführlich in seinem Brief von Mitte Mai 1888 an Ivan.

190 Aus dem Brief Mitte Mai 1888 an Ivan. Zeichenerklärung: »1 Unser Flügel. 2 Die provisorische Kammer des Friedensrichters, der aussieht wie Ivanenko. 3 Der Mieter Artemenko, der in der Fabrik Charitonenko arbeitet. 4 Eine verlassene Schnapsbrennerei. 5 Das Wehr, das den Teich vom Fluß trennt. 6 Der Teich, sehr groß und tief. 7 Der Psël. Breiter als der Moskva-Fluß. 8 Der herrschaftliche Garten. 9 Das Herrenhaus. 10 Der Flügel, in dem nebst Gattin der älteste Sohn der Lintvarëva, Pavel, wohnt. 11 Gärtchen mit einem Olivenbaum. 12 Hier wohnt der kleine Panas, der nach Würmern gräbt. 13 Der Weg in die Stadt über das Dorf Luka, an der Fabrik Charitonenko vorbei. Ein gemütliches Dorf. Liegt überall dort, wo die Wellenlinie entlangführt. Die Bauern sind reich. Bettler gibt es keine.«

195 Die beiden Söhne der Gastgeberin von Luka, Georgij und Pavel Michajlovič Lintvarëv und zwei Unbekannte beim Angeln.
Čechov berichtet A. S. Suvorin am 30. Mai 1888: »Der älteste Sohn ist ein stiller, bescheidener, kluger, talentloser und arbeitsamer Mensch, ohne Prätentionen und, offenbar, zufrieden mit dem, was das Leben ihm beschert hat. Er ist im 4. Studienjahr von der Universität verwiesen worden, prahlt aber nicht damit. Er spricht wenig. Liebt die Wirtschaft und das Land, lebt in Eintracht mit den Ukrainern. Der zweite Sohn ist ein junger Mensch, der verrückt ist nach dem Genie Čajkovskij. Pianist. Träumt von einem Leben nach Tolstoj.«

196 Feodosija, wo sich A. S. Suvorins Villa befand, schildert der Baedeker von 1912 so: »F., an der gleichnamigen Bucht des Schwarzen Meeres gelegende Kreisstadt mit 32500 Einw., wird als Seebad (sandiger Badegrund) stark besucht (auch Kumyßanstalten); die zahlreichen Weinberge sind für Traubenkuren wertvoll. – Im IV. Jahrh. vor Chr. als milesische Kolonie *Theudosia* erbaut, mit bedeutender Getreideausfuhr, wurde die Stadt im XIII. Jahrh. von den Genuesen neu gegründet und *Kaffa* genannt; im XIV. Jahrh. zählte sie angeblich 100000 Einw., 1475 wurde sie von den Tataren erobert. An der W.-Seite des 1890–94 erbauten Hafens läuft der Seeboulevard entlang. Hier r. der Brunnen ›Guter Genius‹; l. auf dem Basarplatz ein Springbrunnen, 1888 in türkischem Stil nach Plänen Aiwasowskijs errichtet (dabei ein Restaur.); r. ein Bronzestandbild Alexanders III., von Bach (1896). Weiter nördl. ein alter Turm aus der Genuesenzeit und der Bahnhof.«

197 Von links: an der Rutsche lehnend die Mutter von A. I. Suvorina; auf der unteren Sprosse der Leiter sitzend: A. S. Suvorin, oberhalb: Sohn Borja; auf Gesteinsschutt im Mittelgrund: Čechov; weiter rechts, auf dem Geländer sitzen: (auf dem Geländer sitzen:) A. I. Suvorina, mit Katze; daneben ihre Schwester S. I. Orfanova; oben auf der Rutsche: die Tochter Nastja. Photo: Chr. Babaev, 1888.

198 Derselbe Photograph, dieselbe Besetzung, Feodosija, am Meeresufer. Von links: A. S. Suvorin, S. I. Orfanova (die Schwägerin Suvorins), Sohn Borja (mit Fahrrad), neben ihm zwei Unbekannte; auf der Mauer sitzen Nastja, die Tochter, und Čechov, auf der Bank rechts A. I. Suvorina und Mutter.

199 Eisenbahnen im Kaukasus, Photo um 1890. Gemeinsam mit Suvorins Sohn Aleksej Alekseevič reiste Čechov am 23. Juli 1888 weiter in den Kaukasus, nach Suchumi, Poti, Tiflis, Baku. »Von Baku wollte ich über den Kaspij nach Uzunada, nach Buchara und nach Persien fahren, aber wir mußten die Framstange umkehren. Mein Gefährte Suvorin-fils bekam ein Telegramm über den Tod seines Bruders und konnte nicht weiterfahren.« 12. August 1888 an N. A. Lejkin.
Aus Suchum schreibt Čechov am 25. Juli 1888: »Ich bin in Abchasien! Die Nacht verbracht habe ich im Kloster ›Novyj Afon‹, und heute sitze ich seit dem Morgen in Suchum. Die Natur ist verblüffend bis zum Wahnsinn und zur Verzweiflung. Alles ist neu, märchenhaft, dumm und poetisch. Eukalyptus, Teesträucher, Zypressen, Zedern, Palmen, Esel, Schwäne, Büffel, graue Kraniche, und vor allem – Berge, Berge und nochmals Berge ohne Ende...«

200 M. Ju. Lermontov: ›Die Darjalschlucht‹, 1837. Silberstift, Papier, 15 × 22,5. Puškin-Haus, Leningrad.
Die Darjalschlucht an der Georgischen Heerstraße im Kaukasus – seit der Romantik, seit Puškins Verserzählung vom ›Gefangenen des Kaukasus‹ und den Gedichten Lermontovs, die den Kaukasus besingen, magischer Anziehungspunkt, das russische Italienerlebnis – beschreibt Čechov am 12. August 1888 in einem Brief an K. S. Barancevič:
»Ich habe die Georgische Heerstraße erlebt. Das ist keine Straße, sondern Poesie, eine phantastische Erzählung, geschrieben von einem Dämon und Tamara gewidmet... Denken Sie sich auf einer Höhe von 8000 Fuß... Haben Sie's? Jetzt treten Sie bitte in Gedanken an den Rand des Abgrunds und blicken Sie hinunter; weit, weit unten sehen Sie den schmalen Grund, über den sich ein weißes Band windet – das ist die graue, murmelnde Aragva; auf dem Weg zu ihr begegnet Ihr Blick kleinen Wolken, Wäldchen, Schluchten, Felswänden... Jetzt heben Sie ein wenig den Blick und blicken geradeaus: Berge, Berge, und auf ihnen Insekten – das sind Kühe und Menschen... Blicken Sie nach oben – dort ist ein schrecklich tiefer Himmel. Ein frischer Bergwind weht...
Stellen Sie sich zwei hohe Wände vor und zwischen ihnen einen langen, langen Korridor; die Decke ist der Himmel, der Boden – das Tal des Terek; über den Grund windet sich eine aschfarbene Schlange. An einer Felswand ist ein Regal, auf dem die Kutsche dahinjagt, in der Sie sitzen... So:

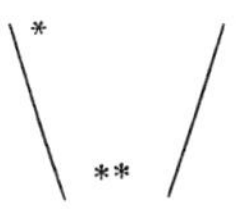

* Das sind Sie.
** Die Schlange.

Die Schlange ist böse, heult und sträubt sich. Die Pferde fliegen wie die Teufel... Die Wände sind hoch, der Himmel noch höher...
Von den Gipfeln der Felsen schauen neugierig lockige Bäume herab... Es schwindelt einem! Das ist die Darjalschlucht oder, in der Sprache Lermontovs ausgedrückt, die Schnellen des Darjal.
Die Herren Eingeborenen sind Schweine. Kein einziger Poet, kein einziger Sänger...
Irgendwo auf dem Gadaur oder am Darjal zu leben und keine Märchen zu schreiben, das ist eine Schweinerei!«

201 Der Elbrus, höchster Berg des Kaukasus. Nach einer Photographie von Vittorio Sella, zitiert in den Reiseskizzen ›Aus Krim und Kaukasus‹ von Wilhelm von Massow, Leipzig, Georg Wigand, 1902.

Zeichnung von A. Čechov

202, 203 Die Altstadt von Tiflis, Photographien um 1900.

204 Dieses Gruppenbild mit Čechov, Svobodin und Davydov ist in der gesamten Čechov-Literatur bis heute das einzige, auf dem auch A. S. Suvorin gezeigt wird, oft sogar ohne Nennung des Namens (etwa: ›A. P. Čechov in einer Gruppe von Theaterleuten‹). Der geradezu alttestamentarische Haß, mit dem Werk und Person Suvorins in der Sowjetunion bis heute verfolgt werden, scheint erst in allerjüngster Zeit einer nüchterneren Betrachtungsweise zu weichen.

205 Text des Theaterzettels:
»Kaiserliche Theater SPB. 1889. Im Alexandra-Theater. Am Dienstag, dem 31. Januar. Benefiz des Ersten Regisseurs
H-rn FEDOROV
(zum 25.-jährigen Jubiläum).
Von den Künstlern der Kaiserlichen Theater zum ersten Mal gespielt wird:
IVANOV.
Drama, in 4 Akten, von Anton Čechov.«
Folgt die Besetzung: Ivanov wurde auch in Petersburg von V. N. Davydov gespielt, den Grafen Šabelskij spielte P. M. Svobodin; Anna Petrovna – P. A. Strepetova, Saša – M. G. Savina.

206 L. S. Bakst: ›M. G. Savina‹, Porträt aus den 1890er Jahren, Silberstift auf Papier, 30 × 22,6. Russisches Museum, Leningrad.

208 I. E. Repin: ›Porträt der Schauspielerin P. A. Strepetova‹, 1882, Öl auf Leinen, 61 × 50. Tretjakov-Galerie, Moskau.

211 Titelblatt des Moskauer ›Budilnik‹, 1888. Nr. 46. Text der Karikatur:
»Čechovs ›Bär‹ im Theater F. A. Korš, mit Hrn. Solovcov in der Titelrolle.
An. Čechov, der Führer. – Na los, Mišenka, zeig uns, wie die Herren die Fräuleins ausschimpfen... Und nun zeig uns, wie sie sich mit Fräuleins duellieren, und jetzt, wie sie die Fräuleins umarmen und küssen... Du bist ein Kerl, Miša, du kannst es!«

212 Widmung: »Für Marija Vladimirovna Kiselëva zur guten Erinnerung vom Autor A. Čechov. St. Sumy«. Ergänzung unten: ›1888, 2/VI.‹

214 Petersburg, 1889. Photo: K. Šapiro. Die Aufnahme entstand Januar 1889, anläßlich der ›Ivanov‹-Premiere im Alexandra-Theater.

215 Nikolaj Čechov: ›Porträt Anton Čechov‹, unvollendet, Öl auf Leinen, 1884. Čechov-Museum Moskau.
Čechovs Bruder Nikolaj starb am 17. Juni 1889 in Luka, Sumy, an Schwindsucht.

216 I. I. Levitan: ›Winterlandschaft. Friedhof‹, Zeichnung, 1880er Jahre, Bleistift, Papier.

217 ›Eine langweilige Geschichte (Aus den Aufzeichnungen eines alten Mannes)‹ erschien im November-Heft der Zeitschrift ›Severnyj vestnik‹, St. Petersburg.
Text der Widmung: »Gratisprämie aus dem Literaturladen von A. P. Čechov – für Aleksej Sergeevič Kiselëv.«

218 ›Der Waldschrat‹, Theaterbibliothek Rassochin. Über dem Titel der Vermerk: »Von der Zensur genehmigt, Moskau, 1. Mai 1890.«
Im Herbst 1888 hatte Čechov Suvorin vorgeschlagen, gemeinsam mit ihm ein Stück zu schreiben. Tatsächlich schickte Suvorin im Oktober einen Stückentwurf, auf den Čechov am 18. Oktober 1888 mit einer ausführlichen Charakteristik der dramatis personae antwortete; danach gedieh die Zusammenarbeit jedoch nicht weiter, Čechov schrieb den ›Waldschrat‹ allein zu Ende. Uraufgeführt wurde ›Der Waldschrat. Komödie in 4 Akten‹ am Theater M. M. Abramova, Moskau, am 27. Dezember 1889, Regie: N. N. Solovcov.
›Der Waldschrat‹ ist die Urfassung des ›Onkel Vanja‹, der aus der grundlegenden Überarbeitung der nur mäßig erfolgreichen Komödie hervorging. Die Überarbeitung nahm Čechov vermutlich noch im Frühjahr 1890 vor; der literarischen Öffentlichkeit wurde der fertige ›Onkel Vanja‹ erst 1897 bekannt.

220 ›Čechov am Scheideweg‹, Zeichnung von M. M. Dalkevič.

221 Pëtr Iljič Čajkovskij, Photographie: E. Bieber, Hamburg, 1880er Jahre. Widmung: »Für A. P. Čechov vom flammenden Verehrer P. Čajkovskij, 14. Okt. 89.«
Čechov hatte dem bewunderten Komponisten am 12. Oktober 1889 geschrieben: »In diesem Monat werde ich einen neuen Band meiner Erzählungen in Druck geben, die Erzählungen sind langweilig wie der Herbst, gleichförmig im Ton, und die künstlerischen Elemente darin sind stark vermischt mit medizinischen, doch nimmt mir das nicht den Mut, mich mit einer ergebenen Bitte an Sie zu wenden: erlauben Sie mir, dieses Buch Ihnen zu widmen.« In diesem Brief bat er auch um ein Photo Čajkovskijs. Dieser suchte nach Erhalt des Briefes Čechov spontan in Kudrino auf, traf ihn jedoch nicht an und hinterließ die Čechov gewidmete Photographie. Čajkovskij am 16. Oktober an seinen Bruder: »Stell Dir vor, Čechov hat mir geschrieben, er wolle mir seinen neuen Erzählungsband widmen. Ich war voller Dankbarkeit bei ihm. Bin schrecklich stolz und freue mich.« Der Erzählungsband – ›Mürrische Menschen‹, St. Petersburg, A. S. Suvorin, 1889 – erschien mit dem Vermerk: »P. I. Čajkovskij gewidmet.«

222 Billet Čajkovskijs vom 14. Oktober 1889: »Lieber Anton Pavlovič: Ich übersende Ihnen hiermit meine Photographie und bitte Sie nachdrücklich, dem Boten die Ihre auszuhändigen! Habe ich meinem Dank für die Widmung angemessen Ausdruck verliehen? Mir scheint nein, weshalb ich noch hinzufügen will, daß ich von Ihrer Aufmerksamkeit zutiefst gerührt bin! Ich drücke Ihnen kräftig die Hand. P. Čajkovskij.«
Čechov schickte Čajkovskij daraufhin sein Photo, und zwar die Šapiro-Aufnahme (Bild Nr. 214) mit der Widmung: »Für Pëtr Iljič Čajkovskij zur Erinnerung an den herzlich ergebenen und flammenden Verehrer Čechov.« Erstmals begegnet waren sich beide Künstler im Dezember 1888 in St. Petersburg bei Čajkovskijs Bruder M. I. Čajkovskij.

223 St. Petersburg, 1889. Photographie: D. S. Zdobnov.

224 I. E. Repin: ›Čechov auf einer Sitzung der Gesellschaft für Literatur‹, 30. Januar 1889. Papier, auf Karton aufgezogen, Graphitstift, 20 × 32,5. Puškin-Haus, Leningrad.
Am Tisch, von rechts: A. S. Suvorin, Čechov, I. F. Gorbunov, F. N. Berg (?), P. I. Vejnberg, P. N. Isakov.

225 Moskau, 1890, vermutlich im April, vor Čechovs Abreise nach Sachalin. Im Hof des Hauses Korneev in Moskau-Kudrino. Ausschnittvergrößerung aus der nachstehenden zweiten Fassung des Abschiedsphotos.

226 Die Insel Sachalin. Fort Duė, die Hauptstraße. Photographie aus Čechovs Sachalin-Sammlung, photographiert von I. I. Pavlovskij.

229 Alexander von Humboldt, Selbstbildnis mit dem Titel: ›Alex. H. vor mir selbst im Spiegel‹, 1814. Lithographie nach einer verschollenen Zeichnung.
Von Humboldt hatte 1829 im Auftrag des Zaren Westsibirien und Zentralasien bereist; er war, auf derselben Route wie später Čechov, bis an den Bajkal gelangt, um dann ins Altaigebirge und ans Kaspische Meer weiterzureisen. Čechov am 9. März 1890 an Suvorin: »Ich fahre in der festen Überzeugung, daß meine Reise weder für die Literatur noch für die Wissenschaft einen wertvollen Beitrag erbringen wird: dazu reichen weder meine Kenntnisse, noch meine Zeit, noch meine Ambitionen. Ich habe nicht die Pläne eines Humboldt, noch weniger die eines Kennan.«

230 George Kennan, Lithographie nach einem Photo aus den 1880er Jahren, Frontispiz der zitierten Ausgabe.
Kennans Berichte und Reportagen aus Sibirien und, zunehmend, über den russischen Strafvollzug hatten weltweites Aufsehen erregt, die auf deutsch erschienenen (mindestens vier) Bände erreichten binnen Kürze zehn Auflagen. In Rußland war Kennan verboten. In seiner ›Insel Sachalin‹ zitiert Čechov jedoch das ›bekannte Buch‹ Kennans, das 1890 in russischer Übersetzung (›Sibirien und die Verbannung‹) in London erschienen war.

231 K. Trutovskij: ›F. M. Dostoevskij‹, 1847, vor seiner Verbannung nach Sibirien.
Die ›Aufzeichnungen aus einem toten Hause‹ entstanden auf Grund der Erlebnisse und Erfahrungen, die Dostoevskij während der zehn Jahre (Haft und Verbannung) 1849 bis 1859 in Sibirien gemacht hatte. Sein Bericht erschien erstmals 1860/1861 in der Zeitschrift ›Russkij mir‹ in Auszügen, vollständig dann in der Zeitschrift ›Vremja‹, St. Petersburg, 1861/1862; erste Buchausgabe: St. Petersburg 1865.

232 N. M. Jadrincev, Lithographie von Gaillard nach einer Photographie aus den 1880er Jahren. Frontispiz der zitierten deutschen Übersetzung, Jena o. J. [1886]
Den Sibirienforscher Jadrincev zitiert Čechov in seiner Sachalin-Bibliographie mit mehreren Arbeiten und zweimal in der ›Insel Sachalin‹.

233 Ivan Gončarov, Porträt von I. P. Radulov, Öl auf Leinen 1868.
›Die Fregatte Pallas. Aufzeichnungen von einer Weltreise‹ ist Gončarovs Bericht von der Reise, die er 1852 bis 1855 als Sekretär des Admirals Putjatin an Bord der ›Pallas‹ nach Japan unternahm, um mit den Japanern ein Handelsabkommen zu treffen; der Ausbruch des Krimkrieges setzte dem Unternehmen vorzeitig ein Ende, Gončarov kehrte durch Sibirien nach Petersburg zurück. Das Buch, 1858 erstmals erschienen, war schon zu Čechovs Zeiten ein Klassiker der Reiseliteratur und wird auch in der ›Insel Sachalin‹ zitiert.

234 Die Sachalin-Bibliographie, erstes Blatt. Čechov am 16. März 1890 an M. I. Čajkovskij: »Ich sitze unablässig zu Hause und lese, wieviel im Jahre 1863 die Tonne Kohle von Sachalin gekostet hat und wieviel die von Schanghai; lese über Amplituden und NO, NW und SO und andere Winde, die mich anwehen werden, wenn ich an den Küsten Sachalins meine eigene Seekrankheit beobachten werde. Ich lese über Böden, Untergrund, über sandigen Lehm und lehmigen Sand. Übrigens, verrückt geworden bin ich noch nicht und habe gestern sogar eine Erzählung ans ›Novoe vremja‹ geschickt...«

236 Zelle in der Peter-und-Pauls-Festung, zeitgenössische Photographie, angeblich die Zelle Michail Bakunins, reproduziert in dem Band ›Michail Bakunins Beichte‹, Berlin 1926.

237 Moskau, Frühjahr 1890, im Hof des Hauses Korneev, vom selben Tag wie Abb. Nr. 225.

238 V. A. Serov: ›An der Fähre‹, 1905. Aquarell, 21,5 × 27,3. Tretjakov-Galerie, Moskau.

239 Reiseschlitten. Photo um 1900, Courtesy of American Museum of Natural History, New York, reproduziert in dem Band ›The Russian Empire‹, A Portrait in Photographs by Chloe Obolensky, New York 1979.

241 I. I. Levitan: ›Die Vladimirka‹, 1892. Öl auf Leinen, 87 × 108, Tretjakov-Galerie, Moskau.
Vladimirka ist der volkstümliche Name jener Großen Straße, über die die russischen Strafgefangenen in Ketten nach Sibirien getrieben wurden. Eine Skizze des Bildes soll Levitan, wie sich der Maler I. A. Belousov erinnert, dem Jurastudenten Michail Čechov geschenkt haben mit der Widmung ›Dem künftigen Staatsanwalt‹, was Michail zutiefst gekränkt habe. Es wird angenommen, daß sich Levitan auch unter dem Eindruck von Čechovs Sachalin-Reise dazu entschloß, dieses Bild zu malen.
Erstmals der Öffentlichkeit vorgestellt wurde das Bild während der jährlichen Ausstellung der Peredvižniki 1892 – in St. Petersburg vom 14. Februar bis 21. März, in Moskau vom 29. April bis 9. Mai.

242 Morast. Photographie aus der Sammlung der Baronesse S. K. Buxhoeveden, um die Jahrhundertwende. Erstmals publiziert in dem Band ›Russia in Original Photographs 1860–1920‹ von Marvin Lyons, London 1977.

243 Rechnung des ›Amerikanischen Hotels N. V. Cholkin‹, Ekaterinburg, 2. Mai 1890.

244 Vom 5.–11. Juni 1890 hielt sich Čechov in Irkutsk auf. Von hier schickte er, wie zuvor schon aus der Stadt Tomsk, einen Teil seiner Reiseaufzeichnungen an Suvorin, die dieser im ›Novoe vremja‹ unter dem Sammeltitel ›Aus Sibirien‹ veröffentlichte.
Photographie: Rudolf Zabel, 1900. Zitiert nach dem Band: R. Z., ›Durch die Mandschurei und Sibirien. Reisen und Studien, mit 146 Abbildungen, zumeist nach photographischen Aufnahmen des Verfassers‹, zweite, durch ein Personal- und Sachregister vermehrte Auflage, Leipzig, Verlag von Georg Wigand, 1903. Diesem Band entstammen ferner die Nr. 247, 248 und 280.

250 Čechov mit dem Mönchspriester Iraklij, 1890 an Bord des Schiffes ›Petersburg‹, aufgenommen von dem Schiffsarzt V. A. Ščerbak.

251 f. Aus Čechovs Sachalin-Sammlung. Die Kunde, Čechov habe auf Sachalin zum Photoapparat gegriffen, einschließlich der daran anknüpfenden Interpretationen von ›Čechovs Sachalin-Photos‹ gehen zurück auf den von Jean Mitry edierten Band ›Schriftsteller photographieren‹, Luzern 1973; sie gehören in den Bereich der Legende.
Tatsächlich trug sich Čechov mit dem Plan, seinen Sachalin-Bericht mit Photos zu illustrieren. Er korrespondierte hierüber mehrfach mit Bekannten, die auf Sachalin lebten und die er während seines Aufenthalts dort kennengelernt hatte, doch entsprachen die Aufnahmen, die ihm 1891 und später noch geschickt wurden, nicht den Vorstellungen und, schließlich, auch nicht Schilderungen des Lebens in der Verbannung, wie sie Čechov in der ›Insel Sachalin‹ gab. Milieuphotos aus dem Gefängnis und dem Leben der Sträflinge aufzunehmen, war selbst für Alteingesessene in Sachalin gefährlich, weil streng verboten.
Čechovs Sachalin-Sammlung umfaßte 1922, als seine Schwester Maša sie dem Archiv des Museums übergab, 109 Aufnahmen, photographiert vor allem von:
– I. I. Pavlovskij, einem Telegraphenbeamten aus Fort Duė auf Nordsachalin, der gern mit den ›Redaktionen‹ ins Geschäft kommen wollte; von ihm sind 39 Photos identifiziert;
– A. V. Ščerbak, Schiffsarzt auf der ›Petersburg‹, den Čechov auf seiner Rückreise kennenlernte; von ihm stammen vor allem die Photos vom Häftlingstransport zur See;
– P. E. Nojtaki, einem Konkurrenten Pavlovskijs, der Pavlovskij nach dessen Aussage Negative entwendet haben soll;
– D. A. Bulgarevič, einem Beamten auf Sachalin, der Čechov weitere Photographien schickte;
– A. v. Friken, dem die Schnappschüsse vom Picknick mit dem japanischen Konsul zu verdanken sind.
Sämtliche Angaben nach dem Aufsatz von E. N. Dunaeva ›K istorii raboty nad knigoj »Ostrov Sachalin«‹ (›Zur Geschichte der Arbeit an dem Buch »Die Insel Sachalin«‹) in Band 87 des Periodikums ›Literaturnoe nasledstvo‹, Moskau, Nauka, 1977.

252 An Bord des Dampfers ›Petersburg‹, Photo: A. V. Ščerbak.

253 Noch in St. Petersburg Januar 1890 hatte Čechov sich an den Chef der Hauptgefängnisverwaltung, M. N. Galkin-Vraskij, gewandt in der Hoffnung, von ihm ein Empfehlungsschreiben oder irgendeine administrative Hilfestellung zu erhalten – ohne Erfolg. Nach seiner Rückkehr berichtete Čechov Suvorin am 9. Dezember 1890: »Er hat niemandem auch nur eine Zeile über mich geschrieben, ich erschien auf Sachalin als absolut Unbekannter.«

257 Im Gefängnishof von Duė, Photo: I. I. Pavlovskij.

258, 259 Photos: I. I. Pavlovskij, aufgenommen im Gefängnishof von Voevodsk.

260–263 Photos aus den Bergwerken der Gesellschaft ›Sachalin‹, photographiert von I. I. Pavlovskij.

264–266 Aufnahmen: I. I. Pavlovskij.

268 In der Verbanntensiedlung Duė, Photographie: I. I. Pavlovskij.

269 Text des Beglaubigungsschreibens: »Dieses Schreiben, gegeben vom Kommandanten der Insel Sachalin an den Arzt Anton Pavlovič Čechov, gestattet ihm, Hrn. Čechov, das Sammeln verschiedener statistischer Informationen sowie der für eine literarische Arbeit über die Organisation der Katorga auf der Insel Sachalin unerläßlichen Materialien. Ich empfehle den Bezirkskommandanten, Hrn. Čechov zu genanntem Zweck bei der Besichtigung von Gefängnissen und Siedlungen gesetzliche Mitwirkung zu erweisen und Hrn. Čechov erforderlichen Falles die Möglichkeit zu geben, verschiedene offizielle Dokumente zu exzerpieren.
Bekräftigt durch Unterschrift und Dienstsiegel, am 30. Juli 1890, Fort Alexandrovsk.
Der Kommandant der Insel,
Generalmajor Kononovič.
Der Leiter der Kanzlei I. Vologdin.
Admin. Geschäftsführer Andreev.«
Mit dem Datum desselben Tages erging, mit Bezug auf das oben zitierte Beglaubigungsschreiben, an die Kommandanten der Bezirke Alexandrovsk und Tymovsk der geheime Erlaß, wonach streng darauf zu achten sei, »daß Hr. Čechov keinerlei Kontakte mit Strafgefangenen habe, die wegen Staatsverbrechen verurteilt sind, noch mit Verbannten, die unter Polizeiaufsicht stehen.«

270, 271 Vordruck der von Čechov selbst entwickelten Karteikarte mit folgenden Angaben zur Person:
– Siedlung
– Hof
– Status
– Name, Vatersname, Familienname, Verhältnis zum Hausherrn
– Alter
– Glaubensbekenntnis
– Wo geboren
– Seit wann auf Sachalin
– Hauptbeschäftigung
– Schriftkundig, Analphabet, gebildet
– Verheiratet: in der Heimat, auf Sachalin, Witwer, ledig
– Erhält staatliche Unterstützung? Ja, nein
– Krankheiten

272 Der Gefängnishof von Fort Alexandrovsk, photographiert von P. E. Nojtaki.

273 V. A. Serov: ›Begegnung (Ankunft der Ehefrau bei ihrem Mann in der Verbannung)‹, 1904. Aquarell, Graphitstift, 25 × 36,2, Tretjakov-Galerie, Moskau.
Das Regime der Katorga erlaubte es der verheirateten Frau, ihrem Mann in die Verbannung zu folgen.

274–276 Photos: I. I. Pavlovskij. Abb. Nr. 275: die Hauptstraße von Fort Alexandrovsk.

277 Oktober 1890, Čechov zu Gast beim japanischen Konsul Kusun-Katan. Photographie: A. v. Friken
Čechov am 6. Oktober 1890 an die Mutter: »In Fort Korsakov lebt der japanische Konsul Kuse-San mit seinen beiden Sekretären – guten Bekannten von mir. Sie leben wie Europäer. Heute ist die hiesige Administration zu ihnen gefahren, in voller Paradeuniform, um ihnen die ihnen verliehenen Orden auszuhändigen; ich bin mit meinen Kopfschmerzen mitgefahren und habe Sekt trinken müssen.«

279 Photo: A. v. Friken, vom selben Tag wie Abb. Nr. 277, Ausschnitt aus nachstehendem Gruppenbild:

281 Mit dem Marineleutnant G. N. Glinka auf der Rückreise an Bord der ›Petersburg‹, photographiert von A. V. Ščerbak; jeder mit einem der Mungos, die Čechov aus Indien nach Rußland mitbrachte.

282, 283 Photographien: A. V. Ščerbak, 1890.

284 Moskau, 1891/1892, am Schreibtisch. Vom selben Tag existiert die nachstehende Aufnahme.

287 Čechovs Reisepaß für das Ausland, mit Unterschriften in Kyrillisch und Französisch: ›Antoine Tschechoff‹, 1891.

288 Das Notizbuch, Čechovs ständiger Begleiter, nicht nur auf Reisen; Haupt-Notizbuch I, begonnen 1891 auf der ersten Auslandsreise in Begleitung der Familie Suvorin, mit Reiseaufzeichnungen und gleichzeitig zahlreichen Notizen zu der Novelle ›Drei Jahre‹.
Text des Titelblatts: »Dieses Buch gehört A. P. Čechov. Petersburg, Ml. Italjanskaja 18, Whn. Suvorin.«

292–295 Nach: ›Wien. Eine Auswahl von Stadtbildern‹, im Auftrage der Gemeinde Wien herausgegeben von Prof. Karl Mayreder. Nach der Natur aufgenommen von Martin Gerlach. Wien o. J. [1890], Verlag von Gerlach & Schenk in Wien.

314 Moskau, 1893. Photo: D. M. Asikritov, Moskau, Tverskaja, Hs. Vargin.

315 I. I. Levitan: ›Trüber Tag‹, 1890er Jahre, Öl auf Leinen. Čechov-Museum, Moskau.

316–333 Anton Čechov, 1891–1897
316 Moskau, 1891/1892, vgl. Abb. Nr. 284
317 Melichovo, 1892, vgl. Abb. Nr. 1
318–320 Moskau, 1893, vgl. Abb. Nr. 314. Alle drei Aufnahmen vom selben Tag von D. M. Asikritov.
321 Melichovo, 1893, vgl. Abb. Nr. 361
322 Moskau, 1892, vgl. Abb. Nr. 357
323 Melichovo, vgl. Abb. Nr. 382
324 Moskau, 1893, vgl. Abb. Nr. 369
325, 326 Jalta, 1894, vgl. Abb. Nr. 379. Beide Photographien vom selben Tag, aufgenommen von L. V. Sredin.
327, 328 Petersburg, 1895. Photos: D. S. Zdobnov.
329 Petersburg, 1896, vgl. Abb. Nr. 409
330 Melichovo, 1897, vgl. Abb. Nr. 424
331 Melichovo, 1897, vgl. Abb. Nr. 425
332 Moskau, 1897, vgl. Abb. Nr. 428
333 Nizza, 1897, vgl. Abb. Nr. 446

337 M. T. Drozdova: ›Melichovo‹, 1898. Aquarell auf farbigem Karton, Čechov-Museum Moskau.

338, 339 Beide Photos aufgenommen von Aleksandr Čechov.
Nach Melichovo war Čechov Anfang März 1892 umgezogen.
An der Wand oben links Levitans Bild ›Der Fluß Istra‹, vgl. Abb. Nr. 112; rechts das Photo aus Petersburg, zusammen mit A. S. Suvorin, P. M. Svobodin und N. V. Davydov, vgl. Abb. Nr. 204.

340 I. I. Levitan: ›Frühling. Hochwasser‹, 1897. Öl auf Leinen, 64,2 × 57,5, Tretjakov-Galerie, Moskau.
Mit Levitan kam es im April 1892 in Moskau zum Zerwürfnis wegen Čechovs Erzählung ›Flattergeist‹, erschienen Januar 1892.
»Stellen Sie sich vor, eine Bekannte von mir, eine 42jährige Dame, hat sich in der zwanzigjährigen Heldin meines ›Flattergeists‹ wiedererkannt, und nun bezichtigt mich ganz Moskau, eine Schmähschrift geschrieben zu haben. Hauptindiz – die äußere Ähnlichkeit: die Dame malt, ihr Mann ist Arzt, und sie lebt mit einem Maler zusammen.« (29. April 1892 an L. A. Avilova) – Die Dame: S. P. Kuvšinnikova, Jahrgang 1847, etliche Jahre Lebensgefährtin von Levitan.
In der Figur des dicken Schauspielers meinte auch A. P. Lenskij vom Kleinen Theater sich wiedererkannt zu haben; er brach ebenfalls mit Čechov.

341 Text unten rechts: ›Zur Erinnerung an Melichovo. V. Giljaj.‹
Čechov am 8. April 1892 an Suvorin: »Giljarovskij war bei mir. Was der hier aufgeführt hat, mein Gott! Er hat alle meine Mähren geritten, ist auf die Bäume geklettert, hat die Hunde erschreckt und, um seine Kraft zu beweisen, Baumstämme zerhackt. Er hat geredet ohne Pause.«

342 Liebhaberphoto aus dem Jahr 1897.

345–349 Čechov praktizierte als Arzt auch in Melichovo, besonders in den Cholera-Jahren 1892 und 1893, die sich nach der Hungerkatastrophe von 1891/1892 einstellten. Verwaltungszentrum für den Kreis Melichovo war das Städtchen Serpuchov:
»92 W. (südl. v. Moskau) Stat. Ssèrpuchow (Bahnrest., 20 Min. Aufenthalt), nicht weit von der gleichn. Kreisstadt (Hôtel) an der Grenze des Gouvernements Moskau, an dem Flüßchen *Nara*, das sich unweit s. in die *Oka* ergießt. Der größere Theil der Stadt (16720 Einw.) liegt malerisch auf Hügeln am l., nördlichen Ufer der Oka, mit dem kleineren Stadttheil am r. Ufer durch eine Schiffbrücke verbunden. Die Stadt ist weitläufig gebaut, hat Ueberreste alter Befestigungen, eine Kathedrale mit alten, berühmten Freskomalereien, 21 Kirchen, bedeutende Leinen- und Hanfwebereien, Seifensiedereien, Gerbereien, große Papierfabriken, Handel in Holz, Talg und Vieh.
Ssèrpuchow wird seit 1328 erwähnt; 1374 unter der Regierung des Großfürsten von Moskau, *Dmitry Donskoi*, vom Theilfürsten Wladimir Andrejewitsch mit einer hölzernen Befestigung umgeben, wurde sie 1382 durch den Tatarenchan *Toktemisch* genommen und geplündert. Im xv. Jahrh. wurde sie, an der Grenze des Ssewerischen Landes liegend, wiederholt von den Litauern und Polen belagert und theilweise zerstört. Seit 1472 gehörte sie wieder zum Großfürstenthum Moskau. 1556

wurden die Erdwälle, welche heute noch zu sehen sind, erbaut. 1570 wurde Ssèrpuchow zum letzten Male von dem Krimschen Tatarenchan *Dewlet Girai* erobert.
Dampfer gehen im Sommer auf der Oka aufwärts nach Kaluga, abwärts nach Rjäsan. Nicht weit hinter Stat. Ssèrpuchow überschreitet die Bahn auf schöner Brücke die Oka, welche hier schon eine Breite von 200 m hat. Sie bildet zugleich die Grenze des Gouvernements Tula, welche höchst fruchtbar, reich an Viehheerden und voller Fabrikthätigkeit, daher eines der bevölkertsten Gouvernements ist.«
(K. Baedeker, ›West- und Mittel-Rußland‹, Leipzig 1883).

346 Der Sanitätsrat der Stadt Serpuchov, 1890er Jahre, mit den Namen aller Porträtierten, notiert von Hand Čechovs.
Stehend, von links: I. A. Aristov-Popov [?], A. A. Kašincev, N. I. Beljaev, P. I. Kurkin, I. K. Kovrejn, A. M. Ignatov (Ignatjev), K. A. Ėrmans, N. I. Nevskij.
Um den Tisch, v. links: V. A. Gluchovskaja, N. N. Chmelëv, V. E. Čelcov, Dr. F. Šnejder, L. M. Redrikov, E. I. Ularova, I. G. Vitte.
Freundschaftliche Beziehungen verbanden Čechov mit P. I. Kurkin und I. G. Vitte.

347 Čechov in der Uniform des Revierarztes im Garten von Melichovo, 1893, unter der ›dicken Eiche‹, photographiert von seinem Bruder Aleksandr.

349 ›Medizinischer Bericht über das provisorische Revier Melichovo für das Jahr 1892‹, erste Seite des Berichts:
»Die Registrierung der ambulanten Patienten im provisorischen Revier Melichovo begann am 21. Juli. Registriert wurden in der Zeit vom 21. Juli bis zum 18. Dezember *453* Patienten, Krankenbesuche insgesamt *578*. Die mittlere Zahl der Krankenbesuche bewegte sich bei 4,9 pro Tag. Doch da ich dem Rat diese Zahlen zur Kenntnis bringe, halte ich eine weitere Ausführung für angebracht. Ich will damit beginnen, daß die Registrierung, besonders in der ersten Zeit, unvollständig durchgeführt wurde, als nämlich der Arzt, in Unkenntnis der Regeln der medizinal-statistischen Registratur, wiederholt erscheinende Patienten nicht aufführte« usw.

350 ›Das Duell‹, 1892. Titelblatt der ersten Buchausgabe im Verlag A. S. Suvorin. Zuvor war der Roman in Fortsetzungen in den Literaturbeilagen des ›Novoe vremja‹ erschienen.
Widmung an S. P. Kuvšinnikova: »Für Sofja Petrovna Kuvšinnikova, vom geächteten, aber ergebenen Autor A. Čechov. 91, 18/XII.«

352, 353 Der Petersburger Schauspieler P. M. Svobodin, enger Freund der Familie Čechov, hatte wesentlichen Anteil an der Aussöhnung Čechovs mit der Redaktion der Zeitschrift ›Russkaja mysl‹, die ihn 1890, kurz vor seiner Abreise nach Sachalin, als ›prinzipienlosen‹ Autor denunziert hatte. Ab 1892 veröffentlichte Čechov längere Erzählungen, Novellen und Kurzromane dort, u. a. ›Krankenzimmer Nr. 6‹, die ›Erzählung eines Unbekannten‹ bis hin zur ›Dame mit dem Hündchen‹, 1899. Widmung datiert: ›Luka 89.‹

354 I. I. Levitan: ›Abend nach dem Regen‹, 1879. Öl auf Leinen, Tretjakov-Galerie, Moskau.
Das Bild stellt einen typischen Zwischenhalt dar, an dem der Zug nur wenige Minuten hielt – wie z. B. in Lopasnja.

356 Anzeige aus dem ›Führer durch Moskau und Umgebungen‹ von R. Grossman und J. Knöbel, Moskau, Buchhdlng. J. Deubner, 1882 (Von der Censur erlaubt. Moskau, den 11. Februar 1882).

358 ›Krankenzimmer Nr. 6‹, Verlag Suvorin, St. Petersburg 1892; zuvor war der Text 1892 im Novemberheft der Zeitschrift ›Russkaja mysl‹ erschienen.

360 Moskau, 1893. Photo: K. Fišer.
Im Sprachgebrauch Čechovs hieß dieses Photo, wie Zeitgenossen berichten, das ›Urteil des Paris‹.

361 Melichovo, 1893.

363 Moskau, Photo: V. Čechovskij.

364 Unter den Besucherinnen in Melichovo, Freundinnen von Maša, die alsbald zur Familie gehörten, nimmt L. S. Mizinova – ›Lika‹ – eine Sonderstellung ein; Kollegin Mašas am Mädchengymnasium L. F. Rževskaja, erscheint sie schon 1890 auf dem Abschiedsphoto. Čechov hat ihr einige seiner witzigsten, ironisch-distanzierten ›Liebesbriefe‹ geschrieben. 1893 ging L. S. Mizinova mit I. N. Potapenko, ebenfalls häufigem Gast in Melichovo, ein Verhältnis ein, folgte ihm 1894 ins Ausland, bekam ein Kind; Potapenko verließ sie noch im selben Jahr. – Im Fall der Nina Zarečnaja (›Die Möwe‹, 1896) meinten Beobachter, dieses Dreiecksverhältnis wiederzuerkennen.

369 Moskau, 1893. Photo: D. M. Asikritov.

371 Text der Widmung: »Für Anton Pavlovič Čechov. Zur guten Erinnerung – E. Šavrov.« 1890er Jahre.

372 L. A. Avilova, Photo Mitte der 1890er Jahre. Auch mit ihr stand Čechov über Jahre in Briefwechsel. Der verheirateten Frau und dilettierenden Schriftstellerin erteilte er, wie E. M. Šavrova-Just, einige der für das eigene Schreiben wesentlichsten Ratschläge.

373 Text des Briefes:
»9. Febr.
Ihr Telegramm, lieber Vukol Michajlovič, hat mich um 3 Uhr morgens geweckt. Ich habe überlegt und nichts gefunden, inzwischen ist es schon 9 Uhr und Zeit, Ihnen zu antworten.
›Erzählungen eines meiner Patienten‹ – paßt auf keinen Fall: das riecht nach Krankenhaus.
›Der Lakai‹ – taugt ebenfalls nicht: das entspricht nicht dem Inhalt und ist grob. Was fällt einem sonst ein?
1) In Petersburg.
2) Erzählung eines meiner Bekannten.
Das erste ist langweilig, das zweite irgendwie zu lang. Man kann einfach sagen: ›Erzählung eines Bekannten‹. Aber weiter:
3) In den Achtziger Jahren.
Das ist prätentiös.
4) Ohne Titel.
5) Novelle ohne Titel.
6) ›Erzählung eines Unbekannten‹.
Das letzte, glaube ich, geht. Wollen Sie? Wenn ja, dann in Ordnung.
Aber was ist mit der Zensur? Ich bange. Die Butterwoche war für mich alles andere als lustig ...«

374 Januar 1892 war die Erzählung in der Zeitschrift ›Severnyj vestnik‹ erschienen; die erste Einzelausgabe brachte der ›Posrednik‹ im Verlag I. D. Sytin als Nr. 7 der Reihe ›Für den intelligenten Leser‹, Moskau 1893.

375 ›Weiber‹, zuvor erschienen im ›Novoe vremja‹ vom 25. Juni 1891, kam, als Einzelausgabe, ebenfalls bei ›Posrednik‹ heraus. Die Bibliothek des von Tolstojanern geführten Verlages mit ihrem Titel ›Für den intelligenten Leser‹ (Signet vgl. Abb. Nr. 374) war auf Čechovs Einspruch gestoßen: das Signet verschwand, das Ziel – gute Literatur zu Billigpreisen unters Volk zu bringen – blieb.

378 Widmung: »Zur guten Erinnerung für Aleksandr Semënovič Gruzinskij-Lazarëv vom Autor. 94, 23/XII. A. Čechov.«

379 Jalta, März 1894.
»Auf die Krim fahre ich nicht Mitte März, sondern schon am Ersten. Ich beeile mich so, weil mir der Husten sehr zu schaffen macht, besonders gegen Morgen, und ich diesen Husten verteufelt satt habe. Es ist vorläufig nichts Ernstes, und der Husten beunruhigt mich nicht moralisch, sondern sozusagen mechanisch. Das Rauchen habe ich endgültig aufgegeben.«
(16. Februar 1894 an Suvorin).

380, 381 Auf die Nachricht, daß in Taganrog sein Onkel Mitrofan im Sterben liege, reiste Čechov Ende August nach Taganrog, ohne jedoch dem Onkel mehr helfen zu können.

Von dort fuhr er weiter zu Suvorin nach Feodosija. Anschließend reisten beide ins Ausland; Stationen: Odessa, Wien, Abbazia, Venedig, Mailand, Genua, Nizza, Paris.
Čechov am 18. September 1894 aus Wien an L. S. Mizinova, die er im Ausland treffen wollte: »Ich bin nicht ganz gesund. Ich huste beinahe ununterbrochen. Offensichtlich ist mir meine Gesundheit genauso entglitten wie Sie.«

383 Photographie vom Winter 1892/1893, im Moskauer Atelier des Malers Serov.

384 V. A. Serov: ›Porträt I. I. Levitan‹, 1893. Öl auf Leinen, 82 × 86. Tretjakov-Galerie, Moskau.
Serov war mit diesem Porträt Levitans nicht restlos zufrieden. »Für ausdrucksvoller und dem Wesen Levitans der letzten Jahre eher entsprechend hielt er dasjenige [Porträt], das er mit Kohle und Pastell kurz nach dem Tode Levitans gemacht hatte, aus dem Gedächtnis [vgl. Abb. 514]. Als er es mir nach seiner Fertigstellung zeigte, sagte er: ›Hier, siehst du – nicht nach der Natur, aber besser als nach der Natur, – das eindringliche Betrachten und genaue Kopieren bringt eine gewisse Abstraktion hinein‹« (Igor Grabar).

385 I. I. Levitan: ›Stiller Ort‹, 1890. Öl auf Leinen, 87 × 108, Tretjakov-Galerie, Moskau. Erstmals ausgestellt wurde dieses Bild auf der jährlichen Ausstellung der Peredvižniki 1891, in Petersburg vom 9. März bis zum 14. April. Dort hat Čechov es, vor seiner Reise mit Suvorin, gesehen: »Ich war auf der Ausstellung der Peredvižniki. Levitan genießt die Feier seiner großartigen Muse. Sein Bild macht Furore. Mein Cicerone durch die Ausstellung war Grigorovič, der mir sämtliche Qualitäten und Mängel der Bilder auseinandersetzte; von Levitans Landschaft ist er entzückt.« (15. März 1891 an die Schwester).
Der Begriff, den Levitan im Titel verwendet, meint nicht den neutralen ›Ort‹, er oszilliert zwischen den Bedeutungen ›Haus‹, ›Wohnung‹, ›Klause‹ und, in sakralem Zusammenhang, auch der Bedeutung von ›Kloster‹.

386 I. I. Levitan in den Sommerferien, Mitte der 1890er Jahre. Im Juni 1895 hatte Levitan im Sommerhaus seiner Lebensgefährtin A. N. Turčaninova einen Selbstmordversuch unternommen, woraufhin Čechov ihn Anfang Juli dort besuchte.

387 Das Erscheinen der Buchausgabe verzögerte sich, nachdem die Zensur lange nicht die erforderliche Genehmigung erteilen wollte: liberale Zeitschriften wie die ›Russkaja mysl‹ unterlagen der Vorzensur, auch mit ihrer Buchproduktion.
In der Zeitschrift war die ›Insel Sachalin‹ von Oktober 1893 bis Juli 1894 in Fortsetzungen erschienen; allerdings hatte die Zensur auf Betreiben der Hauptgefängnisverwaltung den Druck der letzten vier Kapitel vereitelt. Die Buchausgabe erschien schließlich mit den vier inkriminierten Kapiteln.

389, 390 Photographien von K. Šapiro, Petersburg.

391 Der ersten persönlichen Begegnung mit L. N. Tolstoj waren, von seiten Tolstojs, Anfang der 1890er Jahre mehrere Signale vorausgegangen. So dürfte es Čechov, der ab 1891 mit einigen Tolstojanern in Kontakt war, kein Geheimnis geblieben sein, daß Tolstoj im Dezember 1892 das ›Krankenzimmer Nr. 6‹ eine ›gute Sache‹ genannt hatte (in einem Brief an I. I. Gorbunov-Posadov). Im Januar 1893 hatte Čechov einen Sohn Tolstojs kennengelernt und mit diesem den Plan gefaßt, zur Weltausstellung nach Chicago zu reisen. Das deutlichste Zeichen war indes die Mitteilung von Maša von Anfang April 1893: »Repin und Tolstoj haben Dich in Moskau gesucht – sie waren in Kudrino und in der Dmitrovka.« Doch Čechov, der Tolstoj in den Wintermonaten leicht in dessen Moskauer Haus in Chamovniki hätte aufsuchen können, zögerte.
Der vermutlich entscheidende Grund hierfür war, daß sich Čechov noch nicht frei genug fühlte von dem zwiespältigen Eindruck der Tolstojschen Moralphilosophie und den widersprüchlichen Gefühlen und Urteilen, die diese in ihm auslösten. Erst die Position, die Čechov in seinem Brief vom 27. März 1894 an Suvorin bezieht, dürfte die Voraussetzung für eine persönliche Begegnung gebildet haben:
»Die Tolstojsche Philosophie hat mich stark berührt, hat mich 6–7 Jahre lang beherrscht, und beeindruckt haben mich nicht die Grundthesen, die mir früher schon bekannt waren, sondern Tolstojs Art, sich auszudrücken, seine Bedachtsamkeit und, wahrscheinlich, eine besondere Art von Hypnose. Jetzt dagegen protestiert etwas in mir; Überlegung und Gerechtigkeitssinn sagen mir, daß in Elektrizität und Dampfkraft mehr Menschenliebe liegen als in Keuschheit und Verweigerung des Fleischgenusses. Der Krieg ist ein Übel, Gerichtsverhandlungen sind ein Übel, aber daraus folgt nicht, daß ich in Bastschuhen gehen und neben dem Arbeiter und seiner Frau auf dem Ofen schlafen müßte usw. usw. Aber darum geht es ja nicht, nicht um das ›für und wider‹, sondern darum, daß es so oder anders sein mag, nur daß Tolstoj für mich bereits dahin ist, er ist nicht mehr in meinem Herzen, er ist von mir gegangen mit den Worten: ›Siehe, ich verlasse euer leeres Haus.‹ Ich bin von Einquartierung frei.«

392 I. E. Repin: ›L. N. Tolstoj in Jasnaja Poljana‹, 1891. Öl auf Leinen, 64 × 90. Institut für russische Literatur, Leningrad. Signatur und Datierung unten links sowie der Ort: ›Jasnaja Poljana‹.

393 I. E. Repin: ›L. N. Tolstoj bei der Arbeit‹, 1891. Graphitstift, Papier. 32,8 × 24. Unten Mitte [beschnitten] die Signatur, rechts das Datum. Tolstoj-Museum, Moskau.

394 L. N. Tolstoj, 1892. Photographie: Scherer & Nabholz, Moskau.

395 Photo 1890er Jahre; die Schule von Melichovo war die letzte der drei. Čechov in seinem Tagebuch 1896: »4. August. Einweihung der Schule in Talež. Die Bauern von Talež, Beršov, Dubki und Šelkovo überreichten mir vier Brote, eine Ikone, ein Paar silberne Salzstreuer. Der Bauer Postnov aus Šelkovo hielt eine Rede.« Tagebuch 1897: »Am 13. Juli war die Einweihung der Schule von Novoselki, die ich gebaut habe. Die Bauern überreichten mir eine Ikone mit Inschrift. Das Zemstvo war abwesend.«

396 Entwurf des Architekten I. P. Ropet, eines maßgeblichen Schöpfers des ›russischen Stils‹; er gestaltete den Russischen Pavillon auf der Pariser Weltausstellung 1878.

397 N. Bogdanov-Belskij: ›An der Schultür‹, 1897. Öl auf Leinen, 127,5 × 72. Russisches Museum, Leningrad.

401, 402, 403 Sämtlich photographiert von Chr. Babaev, Fedosija, wo Čechov vom 3. bis zum 14. September 1896 zu Besuch weilte.

401 Vor dem Hause Suvorin, von links: S. I. Orfanova (mit schwarzem Hund auf dem Schoß), A. I. Suvorina, Čechov; weiter oben, im schwarzen Überwurf, die Mutter von A. I. Suvorina; rechts außen im hellen Kleid: Tochter Nastja. Oben, stehend: A. S. Suvorin und der ›Dauphin‹, sein Sohn A. A. Suvorin.

402 Am Meer, v. links: stehend A. A. Suvorin; auf den Steinen lagernd Čechov, Sohn Borja, A. I. Suvorina und A. S. Suvorin, hinter ihm die Schwiegermutter; auf dem Steg stehen Nastja Suvorina und S. I. Orfanova sowie drei nicht identifizierte Personen.

403 Im Garten. Vorn, in Korbstühlen sitzend: die Mutter von A. I. Suvorina und Čechov; unbekannt die Dame neben ihm; stehend links außen: A. A. Suvorin. Oben links auf der Veranda die Eheleute Suvorin, rechts die Kinder Borja und Nastja.

404 Das Kaiserliche Alexandra-Theater zu St. Petersburg, mit 1700 Plätzen eines der größten und das bedeutendste Sprechtheater der Hauptstadt. Am Alexandra-Theater hatte Čechov nicht nur mir dem ›Ivanov‹ 1889 einen großen

Erfolg, sondern nicht minderen auch mit dem Einakter ›Der Bär‹.
Die Uraufführung der ›Möwe‹ – in der Regie von E. P. Karpov – spielte mit großer Besetzung, viele der Darsteller hatten Čechov schon gespielt, so V. N. Davydov (Sorin), K. K. Varlamov (Šamraev), N. F. Sazonov (Trigorin); die Schauspielerin M. G. Savina (Saša im ›Ivanov‹, die Popova im ›Bären‹) war als Nina Zarečnaja besetzt, gab jedoch wenige Tage vor der Premiere die Rolle zurück, vgl. Abb. Nr. 406.

405 V. F. Komissarževskaja, 1890er Jahre. Widmung: »Dem guten Anton Pavlovič zur Erinnerung an eine kurze, aber denkwürdige Bekanntschaft. V. Komissarževskaja.«

406 Text des Titelblatts: ›Die Möwe. Komödie in 4 Akten. Von A. Čechov.‹ Unten – ›Rolle: Nina Michajlovna Zarečnaja.‹ Darunter die Unterschrift des Regisseurs: ›Evt. Karpov.‹

407 Die Generalprobe war angesetzt für ›Mittwoch, den 16. Oktober‹, um 10.30 Uhr (›10½‹). Einer Tagebuchnotiz Suvorins zufolge wollte Čechov nach der Probe das Stück zurückziehen. Der Mißerfolg, den sein neues Stück erleben würde, schien absehbar, nicht jedoch der, den Čechov in seinem Brief vom 14. Dezember 1896 an Suvorin benennt.

409 Photographie K. Šapiro, vom selben Tag wie die Photos Nr. 389 und 390.

410 »Ein Dramatiker und ein Belletrist in den Klauen der Dekadenz, aus Anlaß der letzten Werke ›Die Möwe‹ und ›Blut‹«, Karikatur aus der Zeitung ›Naše vremja‹ vom 24. Oktober 1896; in den Fängen des Raubvogels: Čechov und der Autor I. I. Jasinskij. In der Sonne am Horizont: ›Die Klassiker.‹ Unterzeile: »Sujet für ein Bild: ›Bei Sonnenuntergang.‹«

411 Titelblatt der ›Oskolki‹ vom 26. Oktober 1896, gezeichnet von N. N. Amalatbekov. Titel: ›Auf die Möwe.‹

413 V. A. Serov: ›Oktober. Domotkanovo‹, 1895. Öl auf Leinen, 48,5 × 70,7. Tretjakov-Galerie, Moskau.

414 Text des Telegramms: »Entfernung der Seite 193 Čechov Bei Weigerung [das ganze Heft] beschlagnahmen Solovjëv.«
Die Novelle erschien noch im selben Jahr 1897 als Einzelausgabe bei A. S. Suvorin sowie – vgl. Abb. Nr. 417 – unter dem Titel ›Erzählungen‹, zusammen mit der Novelle ›Mein Leben‹, ebenfalls 1897 bei A. S. Suvorin.

415 Den Plan einer Fortsetzung der ›Bauern‹ ließ Čechov fallen, möglicherweise unter dem Eindruck der heftigen Polemik im Lager der Rechten wie auch seitens der Narodniki.

416 ›Mein Leben‹ erschien, in drei Fortsetzungen, in den monatlichen Literaturbeilagen der Zeitschrift ›Niva‹ (der russischen ›Gartenlaube‹), Oktober bis Dezember 1896, danach, zusammen mit den ›Bauern‹, im Band ›Erzählungen‹ bei A. S. Suvorin, 1897.

417 Nach schweren Wochen im Januar in Melichovo, wo er sich als Volkszähler betätigte, sowie im Februar in Moskau fuhr Čechov am 22. März wieder nach Moskau, um mit Suvorin am Ersten Kongreß der russischen Schauspieler und Bühnenbeschäftigten teilzunehmen. Nach einem heftigen Blutsturz wurde er in die Therapeutische Universitätsklinik von Professor A. A. Ostroumov eingeliefert.
A. S. Suvorin 1897 im Tagebuch: »Er war über diesen Anfall sehr erschrocken und sagte mir, sein Zustand sei sehr ernst. ›Um die Patienten zu beruhigen, sagen wir bei Husten, er komme aus dem Magen, bei Blutfluß, er sei hämorrhoidal. Aber es gibt keinen Husten, der aus dem Magen kommt, und Blutfluß kommt eindeutig aus den Lungen. Bei mir fließt das Blut aus der rechten Lunge, wie bei meinem Bruder und einer anderen Verwandten, die ebenfalls an Schwindsucht gestorben ist.‹«

420 A. S. Suvorin in seinem Tagebuch unter dem 26. März 1897: »Ich war zweimal gestern bei Čechov, in der Klinik. So sauber es dort auch sein mag, es ist trotzdem ein Krankenhaus und dort liegen Kranke. Gegessen wurde auf dem Korridor, in einem besonderen Raum. Čechov liegt in Nr. 16, zehn Nr. über seinem ›Krankenzimmer Nr. 6‹, wie Obolonskij bemerkte. Der Patient lacht und scherzt, wie gewöhnlich, das Blut hustet er ab in ein großes Glas. Aber als ich sagte, daß auf der Moskva der Eisgang begonnen hätte, veränderte sich sein Gesicht, und er sagte: ›Ist der Fluß wirklich in Bewegung?‹ Ich bedauerte, davon gesprochen zu haben. Wahrscheinlich war ihm in den Sinn gekommen, ob nicht ein Zusammenhang bestünde zwischen dem Aufbrechen des Flußes und seinem Bluthusten? Einige Tage zuvor hatte er zu mir gesagt: ›Wenn man einen Bauern mit Schwindsucht behandelt, sagt er: Hilft doch nichts. Mit den Frühlingsfluten gehe ich hinüber.‹«

421 Moskau, das neue Klinikum (beendet 1892), Photo um 1900. ›Krankensaal Nr. 16‹, in dem Čechov lag und in dem ihn Suvorin, Tolstoj u. a. besuchten, befindet sich im 1. Stock und wird – bis heute unverändert – genutzt: ein nüchterner Raum mit zwei hohen Fenstern, an den Wänden links und rechts je vier Krankenbetten, ein neuntes zwischen beiden Fenstern, in der Mitte ein Tisch mit vier Stühlen – Čechov genoß dort durchaus keine Vorzugsbehandlung.
Der Klinikdirektor, Prof. A. A. Ostroumov, ein Gegner der damals verbreiteten Lehrmeinung, mildes maritimes Klima sei die wirksamste Behandlungsmethode gegen Lungen-Tbc, befand sich, als Čechov eingeliefert wurde, auf Auslandsreise. Wäre er in Moskau gewesen, wäre Čechov möglicherweise der Umzug ins ›warme Sibirien‹, in das Exil nach Jalta erspart geblieben.

422 L. N. Tolstoj, 1896. Photographie: Scherer & Nabholz, Moskau.
Tolstoj besuchte Čechov am 28. März in der Klinik; hierüber Čechov am 16. April 1897 an M. O. Menšikov: »Alles Schlechte hat sein Gutes. In der Klinik hatte ich Besuch von Lev Nikolaevič, mit dem ich ein sehr interessantes Gespräch führte, sehr interessant für mich, weil ich mehr zugehört als gesprochen habe. Wir sprachen über die Unsterblichkeit. Er erkennt die Unsterblichkeit im Kantschen Sinne an; er ist der Meinung, daß wir alle (Menschen und Tiere) in einem Prinzip leben werden (Vernunft, Liebe), dessen Wesen und Ziel ein Geheimnis für uns darstellt. Mir dagegen erscheint dieses Prinzip der Kraft in Gestalt einer formlosen, gallertartigen Masse, mein Ich – meine Individualität, mein Bewußtsein werden mit dieser Masse verfließen – eine solche Unsterblichkeit brauche ich nicht, ich begreife sie nicht, und Lev Nikolaevič wundert sich, daß ich sie nicht begreife.«

423 In Mašas Zimmer in Melichovo, photographiert von Čechovs ehemaligem Kommilitonen N. I. Korobov.

424 Auf den Stufen des Gartenhauses, mit dem Hund China; unter dem Photo, von Hand Čechovs: ›1897, Mai‹.

426, 427 Beide Photos aufgenommen von dem Maler P. I. Seregin, der Čechov am 21. Mai 1897 in Melichovo besuchte.

430 V. M. Sobolevskij, 1890er Jahre. Photo: Scherer und Nabholz à Moscou. Vom Text der Widmung ist nur die erste Zeile lesbar: ›Für Anton Pavlovič Čechov‹.
In Sobolevskijs Zeitung ›Moskovskie vedomosti‹ veröffentlichte Čechov 1898 die in Nizza entstandenen Erzählungen ›In der Heimat‹, ›Der Petschenege‹, ›Auf dem Wagen‹.

433 Eintragung Čechovs im Notizbuch, am 1. Oktober 1897: »Die Gräber Herzens und Gambettas. Sobolevskij abgereist.«

434 A. A. Chotjaincëva: ›Auf Spazierfahrt in Nizza‹, 1897. Aquarell, Tusche, Bleistift, wie auch Abb. Nr. 441 und 445.

436, 437, 438 Nizza, alle vom gleichen Tag. Nicht identifiziert die beiden Damen auf Bild Nr. 437, vermutlich aber Frau und Tochter N. I. Jurasovs.

Die ›Pension russe‹ – eine Empfehlung von N. A. Lejkin und noch heute eine eher bescheidene Familienpension (›Hotel Oasis‹) – befindet sich im Hinterhof der Rue Gounod Nr. 23 in Nizza.

443, 444 Das Čechov-Porträt des Malers I. E. Braz entstand auf Anregung des Mäzens und Sammlers P. M. Tretjakov, Moskau. Braz hatte Čechov im Sommer 1897 in Melichovo zum ersten Mal porträtiert, das Ergebnis jedoch noch im selben Jahr vernichtet. Mitte März 1898 traf Braz in Nizza ein, um Čechov ein zweites Mal zu porträtieren.
Čechov haßte dieses Porträt, das alsbald in der Tretjakovschen Sammlung hing. Als das Moskauer Künstlertheater am 12. Januar 1902 eine geschlossene Vorstellung des ›Onkel Vanja‹ für die Teilnehmer des VIII. Pirogov-Kongresses gab und die Ärzte dem Ensemble zum Dank eine Reproduktion des Braz'schen Porträts überreichten, schrieb Čechov – am 13. Februar 1902 – an seinen Kollegen M. A. Členov: »Nur das eine: warum, warum das Porträt von Braz? Das ist doch ein schlechtes, ein furchtbares Porträt, besonders als Photographie ...«
»Ich brauche Antokolskij dringend«: Čechov sollte im Auftrag der Stadt Taganrog, vertreten durch P. F. Iordanov, mit dem in Paris lebenden Bildhauer M. M. Antokolskij über ein Denkmal Peters des Großen verhandeln, das die Stadt errichten wollte.

446 Nizza, 1897, Photo von G. Fabbiot.

448 Zola, Zeitung lesend, in Verneuil. Selbstbildnis, Ende der 1890er Jahre.

451 M. M. Antokolskij: ›Denkmal Peters des Großen‹ für die Stadt Taganrog, enthüllt 1903.

453 Tuschzeichnung von A. A. Chotjaincëva aus einem Brief, 1898.

454 Jalta, 1898. Photo: L. V. Sredin.

456–473 Anton Čechov 1898–1904
456 Jalta, 1898, vgl. Abb. Nr. 493
457 Moskau, 1899. Photo: V. Čechovskij.
458 Jalta, 1899, vgl. Abb. Nr. 534
459, 460 Petersburg, 11. Juni 1899, vgl. hierzu Abb. Nr. 527. Beide Photographien vom selben Tag, aufgenommen von D. S. Zdobnov.
461 Jalta, 1899, Privatphoto.
462 Jalta, 1899. Photographie: F. Orlov.
463 Jalta, 1900. Photographie: Ivanickij.
464 Jalta, 12. Januar 1900, vgl. Abb. Nr. 518
465 Jalta, 1900, vgl. Abb. Nr. 454
466 Jalta, 1900. Aufnahme: Photo-Atelier ›Jug‹, Jalta.
467 Jalta, 1900. vgl. Abb. 597
468 Moskau, Mai 1901. Photographie: F. O. Opitz, Moskau. Aufnahme vom selben Tag wie Abb. Nr. 639
469 Aksënovo, 1901. vgl. Abb. Nr. 642
470 Jalta, 1901, vgl. Abb. Nr. 644
471 Jalta, 1902, vgl. Abb. Nr. 652
472 Jalta, 1902, vgl. Abb. Nr. 665
473 Moskau, 1904. Photo: E. Ovčarenko, vom selben Tag wie Abb. Nr. 679

474 K. S. Alekseev-Stanislavskij. Widmung an Čechov: »Dem aufrichtig geliebten und verehrten A. P. Čechov.« Unten: »Dem Schöpfer eines neuen Theaters vom dankbaren Regisseur und Schauspieler K. S. Alekseev (Stanislavskij). Moskau, 10. Februar 1902.«

475 V. I. Nemirovič-Dančenko, Photographie von D. M. Zdobnov, St. Petersburg. Widmung: »Dem begabtesten aller zeitgenössischen Dramatiker Ant. Pavl. Čechov – von dem beständig begeisterten Vl. Nemirovič-Dančenko.«
Nemirovič-Dančenko hatte Čechov im Juli 1898 von der Gründung des neuen Theaters berichtet und mehrmals nachdrücklich um die Aufführungsgenehmigung für ›Die Möwe‹ ersucht – für Čechov eine große Irritation, auch im Hinblick auf die geplante Winterreise nach Jalta.

481 Čechov war am 12. April 1899 in Moskau angekommen und hatte, in einer geschlossenen Vorstellung, am 1. Mai die ›Möwe‹ des Künstlertheaters gesehen. Zu der – nachgestellten – Aufnahme einer gemeinsamen Lesung des Stücks mit dem Ensemble gibt es die bekanntere Version:

Die stalinistische Version desselben Photos – ohne Mejerchold – sah so aus:

482, 485 Jalta, um die Jahrhundertwende; zitiert nach dem Album ›Vidy Kryma · Vues de Crimée‹ des Verlages Granberg, Stockholm o. J. [um 1900].
Jalta, Čechov aus früheren Aufenthalten von 1889, 1894 bekannt, geschildert von Karl Baedekers ›Rußland‹ 1912:
»Kreisstadt mit 26 000 Einw., in malerischer Lage, an einer großen Bucht des Schwarzen Meeres amphitheatralisch ansteigend, ist der vornehmste und teuerste Badeort der Krim und wird von Mitte August bis Ende Oktober (alten Stils) stark besucht. Den Hintergrund bildet der steile Abhang der 5–6 W. in der Luftlinie entfernten Jaila (1300 m). Hübscher Blick auf die Stadt und auf das Meer von der hohen Hafenmole. Der abends elektrisch beleuchtete Seeboulevard (zahlreiche Bänke) und der anstoßende kleine schattige Stadtgarten (Eintr. 20 Kop.; Kursaal; Musik; Theater; Restaur.) sind die Hauptpromenaden. An der Nabereshnaja auch die feinsten Läden (die orientalischen, besonders kaukasischen Waren nicht billig). Jalta liegt unter 44° 30′ nördl. Breite. Die mittlere Jahrestemperatur ist 13,4° C. Die heißesten Monate sind Juli und August mit 24,5°, die kältesten Januar und Februar mit + 4,1° mittlerer Temperatur. Die jährliche Regenmenge beträgt 464 mm. Gebadet wird von Mitte Mai bis Ende Oktober (alten Stils). Traubenkur vom 15. Aug. bis 15. Oktober. Rasche Temperaturwechsel sind im Winter häufig.«

487 Die Visitenkarte Čechovs: ›Jalta, eigenes Haus.‹

492 Photo um 1896/1897, aufgenommen von Aleksandr.

493 Jalta, 1898. Photoatelier ›Jug‹, Jalta.

494 Text des Plakats: »Künstlerisch-allgemein-zugängliches Theater (Karetnyj Rjad, ›Eremitage‹). Am Donnerstag, dem 17. Dezember, zum ersten Mal:
DIE MÖWE Drama in 4 Akten, von Anton Čechov. Die Darsteller: Trigorin – K. S. Stanislavskij, Treplev – V. Ė. Mejerchold, Dorn – A. L. Višnevskij, Sorin – V. V. Lužskij, Šamraev – A. R. Artëm, Medvedev – I. A. Tichomirov, Jakov – A. I. Andreev, Arkadina – O. L. Knipper, Zarečnaja – M. L. Roksanova, Maša – M. P. Lilina, Polina Andreevna – E. M. Raevskaja, Zofe – M. P. Nikolaeva.
Regisseure K. S. Stanislavskij und Vl. I. Nemirovič-Dančenko.
Beginn 7½ Uhr abds., Ende gegen 11½ Uhr nachts.
Personen, die die erste Vorstellung des Dramas DIE MÖWE vorbestellt haben, werden gebeten, die Karten bis 4 Uhr am Mittwoch, dem 16. Oktober, in Empfang zu nehmen, danach gelangen dieselben in den freien Verkauf.

Am Freitag, dem 18. Dezember, zweite Vorstellung des Dramas DIE MÖWE.
Keine erhöhten Preise.
Die Kasse ist geöffnet von 10 Uhr morgens bis 8 Uhr abends.
Erster Regisseur: K. S. Stanislavskij. Leitender Dramaturg: Vl. I. Nemirovič-Dančenko.«

508 Text: »Wegen Umzugs in den Süden
LANDSITZ ZU VERKAUFEN
70 Verst von Moskau, an der Moskau-Kursker Eisenbahnstrecke gelegen, 12 Verst von der Bahnstation Lopasnja. 215 Desjatinen, davon 150 Desj. Wald...«
Von Hand Čechovs Präzisierung der Kontaktadresse (Maša) in Moskau: »Ml. Dmitrovka, Hs. Šeškov, Whn. 14, von 9–12 morgens und 5–6 abends«.
Čechov am 26. Juni 1899 an Suvorin: »Wir werden unser Melichovo verkaufen. Nach dem Tod meines Vaters will dort niemand mehr wohnen, alles ist irgendwie getrübt und hat seinen Glanz verloren ... Auch in literarischer Hinsicht hat sich Melichovo, nach den ›Bauern‹, verbraucht und seinen Wert für mich verloren.«

511 I. I. Levitan: ›Heuschober. Dämmerung‹, 1899. Öl auf Leinen, 59,8 × 74,6. Tretjakov-Galerie, Moskau.
Erste Ausstellung des Bildes auf der Frühjahrs-Ausstellung der Peredvižniki – in Petersburg vom 27. Februar bis 2. April 1900, in Moskau vom 10. April bis 14. Mai. Ob Čechov während seines Moskau-Aufenthalts im Mai (vom 8. bis 17.) 1900 Zeit fand, die Ausstellung zu sehen, geht aus seinen Briefen nicht hervor. Er besuchte den auf den Tod kranken Levitan noch am Tag nach seiner Ankunft in Moskau.

512, 513 Im Arbeitszimmer, nach dem Besuch Levitans, photographiert von L. V. Sredin.

514 V. A. Serov: ›Porträt des Malers Levitan‹, 1900. Kohle, Pastell auf grundiertem Karton, 100 × 64. Tretjakov-Galerie, Moskau.
Vgl. hierzu Bild Nr. 384 und Anmerkung.
Levitan starb am 22. Juli 1900.

517 Stehend, von links: V. K. Charkeevič und M. N. Charkeevič; auf der Bank: Čechov, N. V. Belinskaja und Ja. N. Charkeevič.

518 Zu Gast bei L. Sredin. Stehend, von links: P. P. Rozanov, G. F. Jarcev, L. V. Sredin und S. N. Kondakov; am Tisch: A. N. Aleksin, S. Ja. Elpatjevskij, N. P. Kondakov, Čechov.

520, 521 Gorkij zu Gast bei Čechov, Photo: L. V. Sredin am 5. Mai 1900 (Abb. Nr. 520).
521: Frühjahr 1901.

524 Bruder Miša als Familienvater, eine von sechs Karikaturen Aleksandrs in seinem Brief vom 15. Februar 1898.

527 Photographie: D. S. Zdobnov, Petersburg, Nevskij Prospekt Nr. 10. Čechov war von Moskau für einen Tag (10. Juni) nach Petersburg gefahren, eigens um sich dort mit A. F. Marks zu treffen.

528 Adolf Marks, Petersburger Verleger deutscher Herkunft nach einem im Dezember 1904 in der Zeitschrift ›Niva‹ veröffentlichten Photo (Ausgabe Nr. 50, 1904).

529 Die Werkausgabe bei A. F. Marks hatte bereits im Jahre 1902 einen Umfang von zehn Bänden erreicht – acht Bände mit Kurzgeschichten, Erzählungen und den kleinen Romanen; Band VII enthielt die Theaterstücke, Band X die ›Insel Sachalin‹.
Im Jahre 1902 entschloß sich A. F. Marks, die zehnbändige Werkausgabe – aufgeteilt in 16 Bände und in billigerer Ausstattung – den Abonnenten seiner Hauszeitschrift ›Niva‹ (eines russischen Pendants der ›Gartenlaube‹) als Gratisprämie ins Haus zu schicken. Diese literarischen Jahresgaben des Verlags hatten eine stattliche Tradition, A. F. Marks hatte auf diese Weise u. a. das Gesamtwerk von Turgenev, Gončarov, Gogol, Griboedov, Dostoevskij, Grigorovič und Leskov an den russischen Gartenlauben-Leser gebracht. Angesichts der Auflage der ›Niva‹ – 250 000 Exemplare im Jahr 1901 – wird allerdings auch klar, welchen Coup der Verleger mit dem Kauf von Čechovs Gesamtwerk bei einem Kaufpreis von 75 000 Rubel gelandet hatte.

530 Moskau, 1899. Photo: V. Čechovskij.

531 Kopie der Erzählung ›Lebensüberdruß‹ aus dem Jahre 1886; links, quer zum Titel von Hand Čechovs: ›NB. Kommt nicht in die Ausgabe.‹ Über dem Titel nochmals das Zeichen ›NB‹: entfällt.

532 Rechts oben, von Hand Čechovs: »Die Erzählung ›Einmal im Jahr‹ ausschließen«.
Čechov am 4. Juni 1899 an M. O. Menšikov: »Ich friere und lese wie wild Korrekturen, die Marks mir pudweise schickt. Beim Redigieren all dessen, was ich bisher geschrieben habe, habe ich bereits über 200 Erzählungen und alles, was nicht Belletristik ist, rausgeworfen, und trotzdem sind es noch über 200 Druckbogen – es wird also auf 12–13 Bände hinauslaufen. Alles, was den Inhalt der bisherigen, Ihnen bekannten Erzählungsbände ausmachte, versinkt in der Masse des Materials, das der Welt noch unbekannt ist. Als ich diese ganze Masse zusammenstellte, habe ich vor Staunen die Hände zusammengeschlagen.«
Die Erscheinungstermine der 10 Bände geben einen Begriff vom Umfang der redaktionellen Arbeit, aber auch dem Tempo, in dem Čechov diese bewältigte:
Band I – November 1899
Band II – September 1900
Band VII – Dezember 1900
Band III – Februar 1901
Band IV – April 1901
Band V – Juli 1901
Band VI – September 1901
Band VIII – November 1901
Band IX – Dezember 1901
Band X – April 1902

533 Das Plakat zu ›Onkel Vanja‹, analog gebaut zum Premierenplakat der ›Möwe‹. Über dem Strich, rechts: ›Alle Karten ausverkauft.‹

534 Jalta, 1899. Photographie: F. Orlov.

535 Der Theaterzettel. Die Rolle der Marja Vasiljevna wurde von E. M. Raevskaja gegeben, den Arbeiter spielte M. G. Grigorjev.

568 ›Onkel Vanja‹, erste Einzelausgabe im Verlag A. F. Marks, 1902; zuvor war das Stück

in der Sammlung der Theaterstücke bei A. S. Suvorin erschienen wie auch 1900 in Band VII der Gesamtausgabe.

570 Gurzuf, krimtatarisches Dorf, »(acht große Logierhäuser, Z. 1–9 R.; Wagen nach Jalta u. zurück 5 R.), in lieblicher Lage, mit guten Seebädern und für längeren Aufenthalt zu empfehlen. Der schöne, einst vom Herzog von Richelieu angelegte Park, wird abends elektrisch erleuchtet. In dem ehem. Schloß des Herzogs lebte 1820 Puschkin. Am Meer die griech.-kath. Mariä-Himmelfahrts-Kirche. Im Dorf (in den tatarischen Cafés die Tasse Kaffee 5 Kop.) eine Moschee, mit hohem Minarett (Aussicht; 72 Stufen). Boot nach der Puschkingrotte 1½ R. und mehr.« (Karl Baedeker, ›Rußland‹, Leipzig 1912).
Zeitgenössisches Photo, mit Blick auf das Dorf aus der Richtung Jalta, im Hintergrund der Berg Aju-Dag. Čechovs Haus lag jenseits der Bucht.

571 Das Diplom der Ernennung zum Ehrenmitglied der Akademie vom 8. Januar 1900. Text:
»Die Sektion für russische Sprache und Literatur der Kaiserlichen Akademie der Wissenschaften wählte auf ihrer Sitzung vom 8. Januar des Jahres 1900
ANTON PAVLOVIČ ČECHOV
zum Ehrenmitglied der Akademie in die zu Ehren des einhundertsten Geburtstages von Puškin begründete Sektion der Schönen Literatur.
(Unterschriften)«.
Neben Čechov wurden zu Ehrenmitgliedern der Akademie gewählt: L. N. Tolstoj, V. G. Korolenko, A. A. Potechin, A. F. Koni, A. M. Žemčužnikov, A. A. Goleniščev-Kutuzov und V. S. Solovjëv.

572 M. P. Čechova: ›Blick auf das Meer‹ bei Gurzuf, um 1900. Öl auf Pappe, Signatur unten rechts: ›M. Čechova‹. Čechov-Museum Moskau.

573 ›Ansicht des Gutes Gurzuf‹, Bleistift auf Papier, auf gesondertem Blatt, entstanden im Jahr 1884. Zum ersten Mal veröffentlicht in den ›Mitteilungen der Buchhandlungen der Ges. M. O. Wolff‹, Nr. 3, März 1910.
V. A. Giljarovskij erzählt, wie die Zeichnung entstand:
»Einmal waren alle Čechovs bei mir zusammengekommen und noch jemand von den Malern. Auch I. Levitan war da. Während des Tees fand Levitan bei mir ein Album mit Skizzen verschiedener befreundeter Maler und fügte diesen zwei wunderschöne Bleistiftzeichnungen hinzu: ›Das Meer bei Mondlicht‹ und eine ›Kleinrussische Landschaft‹. Nikolaj Čechov nahm das Album, zückte einen roten und einen blauen Stift und entwarf einen großartigen Frauenkopf. Alle Anwesenden waren von den Zeichnungen begeistert. Anton Pavlovič betrachtete lange mit ernster Miene die Zeichnungen und unterzog sie dann einer strengen Kritik:
– Zeichnet man etwa so? Was soll das sein? Das versteht doch niemand! Das Meer, ha! Und was für ein Meer? Ein Kopf... Ein Kopf, ha! Aber wessen Kopf, wird nirgends klar... So kann man nicht zeichnen! Zeichnen muß man so, daß jedem sofort verständlich wird, was der Maler hat darstellen wollen. Ich werde euch zeigen, wie man zu zeichnen hat! – Und An. P. nahm das Album, den Bleistift und ging in mein Kabinett. Einige Minuten später kam er mit noch ernsterer Miene in den Salon zurück und legte es vor Levitan hin:
– Hier, lerne, wie man zeichnet.
Auf dem Albumblatt war das Meer dargestellt, auf dem ein Schiff fährt, links ein Berg, an dem ein Mann mit Hut und Stock entlanggeht, in Richtung auf ein Haus mit Türmchen und einem Aushängeschild, am Himmel fliegen Vögel. Und unter jeder Darstellung eine Bildunterschrift: Meer, Berg, Tourist, Schenke. Darunter der Titel: ›Ansicht des Gutes Gurzuf von Pëtr Ionyč Gubonin. Zeichn. A. Čechov.‹
– So muß man zeichnen! Und du, Giljaj, nimm dieses einzigartige Kunstwerk an dich: ich habe nie gezeichnet und werde nie wieder zeichnen, um Levitan nicht um das liebe Brot zu bringen.«

574 Moskau, 1899. Photo: V. Čechovskij.

575 Das Ensemble des Künstlertheaters in Moskau, 1900. Zweite Reihe stehend, dritte von links, in weißer Bluse: O. L. Knipper.

576 Moskau, um 1900, im Hof der Eremitage.

584 Im alten Stadttheater von Jalta gab das Künstlertheater zwischen dem 16. und dem 23. April 1900 wie zuvor schon in Sevastopol die vier Inszenierungen ›Onkel Vanja‹, ›Die Möwe‹, ›Hedda Gabler‹ und ›Einsame Menschen‹ von Gerhart Hauptmann.

586 V. A. Serov: ›Porträt Anton Čechov‹, 1902. Papier, Aquarell. Čechov-Museum, Moskau. Mit der Arbeit an dem Čechov-Porträt hatte V. A. Serov im Jahr 1900 begonnen.
Am 15. November 1900, kurz vor seiner Abreise nach Nizza, schrieb Čechov an Serov:
»Sehr geehrter Valentin Aleksandrovič, ich bin all diese Tage krank, habe starke Kopfschmerzen und habe Sie deshalb bis heute noch nicht besucht. Wenn ich es jetzt, im November, nicht vermag, Sie zu besuchen, wollen Sie mir dann nicht gestatten, Sie im Frühjahr zu besuchen, Anfang April, wenn ich, aller Wahrscheinlichkeit nach, wieder in Moskau sein werde? Dann würde ich Ihnen so viel Zeit widmen, wie Sie wollen, und seien es drei Wochen.«
Serov antwortete auf einer undatierten Visitenkarte, von Hand Čechovs hinzugefügt: ›1900, XI‹:
»Habe Ihren Brief erhalten und beschlossen, morgen gegen 10 Uhr zu kommen – vielleicht können Sie mir doch eine Stunde erübrigen, 1½ hoffe ich.«
Und:
»Muß heute in der Schule sein, erlauben Sie mir, morgen um 10 U. *pünktlich* bei Ihnen zu sein.«
Und:
»Verzeihen Sie – heute muß ich um 9 Uhr in der Schule sein. Erlauben Sie mir, morgen vorbeizukommen.«
Auch in den Jahren 1901 und 1902 kam es zu keiner gemeinsamen Sitzung, so blieb nur die erhaltene Skizze, die Serov seinem Schüler N. P. Uljanov überließ, der Čechov nach der Natur porträtierte. Dieser zeigte seine Arbeit, als sie fertig war, Serov und notierte Serovs Kommentar dazu:
»Čechov ist nicht zu fassen. Er hatte etwas unerklärlich Zärtliches.«

587 Albert Langen, Herausgeber des ›Simplicissimus‹, und sein Lektor Korfiz Holm haben, obwohl schon 1890 und 1891 zwei Bändchen mit deutschen Übersetzungen von J. Treumann erschienen waren, Čechov in Deutschland bekannt gemacht – vor allem durch Veröffentlichungen im ›Simplicissimus‹ und der ›Kleinen Bibliothek Albert Langen‹.

588 In der ›Kleinen Bibliothek Albert Langen‹ erschienen – ehe sich der Übersetzer Wladimir Czumikow 1899 mit dem Ziel einer größeren Werkausgabe an Eugen Diederichs wandte – fünf Čechov-Titel:
›Ein Zweikampf‹ (Das Duell); ›Starker Tobak‹, Humoresken; ›Der Taugenichts. Erzählung eines Provinzialen‹ (Mein Leben); ›Ja, die Frauenzimmer!‹ (Humoresken); ›Schatten des Todes‹ (Eine langweilige Geschichte).

589 ›Ein Zweikampf‹ (Das Duell). Deutsche Erstausgabe in der ›Kleinen Bibliothek Albert Langen‹, 1897. Umschlagzeichnung: Bruno Paul.

590 ›Starker Tobak‹. Novellen, deutsch von Wladimir Czumikow, Band 17 der ›Kleinen Bibliothek Albert Langen‹.

591, 592 Die erste deutsche Čechov-Werkausgabe und ihr Verleger Eugen Diederichs im Jahre 1896, Leipzig, später Jena. Es erschienen insgesamt fünf Bände, hiervon ein Band mit den Dramen ›Drei Schwestern‹, ›Onkel Vanja‹ und ›Die Möwe‹, übersetzt von Wladimir Czumikow.

593, 594 Rilkes Brief an Čechov vom 5. März 1900 ist französisch abgefaßt und ging an die Moskauer Adresse Čechovs.

Schmargendorf près Berlin,
le 5 Mars 1900

Très honoré Monsieur Tchechoff,
je viens de traduire votre »Чайка« et j'ai l'espérance non seulement que ma traduction paraîtra ici mais aussi que la pièce même sera jouée. En faisant ma traduction je n'ai pu me servir que d'une copie manuscrite, maintenant j'ai bien besoin d'un exemplaire imprimé parce que j'ai l'intention de traduire aussi »Дядя Ваня«. Comme toutes mes démarches pour me procurer l'édition imprimée de vous œuvres dramatiques ont été en vain, je prends la liberté de m'adresser à vous même et de vous prier d'avoir la bonté de m'envoyer un exemplaire de vos drames et de me mettre ainsi à même d'executer mon intention sans délai.
Agréez, très honoré Monsieur Tchechoff, l'expression de mes hommages respectueux avec laquelle je suis

Votre
très dévoué
Rainer Maria Rilke

Allemagne, Berlin, Schmargendorf
Villa Waldfrieden

Čechov hat diesen Brief, den er offensichtlich nicht beantwortet hat, frühestens am 8. Mai in Moskau gelesen; der Bitte um ein gedrucktes Exemplar der ›Theaterstücke‹ hätte er im März 1900 nicht entsprechen können: die Ausgabe des Verlags A. S. Suvorin war vergriffen und durfte, nach dem Vertrag mit A. F. Marks, auch nicht mehr aufgelegt werden; die gesammelten ›Theaterstücke‹ in der Ausgabe bei Marks, auf deren Erscheinen Čechov drängte, kamen erst im Dezember 1900 heraus.

596 O. L. Knipper, Moskau, 1900. Photographie: I. V. Trunov, Moskau.

597 Jalta, 1900. Photographie: Ivanickij.

598 ›Die Dame mit dem Hündchen‹. Nachdem Čechov seine Manuskripte grundsätzlich nach der Reinschrift vernichtete, kommt dieser von Bunin geretteten Handschrift besondere Bedeutung zu, wie auch den Manuskriptblättern zur Erzählung ›Die Braut‹ (vgl. Abb. Nr. 671).

600 ›Drei Schwestern‹, I. Akt. Erste Seite des I. Akts, den Čechov nach Anhören der Kritik seitens der Künstler des Künstlertheaters in Moskau ins reine schrieb.

602 Jalta, 1899. Photoatelier ›Jug‹.

604 Der Briefumschlag mit dem Aufdruck ›Pension Russe, 9, rue Gounod, Nice‹ und der Anschrift des Adressaten in Russisch und Französisch.
Das Manuskript der Akte III und IV der in Nizza überarbeiteten Fassung wie der hier reproduzierte Briefumschlag galten bis 1953 als verschollen, ehe sie im Archiv des Moskauer Künstlertheaters wieder entdeckt wurden.

605 ›Drei Schwestern‹, Titelblatt des Zensurexemplars. Quer zum Titel, von Hand des Zensors aus dem Jahre 1902, der Vermerk, wonach das Stück zur Aufführung an Volkstheatern [unterstrichen] nicht zugelassen werden dürfe, März 1902.

606 ›Drei Schwestern‹, die Erstausgabe. Die Erstveröffentlichung brachte die Zeitschrift ›Russkaja mysl‹ in ihrem Februar-Heft 1901. Umschlag unter Verwendung von Uraufführungs-Photos der drei Schwestern und ihres Bruders Andrej, unten, mit Kinderwagen.

607 Theaterzettel des Künstlertheaters zur fünften Vorstellung der ›Drei Schwestern‹ am Mittwoch, dem 7. Februar 1901.

609, 619 Zur Besetzung: die Rolle von Baron Tuzenbach spielte in der Uraufführung vom 31. Januar 1901 V. Ė. Mejerchold – anstelle des hierfür später eingesprungenen V. I. Kačalov; Fedotik – I. A. Tichomirov (für den hier abgebildeten A. N. Lavrentjev). Die Rolle der Amme Anfisa gab M. A. Samarova, den Zemstvoboten Ferapont V. F. Gribunin.

625 M. Ju. Lermontov: ›Duell‹, um 1832. Bleistiftzeichnung, aus einem Notizheft, 17 × 21. Literaturmuseum, Moskau.
Lermontov fiel, wie Puškin, im Duell. Über die Rolle Solënyjs, der sich mehrmals mit Lermontov vergleicht und auf ihn anspielt, Čechov am 14. Januar 1901 aus Nizza an den Schauspieler I. A. Tichomirov, Darsteller des Fedotik und Regieassistent:
»Tatsächlich glaubt Solënyj, er sei Lermontov ähnlich; aber er ist ihm natürlich nicht ähnlich – komisch, auch nur daran zu denken … Sich schminken muß er wie Lermontov. Die Ähnlichkeit mit Lermontov ist riesengroß – aber nur nach Ansicht von Solënyj.«

628 Moskau, 1901. Photographie: F. O. Opitz, Mai 1901.

630 ›Dem Andenken Belinskijs: Literarischer Almanach, zusammengestellt aus den Arbeiten russischer Literaten. Mit 8 Phototypien. Verlag der öffentlichen Lermontov-Bibliothek Penza. Moskau, Druckerei Mamontov, 1899‹. In dem Almanach erschienen Čechovs Erzählungen ›Der Redner‹, ›Im Bad‹ und ›Unvorsichtig‹.

632 Brief Čechovs an O. L. Knipper vom 11. März 1901, aus Jalta. Oben: Ausriß aus einer französischen Zeitung: »En découpant ce morceau d'une vieille gazette je pensais à vous; (ce n'est pas une allusion croyez le bien), mais je me rappelais alors.«
Der Brief: »Du willst, Liebste, nicht nach Jalta – Dein Wille, ich werde Dich nicht nötigen. Nur ich möchte schrecklich ungern aus Jalta fort! Ich möchte keine Waggons, möchte keine Hotels … Übrigens sind das alles Lappalien, ich komme nach Moskau und – basta. Du bist fröhlich, nicht deprimiert, und deshalb bist Du für mich ein kluges, ein prächtiges Mädchen. Du schreibst, ich möge Petersburg nicht. Wer hat Dir das gesagt? Petersburg mag ich, ich habe eine Schwäche dafür. Und mich verbinden mit dieser Stadt so viele Erinnerungen! Nur das Petersburger Theater, ausgenommen die Savina und ein bißchen Davydov, – anerkenne ich nicht und lehne es, wie Dein Onkel Karl, ab und mag es ganz und gar nicht.
Heute bekam ich einen Brief des kranken Flerov: er bittet, für ihn eine Unterkunft für den ganzen Sommer zu mieten. Heute habe ich von dem Attentat auf Pobedonoscev gelesen … Deine lieben, wunderschönen Briefe bereiten mir ungewöhnliches Vergnügen. Nur, warum willst Du nicht, daß ich mit Erzmönch unterschreibe? Ich lebe doch derzeit vollkommen mönchisch, und auch mein Name ist mönchisch. Also gut, ich werde kein Erzmönch mehr sein. Schreib mir, mein liebes Herz, meine Wunderbare, Deine Briefe wirken auf mich wie Nachtigallengesang, ich liebe sie sehr. Auch Deine Schrift liebe ich.
Wir sehen uns also bald, das ist so gut! Wir werden uns sehen, und dann irgendwohin fahren zusammen.
Also, Herzchen, gute Nacht! Bleib gesund und fröhlich, vergiß mich nicht.

Dein Antoine.«

634 L. N. Tolstoj, 1901. Jasnaja Poljana, Photo: S. A. Tolstaja.
Tolstoj, der ›Heilige‹ und unnachsichtiger Kritiker der chauvinistischen Regierungspolitik und der russ.-orthodoxen Staatskirche, war am 22. Februar 1901 auf Betreiben des Oberprokurors des hl. Synod, der grauen Eminenz der Politik unter Nikolaus II., exkommuniziert worden – ein Akt, der nicht nur in Rußland, sondern in der gesamten Weltöffentlichkeit einen Aufschrei auslöste.
Das Attentat, das in der Nacht vom 8. auf den 9. März 1901 auf Pobedonoscev verübt wurde – vgl. Čechovs Brief vom 11. März, Anm. Nr. 632 –, steht mit der Exkommunizierung Tolstojs nicht in direktem Zusammenhang, sondern mit der brutalen Niederschlagung von Studentenunruhen an der Universität Kiev, wo 183 unbotmäßige Studenten zwangsweise zur Armee einberufen worden waren. Gegen diese Maßnahme protestierte L. N. Tolstoj am 26. März 1901 mit einem Brief und dem Aufruf ›An den Zaren und seine Helfershelfer‹.

635 K. P. Pobedonoscev, Porträt von I. Repin, 1903. Studie zu dem berühmten Gemälde: ›Die Festsitzung des Staatsrates am 7. Mai 1901‹, 1903. Öl auf Leinen, 68 × 45. Tretjakov-Galerie, Moskau.

636 Zu dem Bild ›Festsitzung des Staatsrats am 7. Mai 1901‹ fertigte I. E. Repin eine große Reihe von Studien an, u. a. die des Generals A. P. Ignatjev, langjähriger Generalgouverneur von Kiev und Mitglied des Staatsrats. Er fiel 1906 einem Attentat zum Opfer.

637 V. A. Serov: ›Porträt Konstantin Pobedonoscev‹, 1902. Kohle, Farbstift, rote Kreide auf Papier, 56 × 43. Russisches Museum, Leningrad. Signatur rechts unten: ›V. Serov, 1902.‹

638 A. S. Suvorin, Bronzestatuette eines nicht ermittelten Künstlers, Geschenk Suvorins an Čechov; die Statuette stand bis zu Čechovs Lebensende im Arbeitszimmer und wird bis heute dort aufbewahrt. Čechov-Museum Jalta. Der ›Bruch‹ Čechovs mit A. S. Suvorin wegen der Affaire Dreyfus im Jahr 1898 bedeutete nicht, daß Čechov mit Suvorin nicht weiter Briefe gewechselt und sich nicht mehr mit ihm getroffen hätte. Die Begegnungen und Briefe wurden nur wesentlich seltener.

639 Moskau, Mai 1901. Photographie F. O. Opitz. Vom gleichen Tag wie Abb. Nr. 628.

640 Brief Čechovs von der Hochzeitsreise an A. I. Zalca vom 28. Mai 1901:
»Lieber Aleksandr Ivanovič, Olja macht sich Sorgen, daß wir Ihnen, offenbar, unsere Kumys-Adresse nicht mitgeteilt haben. Hier ist sie, die Adresse: St. Aksënovo, Str. Samaro-Zlatoust., Sanatorium Andreev.
Und ich bin mit meiner Gattin weiß der Teufel wohin geraten. Wir sitzen in ›Pjanyj Bor‹ [Betrunkener Wald], am Ufer der Kama, und warten auf den Dampfer, der nicht vor 5 Uhr morgens hier eintreffen wird, und jetzt ist es 8 Uhr abends, wir sitzen hier schon seit 12 mittags. In Pjanyj Bor, aber nicht betrunken.
Ich wünsche Ihnen alles Gute. Ihre Nichte und meine Hälfte Olga senden Ihnen einen Gruß.
Ihr untergebener Oberstaats-Medizinalbeamter beim Medizinal-Departement des Ministeriums für Innere Angelegenheiten
A. Čechov.
Das Drumherum hier ist schrecklich.«

644 Jalta, 1901. Photo: L. V. Sredin.

647, 648 Čechov in Moskau, zu Besuch im Hause Knipper, Herbst 1901, möglicherweise später.
Oberes Photo, von links: unbekannte Schauspielerin, Maša, Olga Knipper (verdeckt), Čechov; Vladimir Knipper, Konstantin Knipper. Unteres Photo: Olga, Maša, Čechov (verdeckt), Konstantin und Vladimir Knipper sowie zwei nicht identifizierte Herren.

652 Aufgenommen in der Wohnung von V. K. Charkeevič am 7. September 1899. Von Hand Čechovs auf der Rückseite des Photos der Vermerk: »S. V. Maksimov (Autor von ›Ein Jahr im Norden‹ und ›Sibirien und die Katorga) und A. P. Čechov. Jalta 1899, zu Gast bei der Direktorin des Mädchengymnasiums.«

653 Photographie: S. A. Tolstaja.
Tolstoj war im Sommer 1901 schwer erkrankt und hatte beschlossen, den Winter auf der Krim zu verbringen; er nahm Quartier im Dorf Gaspra nahe Jalta, wo ihn Čechov mehrfach besuchte, u. a. auch mit Gorkij, der in seinen Erinnerungen von diesen Besuchen berichtet.

654 Photographie: P. A. Sergeenko, vom selben Tag. Von dieser Aufnahme existiert auch nachstehende ›Photomontage‹ Sergeenkos: ›Čechov und Tolstoj‹.

656 Photo, das, mit den Unterschriften aller, Čechov 1902 nach Jalta geschickt wurde. Die Gruppe ›Sreda‹, benannt nach dem Mittwoch [russisch auch : die Mitte], an dem man sich traf, bildete den Kern des Petersburger Verlages ›Znanie‹, eines genossenschaftlich arbeitenden Verlagsunternehmens, das ab 1900 mit seiner literarischen Produktion beträchtlichen Erfolg hatte. Gorkij, aber auch andere drängten Čechov mehrmals, den Ausbeuter-Vertrag mit A. F. Marks zu kündigen und zum Verlag ›Znanie‹ zu wechseln. Čechov blieb skeptisch und, bis zuletzt, dem einmal geschlossenen Vertrag treu, zumal er annehmen mußte, daß sein Werk, als Gratisprämie der ›Niva‹ in 250000 Exemplaren verbreitet und bis ins letzte ausgewertet, für einen anderen Verlag nicht mehr interessant sein könnte.
Einen anderen Grund für Čechovs Zögern benennt A. S. Suvorin in seinem Tagebuch 1902. Dort heißt es unter dem 4. September: »Ich verbrachte zwei Tage fast ausschließlich mit ihm und in seinem Hause. Wir unterhielten uns die ganze Zeit freundschaftlich über die verschiedensten Dinge, vor allem aber über die Literatur. Er war erstaunt darüber, daß man Gorkij im Ausland für einen Führer des Sozialismus hält. ›Nicht des Sozialismus, aber der Revolution‹, bemerkte ich. Čechov verstand dies nicht. Ich dagegen verstehe es sehr wohl. In seinen Novellen vernimmt man überall Protest und Kühnheit. Seine Bosjaki scheinen zu sagen: ›Wir fühlen in uns eine gewaltige Kraft und wir werden siegen.‹ Gorkijs Popularität kränkt Čechovs Eigenliebe. – ›Früher sagte man: Čechov und Potapenko, das habe ich überlebt. Heute sagt man: Čechov und Gorkij.‹ Er wollte sagen, er werde auch dies überleben. Seinen Worten zufolge wird Gorkij binnen dreier Jahre nichts mehr zu bedeuten haben, weil ihm der Stoff ausgehen werde. Ich glaube das nicht.
›Ist es wahr, daß er krank ist?‹ fragte ich.
›Er hat Lungentuberkulose, wie ich, aber er ist gesünder als ich. Sie wissen, daß er überall leben darf. Man hat keinen Grund gefunden, ihn aus einer Stadt in eine andere zu verschikken.‹«

657 Jalta, am Schreibtisch, photographiert von Aleksandr Kuprin.

658, 659 Sowohl Ivan Bunin, den Čechov schon Dezember 1895 in Moskau kennengelernt hatte, als auch Aleksandr Kuprin gehörten zu den in Jalta am liebsten gesehenen Gästen Čechovs.

666 Jalta, im Herbst 1903. Photographie: V. A. Giljarovskij. Links von Hand Giljarovskijs (soweit lesbar): »Einziger Abzug. Ich habe Ant. Pav. photographiert bei uns [?] auf der Dača in Jalta.« Unterschrift: ›V. Giljaj.‹

668 Veröffentlicht in der konservativen Zeitschrift ›Graždanin‹, 1902.

669 Der Brief ist gerichtet an den Vorsitzenden der Sektion Russische Sprache und Literatur der Akademie der Wissenschaften, den Petersburger Professor für Allgemeine Literatur, A. N. Veselovskij. In der Abschrift des Briefs, die Čechov am selben Tag an V. G. Korolenko schickte, lautete die Anrede: ›Euer Kaiserliche Hoheit.‹
Kommentar Čechovs für Korolenko, der ebenfalls aus Protest aus der Akademie austrat: »Da haben Sie's. Ich habe lange daran geschrieben, bei sehr heißem Wetter, und besser habe ich es nicht schreiben können und kann es wahrscheinlich auch nicht.«

670 Jalta, 1901. Photographie: Ivanickij.

671 ›Die Braut‹, erster handschriftlicher Entwurf. Čechovs letzte Erzählung erschien im Dezemberheft der Zeitschrift ›Žurnal dlja vsech‹, 1903.

672 Im Arbeitszimmer, photographiert 1903 von A. I. Kuprin, vor dem Bildnis der Mutter, vgl. Abb. Nr. 56.

674 A. A. Ostroumov, Moskau, um 1900. Zu Čechovs Brief vom 24. Mai 1903 an Maša vgl. Anmerkung Nr. 421.

678 Im politisch verschärften Klima der letzten Jahre – in Moskau wie Petersburg waren Studentenunruhen an der Tagesordnung – bangte Čechov nicht ohne Grund um seine Figur des ›ewigen Studenten‹ Trofimov, erklärte aber, z. B. in Briefen an O. L. Knipper, daß er Eingriffe der Zensur nicht hinzunehmen gedenke.
Tatsächlich beanstandete der Zensor, dem das ›Kirschgarten‹-Manuskript im November 1903 eingereicht wurde, zwei sozial anklagende Passagen in den Monologen Trofimovs im II. Akt. Čechov strich die beanstandeten Sätze nicht, sondern setzte sie in Klammern und schrieb jeweils eine gemilderte alternative Lösung darüber, – im unteren Drittel des Manuskript-Blattes deutlich erkennbar. Eingeklammert der ursprüngliche Satz: »Herrschen über lebende Seelen – das hat euch doch alle entartet, die ihr früher gelebt habt und heute lebt, so daß Ihre Mutter, Sie, Ihr Onkel schon gar nicht mehr wahrnehmen, daß ihr auf Pump lebt, auf fremde Kosten, auf Kosten jener Menschen, die ihr nicht weiter als bis ins Vorzimmer laßt.«
Darüber die Alternative:
»Oh, es ist entsetzlich, Ihr Garten ist schrecklich, und wenn man abends oder nachts durch den Garten geht, dann schimmert matt die alte Rinde an den Bäumen, und es kommt einem so vor, als sähen die Kirschbäume im Traum all das, was vor einhundert, zweihundert Jahren war, als würden schwere Traumgesichte sie quälen. *Pause.*«

679 Moskau, 1904. Photo: E. Ovčarenko.

680 ›Der Kirschgarten‹, das Uraufführungsplakat für Sonnabend, den 17. Januar 1904; Čechovs Geburtstag wurde zum Anlaß für einen Festakt zum 25jährigen Jubiläum seiner literarischen Tätigkeit genommen.
Das Plakat oben mit der stilisierten Möwe, dem neuen Signet des Künstlertheaters. Über dem dicken Querstrich: »Alle Karten ausverkauft. Beginn um 8 Uhr abends, Ende um 12 Uhr nachts.« Ausverkauft war, wie aus den Ankündigungen der nächsten Aufführungen hervorgeht, auch die zweite Vorstellung, die am 19. Januar 1904 stattfand.

683–691 Die Darsteller der übrigen Rollen in der Uraufführungsbesetzung von 1904:
Lopachin – M. L. Leonidov
Simeonov-Piščik – V. F. Gribunin.

696 Der zahme Kranich gehörte – mit den beiden Hunden Šnap und Šarik – zum Hausstand Čechovs in Jalta. Bis Dezember 1900 waren es zwei Kraniche gewesen, einer von beiden war eingegangen. Der Kranich, der besonders an Čechovs Gärtner Arsenij hing, spielt im Briefwechsel mit Olga Knipper eine durchgehende Rolle. 23. August 1900: »Der Kranich hat Sehnsucht. Ich liebe Dich.«
28. Dezember 1902: »Der langbeinige Kranich (wie Du Deinen Mann in Briefen anredest) wird das Stück schreiben.« 31. Januar 1903: »Wenn Dir ein Kranichschnabel wachsen würde, ich würde Dich auch dann lieben.«

699 Jalta, am 18. April 1904, photographiert von S. Linden.

701 Titelblatt eines französisch verfaßten Prospekts des Hotels Sommer, um die Jahrhundertwende. Diesem Prospekt entstammen auch die Abb. Nr. 703, 705, 706, 707 und 711. Čechov und Frau waren nach ihrer Ankunft aus Berlin am 9. oder 10. Juni zunächst im Hotel Römerbad abgestiegen, wie aus Eintragungen im ›Fremdenblatt für Badenweiler‹ hervorgeht. Sie waren dann umgezogen in die ›Villa Friederike‹, die Čechov auf Dauer dann jedoch zu ›spießig‹ war. Ab dem 21. oder 22. Juni wohnten Čechov und O. L. Knipper im Hotel Sommer (entsprechende Eintragung im ›Fremdenblatt‹ vom 23. Juni 1904).

709 Aufgenommen in Moskau 1899.

712, 713 ›Der Kirschgarten‹ in den zwei konkurrierenden Buchausgaben. Gorkij hatte frühzeitig Interesse an dem Erstdruck des Stückes angemeldet, das er im literarischen ›Almanach des Verlags Znanie‹ veröffentlichen wollte. Nach seinem Vertrag mit A. F. Marks hatte Čechov das Recht, alle Texte, die er neu geschrieben hatte, erst einmal ›in Zeitschriften oder Almanachen zu wohltätigen Zwecken‹ gegen Honorar zu publizieren, ehe sie ins Eigentum des Verlegers Marks übergingen. Čechov hatte Gorkij zugesagt, obwohl der ›Znanie‹-Almanach kaum als wohltätiges Organ einzustufen war, und versucht, A. F. Marks hinzuhalten.
Nachdem sich das Erscheinen des ›Znanie‹-Almanachs Monat für Monat verzögerte, handelte Marks und brachte den ›Kirschgarten‹ als Einzelpublikation heraus, die beinahe gleichzeitig mit dem Almanach des Verlags ›Znanie‹ ausgeliefert wurde, wodurch dem Verlag ›Znanie‹ natürlich Verkaufseinbußen entstanden. Noch aus Badenweiler sagte Čechov dem ›Znanie‹-Verlagsleiter K. P. Pjatnickij zu, für die entstandenen Verluste einstehen und das Abdruckhonorar zurückzahlen zu wollen.

715 Das Sterbedatum ›15. Juli‹, das die Sterbeurkunde verzeichnet, folgt dem im Westen gebräuchlichen Gregorianischen Kalender, während Čechov sich zeitlebens – auch während seiner Aufenthalte in Westeuropa – an den in Rußland gültigen Julianischen Kalender gehalten hat, der eine Differenz von 13 Tagen zum Gregorianischen aufweist. Datierungen in diesem Band folgen grundsätzlich dem von Čechov benützten Kalender.

716–720 Photos von der Überführung des Sarges nach Moskau, aus der Zeitung ›Iskry‹, Ausgabe vom 18. Juli 1904, und vom Trauerzug durch die Straßen Moskaus.

721 Photo Peter Lachmann, 1980.

Personenregister

Die gerade gesetzten Zahlen verweisen auf die Seiten im Bildteil, die jeweilige Person ist dort entweder abgebildet oder im Text erwähnt. Die *kursiven* Zahlen verweisen auf die Anmerkungen ›Zu den Abbildungen‹ (auf den Seiten 324 bis 343) und dort auf die entsprechenden Bildnummern.

Dank

Herausgeber und Verlag danken den nachstehend aufgeführten Institutionen und privaten Sammlern für die freundlich gewährte Genehmigung zum Abdruck der folgenden Abbildungen in diesem Band:

Stadtarchiv Badenweiler
700, 704, 708, 716
Archiv des Parkhotels Badenweiler
701, 703, 705–707, 712
Heinz Müller-Dietz, Berlin
674
Katia Wolff-Wagenbach, Berlin
45–47, 536, 537, 541, 542, 548–559, 561–567, 610, 615–617, 619, 623
Čechov-Museum Jalta
38, 59, 193, 487, 491, 638
Puškin-Haus, Leningrad
143, 159, 191, 192, 197, 198, 223, 224, 401–403, 409, 410, 489, 515, 644, 652, 664
Čechov-Museum Moskau
1, 8, 37, 40, 50–53, 55, 56, 58, 76, 80–82, 85–87, 94–96, 106, 107, 109, 111, 147, 148, 151, 154, 195, 213, 217, 245, 246, 250, 251, 254, 260, 265, 266, 274–276, 278, 279, 281, 334, 336, 341, 342, 344–346, 348, 352, 362, 365–368, 370, 371, 376, 377, 382, 383, 386, 388, 395, 399, 400, 412, 428, 430, 436–438, 440, 474, 475, 484, 492, 503, 505, 506, 513, 516–518, 521, 523, 526, 530, 574, 577, 584, 596, 599, 631, 642, 650, 657, 666, 675, 676, 696
Vadim Glowna, München
579, 645–648, 717–720
Bundesbahn-Museum, Nürnberg
113, 160, 187, 286, 289
Archiv Roger Viollet, Paris
223, 309
Čechov-Museen Taganrog
3, 9, 10, 12, 15–17, 34–36, 162
Archiv des Diogenes Verlags, Zürich
18–23
Daniel Keel, Zürich
590
Tatiana Wagenbach-Stephan, Zürich
135, 227
Alle übrigen Abbildungen aus der Sammlung des Herausgebers.

Für Anregungen, hilfreichen Rat, Brot und Salz dankt der Herausgeber den Damen Galina Fedorovna Ščeboleva und Irina Michajlovna Varencova vom Čechov-Museum Moskau, sowie Ėmma Artemjevna Polockaja, Irma Pavlovna Viduėckaja und Klara Stoljarova und den Herren Zinovij Samojlovič Papernyj und Vladimir Ivanovič Steženskij, Moskau; dem Schriftstellerverband der Sowjetunion für eine Reise auf den Spuren Čechovs nach Moskau, Jalta und Taganrog; Frau Evgenija Petrovna Konopleva, Literaturmuseen der Stadt Taganrog, und Frau Vera Fedotovna Permjakova vom Čechov-Haus in Jalta.
Der Dank des Herausgebers gilt ebenso den Damen Johanna Renate Döring-Smirnov, München; Inge Hermstrüwer, Heinrich-Heine-Institut, Düsseldorf; Hildegard Schwoerer, Badenweiler; Katia Wolff-Wagenbach, Berlin; Ruth Waltz, Berlin, sowie den Herren Christoph Cobet, Hans Frick, Frankfurt; Erich Gloeser, Badenweiler; Norbert Gassner, Weidmoos; Wolfgang Langer, Zürich; Ramin Molai, Berlin; Ueli Schweizer, Zürich; Sohrab Shahid Saless, Bratislava sowie Dieter Sturm, Schaubühne am Lehniner Platz, Berlin.

Mein besonderer Dank gilt René Niederer und Winfried Stephan.

P. U., Weidmoos, im August 1987